北方民族大学青年人才培育项目资助

国家民委重点学科、宁夏双一流重点培育学科（中国语言文学）资助

光明社科文库
GUANGMING DAILY PRESS:
A SOCIAL SCIENCE SERIES

·历史与文化书系·

宁夏大众传播网络构建研究

（1926-2018）

张学霞 ｜ 著

光明日报出版社

图书在版编目（CIP）数据

宁夏大众传播网络构建研究：1926-2018 / 张学霞
著 . -- 北京：光明日报出版社，2023.3
ISBN 978 - 7 - 5194 - 7107 - 1

Ⅰ.①宁… Ⅱ.①张… Ⅲ.①大众传播—传播媒介—
研究—宁夏—1926-2018 Ⅳ.①G219.272.43

中国国家版本馆 CIP 数据核字（2023）第 041906 号

宁夏大众传播网络构建研究：1926-2018

NINGXIA DAZHONG CHUANBO WANGLUO GOUJIAN YANJIU：1926-2018

著　　者：张学霞

责任编辑：刘兴华　　　　　　　　责任校对：茹爱秀

封面设计：中联华文　　　　　　　　责任印制：曹　净

出版发行：光明日报出版社

地　　址：北京市西城区永安路 106 号，100050

电　　话：010-63169890（咨询），010-63131930（邮购）

传　　真：010-63131930

网　　址：http：// book. gmw. cn

E - mail：gmrbcbs@ gmw. cn

法律顾问：北京市兰台律师事务所龚柳方律师

印　　刷：三河市华东印刷有限公司

装　　订：三河市华东印刷有限公司

本书如有破损、缺页、装订错误，请与本社联系调换，电话：010-63131930

开　　本：170mm×240mm

字　　数：245 千字　　　　　　　　印　　张：17

版　　次：2023 年 3 月第 1 版　　　　印　　次：2023 年 3 月第 1 次印刷

书　　号：ISBN 978 - 7 - 5194 - 7107 - 1

定　　价：95.00 元

宁夏大众传播网络构建研究（1926—2018）序

拜读张学霞老师的博士论文《宁夏大众传播网络构建研究（1926—2018）》，有一种特别的亲切感和被学术创见沐浴的多重启示。

这并不是随意的感性表达，而是基于一些特别的学术经历和体验。

我本人一直在做少数民族传播历史，特别是西藏地区传播历史的探索，既属于少数民族新闻（文化）传播，又属于区域传播历史的研究范畴。其间有一个有趣的发现：中国新闻传播史的研究，往往是大处着笔，即最先有了体系化的中国新闻传播史的研究，然后才关注到区域新闻传播史，包括少数民族新闻传播史的研究。这种研究逻辑的优越性，就在于高瞻远瞩，宏观把握，立即可以构建国家层面的新闻传播历史框架。但它的缺陷也显而易见：国家新闻传播的历史书写，往往成为历史上新闻传播业发达地区新闻传播历史的缩写，非发达地区，包括各个区域（省市自治区、民族地区）的新闻传播历史往往被忽略。这样的新闻传播历史，就其历史脉络、骨干而言，也许没有问题，但如果考察其完整性、真实性，就有问题了。因为它其实不能完全反映中国新闻传播历史的状况，特别是特殊性。一些具有特殊意义和价值的新闻传播媒介、活动等就淹没在历史的汪洋大海之中。这既不是历史书写的本意，更不利于奠定中国化新闻传播的新闻史学基础。所以在很多学术场合，本人就倡议由地方（区域）到国家（中国）的新闻传播历史书写逻辑，加强区域新闻传播历史、少数民族语言媒介历史和少数民族地区新闻传播历史的研究，让新闻传播历史构建于比较扎实的基础上。

在填补区域新闻传播历史研究的空白方面，以白润生先生为代表的一些学者做出了比较出色的努力，不仅出版了全国少数民族新闻传播通史，而且在少数民族地区、少数民族语言媒介的传播历史研究方面的一批成果，基本构建了少数民族新闻传播的历史体系。而在向来新闻传播历史比较发达、极富特色的区域新闻传播历史研究方面，上海、北京、天津、四川、重庆、山西、陕甘宁边区（延安）等区域，已经或正在诞生很有价值的成果，修正和充实了中国新闻传播的历史体系。在本人特别关注的视野中，也看到少数民族地区，特别是西藏、新疆、宁夏、广西、内蒙古等五大自治区的地方新闻传播历史的梳理和研究，也正在成为学术瞩目的焦点。关于民族语言媒介的历史研究，包括藏语、蒙语、朝鲜语、维吾尔语、壮语和回族报刊的研究，出现了比较完整的学术成果。关于少数民族区域新闻传播历史的研究，不仅关注民族自治区地方个体新闻传播历史的研究，而且出现了一些跨区域民族地区新闻传播历史的成果，例如关于西北、东北、西南、中南地区的相关成果。这些研究成果，已经足以勾勒以少数民族语言媒介为关键范畴的更完整的中国少数民族新闻传播历史大系。比较遗憾的是，这些领域的著作还较少。

正是在这些梳理和想象中，张学霞博士的学位论文获得了特殊的学术意义。我个人更偏向关注新闻传播史，在此，就不惜冒犯作者本人原有的高远学术立意，更愿从区域新闻传播史的视角表达我本人的阅读体会。

如果从整体关照宁夏新闻传播史的角度来看，张学霞博士的该项研究应居首席。这篇论文的逻辑结构其实并不复杂，就是选取1926—2018年将近一百年间宁夏地区新闻传播发展历史，将宁夏大众传媒网络发展划分为四个阶段：报纸传播初占主导地位的宁夏大众传播网络构建（1926—1949）；广播传播占主导的宁夏三元大众传播网络构建（1949—1979）；电视传播占主导的宁夏多元大众传播网络构建（1979—2003）；面向媒介融合的宁夏全景式大众传播网络构建（2003—2018）。每个阶段的划分，所依据者并非全国媒介发展大势，而是基于宁夏媒介发展的历史存在。而每个阶段的命名，则突出了这一阶段媒介的历史坐标，突出了阶段发展的特征。在每个阶段的学术陈述中，也基本按照"大众传媒实践""大众传媒网络结构呈现""大众传媒网络结构分析"的层次展开分析，逻辑清晰。作者构建的这种空间视野下的宁夏大众传播历史框架，当然具有开创性。如果被历史证明它的科学性，这种框架甚至还将具有对宁夏区域传播历史研究的"定义"功能。在所有历史研究中，以历史阶段划分为基本特征的历史框架的构建，具有基础性地位。该著提供的历史框架，将成为观察宁夏大众传媒网络历史进程不可忽视的文化坐标。作者显然在文献占有方面做足了功课，因而保证了学术陈述的真实性和事实依据。这使这部著作焕发了新的文献价值，仅仅是这一收获，也会是大众传播历史研究的成就之一。

区域新闻传播历史书写的最突出价值，就在于国家传播大格局下对于地域特色的抓取和凝练。而作为民族区域自治地方，关于中华民族共同体意识建构中民族新闻传播特色的把握，则构成了民族地区新闻传播方式和观念研究的关键。这部著作在这方面的努力，获得了多方面的显著进步。

即使作为历史书写，这部著作也不是平铺直叙的宁夏新闻传播发展史的简单记载，而是以时空观为背景，以中国多元一体的民族格局为统摄，把"宁夏"这一地方空间作为考察对象，截取"1926—2018"年间大众传媒的活动实践和媒介变迁，全景式勾勒出宁夏大众传播网络的概貌，提炼和概括出宁夏大众传播网络在推动和促进中国文化一体、民族融合过程中的地位和作用，以及它自身形成的作用机制，并考察在媒体融合的背景下宁夏大众传播网络未来的发展走势。在这一宏大的研究中，作者认真考察了宁夏地方的空间历史演变轨迹，尊重不同时期空间调整中曾经产生的媒介和传播活动，并将其纳入宁夏区域传播范畴；在对传播活动传承延伸过程的分析中，根据宁夏实际进行历史阶段区分，未必与中国新闻传播的历史阶段完全吻合，但却完全符合宁夏实际；在对每一阶段传播历史的解读中，综合考察宁夏社会经济文化发展实际，从而做出比较准确的判断；关于媒介个体的评价，也是立足历史存在，力图揭示宁夏区域文化特征；关于宁夏地区大众传播的民族特色呈现，作者也特别关注了媒体关于民族报道内容的变化，探索宁夏大众传播网络的生成与构建在促进国家政治上的统一、文化上的多元一体以及民族融合等方面所发挥的重要作用、机制构建。

当然，作者并没有将区域传播特色的把握作为研究的归结，而是要在马克思对时空关系深刻认识的基础上，为国内区域传播研究深入拓展空间研究维度提供具体而中观的研究本文，从特殊性入手，更深入、更立体地考察中国大众传播网络的构建和生成，助力中国化大众传播研究体系的构建。

　　从另一个角度来看，本项研究也是关于宁夏区域形象传播的历史考察。作为全国五个民族自治区地方之一，宁夏形象也为国际社会所高度关注，从这个意义上而言，关于宁夏区域传播历史和传播网络的研究，实际上也是中国国家形象传播、中华文化传播研究的有效文本，由此大大拓展和提升了本研究的文化价值。

　　作为一种历史研究，作者所承担的历史责任和使命感，包括自己所扮演的地域角色，往往令人深思。这不仅包括对文献资料的全面梳理，对历史事实的尊重，关于历史现象的解析和评价，对广大时空的摄取，还包括作者本人深厚、深情的地域角色体验，这种感性认知，似乎与学术研究的理性禀赋之间互相矜持，但实际上，强烈的感性体验，不仅足以支持这项研究的热忱，而且可以激活逻辑思维的灵感，从而催生创见。它给学者提供的启示之一，就是当一个人在开始自己神圣的学术之旅的时候，立足于自己脚下的文化沃土，从自己的文化、社会背景出发，不盲目随波逐流，从而做出合适的选择，是多么重要！事实证明，合适的选择往往正是最独到的选择。从自己脚下出发，从地域空间启航，从地方文化破题，已经成为塑造独特学术气质的成熟路径。期望有更多学者在区域传播领域精心耕耘，奉献自己别具一格的学术成果，为构建中国特色新闻传播学奠基。

　　对于作者本项研究的独立构建和新意，在此就不再赘述。不过，对于阅读之后引发的联想，觉得毫不掩饰地说出来，也许可以为作者今后的探索提供一点建议。作为严谨的博士学位论文，作者设置了严格的范畴，将1949年以后宁夏地区出现的刊物置身于讨论范围之外，便于明晰研究对象，完全可以理解。作者的这本博士学位论文，注重于多维视角下探讨宁夏地域大众传播网络空间机制的生成和运行，实际已经成为宁夏区域传播史的书写，在宁夏地方传播史的书写中已经占有先机。假如作者扩大研究范畴，容纳包括期刊、纪录电影、国家媒体驻宁机构、新媒体、出版等在内的传播媒介，完成一部《宁夏大众传播史》；或者上溯宁夏原始时期以来民间传播方式和媒介，完成一部《宁夏地区媒介发展史》的研究，不也是学术上的拓展吗？如果作者有志于完成宁夏地区传播历史的完整书写，不仅有助于本人及团队"区域传播"学术个性的塑造，而且在传播宁夏、推进中国特色新闻传播学建设方面，会成就自己的学术贡献。以大众传播历史书写的文献特质而言，如果在本项研究的后面附加《宁夏大众传媒名录》，则更能增加历史研究的厚重感。历史阶段的划分，必然将某一贯穿于几乎所有历史阶段影响力极大的媒体，切割分散在不同阶段，有无可能采取一种纵横融合的方式，实现时空共享，从而强化其历史影响的整体感？

  是为序。

周德仓

2022 年 4 月 24 日于咸阳

区域新闻传播研究的又一力作

当下国内外传播学研究中空间转向研究已成为一种显现的趋势。其中，传播的时间与空间的关系问题、传播与社会发展的关系问题成为空间转向研究中的焦点问题。张学霞博士的这部著作顺应了传播学空间转向研究的趋势，选取宁夏作为考察地方空间内大众传播活动的背景空间，选取1926年至2018年这近百年的历史时长作为考察地方空间内大众传播活动的背景时间，首次系统性地考察了宁夏大众传播网络构建、生成、演进的动力机制，结构性特征，内部要素之间的互动性关系，以及宁夏大众传播网络在促进国家政治上的统一、文化上的多元一体和民族融合等方面的功能和作用。这部著作是从特殊性入手追求普遍性，在强调地方大众传播经验的同时，重点提炼出地方大众传播网络在推动和促进国家一体化发展方面的作用机制，从而实现了对求异之上的求同的理解。从这个意义上讲，这部著作作为我国区域新闻传播研究的一部分，较好地弥补了我国西部民族地区新闻传播研究的不足。

本书为国内区域新闻传播研究进一步扩展空间维度提供了一个新鲜的文本和一个具有代表性的案例。我国区域传播研究源远流长。它的研究意义在于，从传播学宏大叙事框架中分离出来，具体展现某一特定区域的传播活动、传播场景、媒介发展及媒体活动，突破了普适性研究相对空泛的局限，使地方空间内大众传播活动的丰富性和多元性得以展现。近些年来，针对我国边疆地区、西部地区，这些以往新闻传播学研究比较薄弱地区的新闻传播研究力作不断涌现，但关于宁夏大众传媒、大众传播网络的系统性、整体性研究还是不多。这部著作的面世，可以使人们更清晰完整地看到近百年间宁夏大众传媒活动实践的全貌，有助于在横向研究中，掌握我国不同区域之间新闻传播发生发展的独特性、多元性和不平衡性，也有助于从"国家—地方"的关系中，从"地方—国家"的视域中，审视地方空间内大众传播发生、发展、变迁的逻辑。因此，阅读这部著作有助于更多元、立体地理解和面对我国复杂的新闻传播环境和新闻传播实践。

本书全面系统地梳理和呈现了1926年至2018年间宁夏主要大众传媒的新闻传播实践活动的全景全貌和发生发展的主要脉络。其中，最具新意的是，系统考察了2003年以来，宁夏新闻网站、手机报、媒体微博、媒体微信等新媒体、新新媒体的发展面貌。对于想要了解、理解和把握宁夏新媒体、新新媒体发展概况的读者和研究者们，是十分有帮助的。

本书作者张学霞是我非常熟悉的学生。她长期致力于宁夏新闻传播研究和新媒体研究，并入选2021年度双千计划。她的大学生活就是在宁夏度过的。除了读研读博期间去了北京、西安等城市深造外，作者算是长期在宁夏生活和工作的一员。因此她拥有的"地方性知识"和"地方感"能够使她比较从容地开展宁夏大众传播网络研究。作者硕士研究生毕业以来，就持续关注宁夏地区的大众传播活动并发表了系列论文。这些论文有对宁夏日报报业集团发展的研究，有对宁夏电视台发展的研究，有对宁夏新媒体传播网络及政务微博的研究，也有对大数据时代新旧媒体融合发展的研究。为完成这部著书，她利用寒暑假时间专门去宁夏日报报业集团进行双师实践锻炼，到宁夏广播电视台进行挂职锻炼，并深入国家图书馆、宁夏图书馆、文史馆、陕西师范大学图书馆等进行文献查阅，由此掌握了近百年间宁夏大众传媒发展的史实和丰富的史料。本书历经四年半的时间完成。书中累计用来研究分析的新闻媒体数量达到144个。其中，用来研究分析的报纸有30份，广播电台、广播站有29座，省、市、县级电视台有25座，新闻网站9家，手机报1份，媒体微博20多个，媒体微信20多个，政务微博10多个。可以说，本书是一部"以事实为基础"的区域新闻传播著作。

热烈祝贺《宁夏大众传播网络构建研究（1926—2018）》的出版，也期望作者张学霞有更多新闻传播学学术成果面世，获得更多的荣誉！

是为序。

白润生

2022 年 4 月 8 日于北京

（白润生，中央民族大学教授，中国新闻史学会特邀理事，少数民族新闻传播史研究委员会名誉会长，南京师范大学民国新闻史研究所特约研究员，天津师范大学兼职教授，河北经贸大学兼职教授）

目　录
CONTENTS

绪　论

第一节　选题背景、选题缘由、问题的提出及研究意义

时间和空间是人类实践活动的坐标，也是传播学研究的重点之一。其中时空关系研究更是传播学研究中经久不衰的命题。西方著名哲学家、科学家、思想家们对时间与空间的思考成为考量传播中时空关系的重要的学术参照。古希腊哲学家亚里士多德（Aristotle）用"地点"来表示"空间"，认为时间是连续性的。牛顿（Newton）抛出了机械唯物主义的时间观，认为存在"绝对时间"和"绝对空间"。绝对空间指自身本性与一切外在事物无关，它处处均匀，永不迁移。① 黑格尔（Hegel）否定了牛顿的"绝对时空观"，认为时间和空间同运动不可分离，时间是事物的属性，时空从属于运动，其本质是运动。② 爱因斯坦（Albert Einstein）基于狭义相对论提出"相对时空观"，认为空间并非是均质的、连续性的。这打破了人们把空间作为静止的背景的看法。马克思（Karl Heinrich Marx）在社会存在主体论、实践唯物主义的基础上，从人类实践活动的基本形式之一——生产劳动的角度，阐述了时空问题，提出了作为客观时间的"社会必要劳动时间""劳动中的空间观念""用时间消灭空间"等观点。尽管不同的哲学家、思想家们都提出了独特的时空观，

---

① 邵培仁，杨丽萍. 媒介地理学：媒介作为文化场景的研究 [M]. 北京：中国传媒大学出版社，2010：54.

② 刘奔. 时间是人类发展的空间——社会时空特性初探 [J]. 哲学研究，1991（10）：3.

但马克思及其当代西方马克思主义者对时空关系的认识，对考察和理解传播中的时空问题，特别是考察和理解 20 世纪以来传媒的发展以及传媒与社会发展之间的互动关系问题更具契合性，更有参考价值，也更具背景意义。

一、选题背景

马克思认为，时间实际上是人的积极存在。它不仅是人的生命的尺度，也是人的发展的空间。① 用时间去消灭空间是指把商品从一个地方转移到另一个地方所花费的时间缩减至最低限度。② 刘奔理解为，对于人类发展来说，时间本身就是空间。在人类社会的时空结构中，时间因素被提到首要地位，和人的积极存在紧密联系在一起。③ 俞吾金认为，相对于人类的生存实践而言，时间具有比空间更为重要的意义……用时间消灭空间，不是不要空间，只是表明资本将通过缩短时间的方式来缓解空间上的障碍。④ 在俞吾金看来，马克思的时空观并非对时间和空间平均着墨，而是重点考察时间，将时间看作是空间的本质。马克思还强调了三种不同社会形态中时空概念的差异性。在这三种不同的社会形态中，即前商品经济社会—商品经济社会—后商品经济社会中，时间和空间一直都在不断扩大，最终后商品经济社会—共产主义社会中，时间和空间都无限扩大化了，"那时，财富的尺度决不再是劳动时间，而是可以自由支配的时间"⑤。综上所述，马克思的时空观突出强调了时间的重要性，认为时间是空间的本质。同时，马克思的时空观既提出用时间去消灭空间，也强调在后商品经济社会中时间和空间会无限扩大，并认为后商品经济社会中衡量财富的尺度将是自由支配的时间而不再是劳动时间。

继马克思之后，西方较有影响力的马克思主义者马尔库塞（Herbert Marcuse）和阿尔都塞（Louis Althusser）也提出了新的时空观。马尔库塞在马克思时间观的基础上提炼出时间的两种类型——"劳动时间"和"自由时间"。马尔库塞认为，决定人生存的是自由时间而非劳动时间。他还指出马克思的

① 马克思恩格斯全集（第四十七卷）[M].北京：人民出版社，2004：532.
② 马克思恩格斯全集（第四十六卷）[M].北京：人民出版社，2003：33.
③ 刘奔.时间是人类发展的空间——社会时空特性初探 [J].哲学研究，1991（10）：5.
④ 俞吾金.马克思时空观新论 [J].哲学研究，1996（3）：16-17.
⑤ 马克思恩格斯全集（第四十六卷）[M].北京：人民出版社，2003：222.

历史时间观具有复杂性和非线性的特征。马尔库塞通过考察现代资本主义社会中日益扩大的自动化现象后发现，自动化有可能颠倒作为现存文明基础的自由时间和作为生活之必需的劳动时间，有可能使劳动时间降至最低，使自由时间成为日常生活的主导性时间。在马尔库塞看来，在摆脱了统治的要求后，劳动时间和劳动能量在量上的缩减将使人的生存产生质的变化——决定人生存内容的，不是劳动时间而是自由时间。① 马尔库塞关于时间的认识加深了人们对马克思时间观的理解。另一位马克思主义者阿尔都塞在批判黑格尔对历史时间的理解的基础上，形成了他关于"历史时间"的认识。阿尔都塞认为：黑格尔从纵向上把历史时间理解为同质的连续性，是没看到不同历史阶段中时间的差异性；黑格尔从横向上把历史时间理解为无差别的同时性，是没看到总体各部分在时间上的特殊性。阿尔都塞的理解是，马克思的历史时间是复杂的、非线性的，不能按照传统哲学的思路仅仅将其理解为平常生活中均质流逝的时间。也就是说，在阿尔都塞看来，时间是具有非连续性、差异性、特殊性和复杂性的。上述马尔库塞和阿尔都塞都对马克思的时间观进行了阐释，但只集中在马克思的时间观念上，忽视了马克思的空间理论和马克思对时空关系的论述。② 综合而言，不仅是马尔库塞、阿尔都塞，很多马克思的研究者都体现出对时间的侧重和对空间研究的弱化。受此影响，同时期的传播学研究也表现出同样的倾向。

时间的优先地位也一直伴随着资本主义现代化的发展，时间本身也成为现代性的组成要素之一。正如鲍曼（Zygmunt Bauman）所言，现代性就是时间的历史，现代性是时间开始具有历史的时间。③ 现代性同样赋予了时间的优先地位，还形成了独特的时间意识。与线性的、自然的、循环的、与空间一致的时间认识不同，在现代性的阐释中，时间被认为是一种可控制、可使用、非重复、虚化的时间意识。时间变成了一个硬件，人类能对这一硬件加以发明、建造、使用和控制。时间再也不是无法延伸的"湿件"，也不是变化莫测、反复无常、人类无法加以控制的风力和水力的问题……它不像空间，它

---

① 俞吾金. 马克思时空观新论 [J]. 哲学研究，1996（3）：13.
② 俞吾金. 马克思时空观新论 [J]. 哲学研究，1996（3）：14.
③ ［英］鲍曼. 流动的现代性 [M]. 欧阳景根，译. 上海：上海三联书店，2002：173.

能够被人类加以改造和控制，它已变成了一个分裂因素：一个时空结合中不断变化的动态角色。① 现代性的这种时间意识通过时钟的发明和作息时间的推广在全球范围内被普适化，从而确立了一种具有标准化、理性化色彩的价值观念。即时间的统一成为控制空间的基础。显然，现代性的理论认知也同样弱化了对空间的认识。并且现代性中提出的"空间不能被人类加以改造和控制"的这一观点也遭到了后现代的批判和挑战。传播学研究一直伴随着现代性的发展而不断演进，因此也一直存在着重时间弱空间研究的趋势，直至20世纪中后期哲学社会科学整体性的空间转向研究的出现。

二、选题缘由

对空间的忽视持续到20世纪初期，后开始出现空间研究转向。空间研究转向贯穿于整个20世纪，影响至今，对多个学科影响深远，传播学研究也不例外。20世纪以来，地理学、人类学、社会学、经济学等虽非用空间思想来建构理论，但这些学科的有些研究已关注到人类实践与区域、地理、空间之间的关系。空间概念在20世纪20年代至40年代逐渐成为现代建筑与都市理论的核心概念。20世纪中后期，哲学、社会学、地理学等学科开始出现明显的空间转向。空间意识的复苏使人们重新对思想和政治行为的空间性产生了兴趣。② 尤其是20世纪60年代至70年代，福柯、列斐伏尔等尝试唤醒人们的空间意识，他们开始把空间作为研究核心。福柯、列斐伏尔的空间思想极大地推动了人们重新思考空间在社会理论和日常生活构建中的作用。到了20世纪80年代后期，这时兴起的后现代思想展开了对晚期资本主义空间的文化批评，提出了后现代空间的批判标准，认为空间在后现代社会的建构中起着至关重要的调节作用，空间意义重大已成普遍共识。③

---

① ［英］鲍曼. 流动的现代性［M］. 欧阳景根，译. 上海：上海三联书店，2002：174-175.
② ［美］苏贾. 后现代地理学——重申批判社会理论中的空间［M］. 王文斌，译. 北京：商务印书馆，2004：5.
③ ［美］迪尔. 后现代血统：从列斐伏尔到詹姆逊［M］//包亚明. 现代性与空间的生产. 上海：上海教育出版社，2003：84.

（一）国外传播学研究的空间转向

传播学研究和众多人文社科一样在时间与空间的研究上一度呈现出时间研究领先空间研究的态势。这一态势一直延续至 20 世纪中期。20 世纪 60 年代，经验—功能主义学派、控制论学派、结构主义方法论学派这三大传播学的基础学派开始崛起。它们创建的传播学理论概念在大多数情况下还基本停留在一个线性观念上，即一个信息源发出的讯息经过一个管道到达接受者，其功能被简化为说服和控制。① 这些学派所指向的传播被描述为一个过程。这是一种单一时间维度的考量。后续研究者保罗·莱文森（Paul Levinson）也是按照时间维度在传播中的意义和角色来界定新旧媒介的区别。保罗·莱文森认为，按照约定时间运行的媒介至今是一切旧媒介的特征。② 维利里奥（Paul Virilio）也认为，交互活动的时间逐步取代了身体活动的空间。一个有意义的空间的价值评判标准是它能提供信息量的多少和新鲜程度。③ 即在线性传播模式和经验学派的论述中，空间的维度长期被弱化和忽视。空间成了被时间取代的对象，它是时间跨越、消除的对象，是被殖民、被融合的对象。史蒂文森（Nick Stevenson）据此得出结论：大众媒介对空间横向关系的构建以及对社会生活时间方面的影响，长期以来始终未曾得到充分的探索……在媒介的电子形式日益普遍化和全球化的今天，这类研究需要进一步地深入。④

20 世纪中后期，传播学出现了大发展趋势。至 20 世纪末，已建有媒介环境学会的媒介环境学会声名鹊起，较早开始系统地考察传播、传播媒介、传播技术与时间、空间的关系。媒介环境学派虽不乏争议但影响深远，与经验学派形成了明显的区别。其中媒介环境学派的伊尼斯（Harold Adams Innis）最早从传播技术变革的角度考察了传播、传播媒介、时间、空间在文化和社会结构中的关系。伊尼斯关注传播的形式可能会对传播的内容产生的影响，

---

① 陈卫星. 传播的观念 [M]. 北京：人民出版社，2008：3.
② ［美］莱文森. 新新媒介 [M]. 何道宽，译. 上海：复旦大学出版社，2016：7.
③ 梅琼林，袁光峰. 用时间消灭空间：电子媒介时代的速度文化 [J]. 现代传播，2007（3）：17.
④ ［英］史蒂文森. 认识媒介文化：社会理论与大众传播 [M]. 王文斌，译. 北京：商务印书馆，2013：114.

并把传播和偏向联系起来，提出了传播的时空偏向论。即传播和传播媒介都有偏向：或偏向口头传播，或偏向书面传播，或偏向时间，或偏向空间。① 他在考察中东、希腊、罗马等传播实践后还发现时空关系由倚重时间开始走向倚重空间。伊尼斯在传播研究三部曲——《帝国与传播》《传播的偏向》《变化中的时间观念》中，把空间作为与时间并重的主体一并置于传播技术的考察中，从而与实证—经验学派和文化批判学派的研究旨趣区别开来。他开启了传播技术的空间转向研究，这对人们理解传播的空间维度具有较大的启发意义。

麦克卢汉（Marshall McLuhan）继伊尼斯之后开始把媒介视为一种环境，提出了独特的、极富争议的电子时代的传播时空观。乍看起来麦克卢汉的传播时空观似乎单纯是时空消失论，但实际上隐含着他对空间的分割、重组、可能的融合以及空间与时间的渗透等诸多思考。其中麦克卢汉电子时代的传播时空观对理解新媒介时代的时空关系更具启发性。

麦克卢汉在电子时代的传播时空观中提到了时间差异和空间差异的消失。他认为，在机械时代人们完成了身体的空间延伸，在电力技术时代中枢神经系统又得到了延伸，因此时间差异和空间差异已经不复存在。人们正在迅速逼近人类延伸的最后一个阶段——从技术上模拟意识的阶段。② 故麦克卢汉提出，媒介对现存社会形式产生影响的主要因素是加速度和分裂……空间作为社会安排的主要因素的功能随之结束。③ 他随即提出了"地球村"和"内爆"的概念，这使他的传播时空观的内容变得更加复杂和厚重。然而"地球村"和"内爆"并不意味着空间的消失。地球村的概念是一种空间上的隐喻。地球村仍然是一个空间场所，一个位置，一个场域，即便它被缩小，发生内爆，它也并没有也不会消失。一个再小的村子也不意味着没有分歧和冲突，也不意味着全然的同一和融洽。因此麦克卢汉部落化—非部落化—重新部落化的构想中也隐含着空间的破碎与重组，部落化—非部落化—重新部落化的过程

---

① ［加］伊尼斯．传播的偏向［M］．何道宽，译．北京：中国传媒大学出版社，2015：71.

② ［加］麦克卢汉．理解媒介：论人的延伸［M］．何道宽，译．南京：译林出版社，2015：4.

③ ［加］麦克卢汉．理解媒介：论人的延伸［M］．何道宽，译．南京：译林出版社，2015：133.

也是一个分裂的、切割的空间被整合、被组装的反复循环过程。戈登（Terrence Corden）在阐释麦克卢汉提出的延伸和截除的关系，即媒介延伸和肢体截除之间的关系时指出，技术既延伸人体又"截除"人类，这里增益变成了截除。① 显然戈登理解的麦克卢汉提出的媒介延伸也是一种空间指向，截除则意味着空间分离、分裂，但不是消失。因此综合而言，麦克卢汉提出的地球村和内爆并不意味着空间的消失，而是意味着空间的分割、整合、压缩、对抗以及可能的融合。

麦克卢汉在谈到空间融合、空间和时间的渗透时指出，"我们今天的加速度并不是缓慢地从中心向边缘的外向爆炸，而是瞬间发生的内爆，是空间和各种功能的融合"②。"由于我们借助电力媒介生活在信息瞬息万里的世界中，所以空间和时间就在一个时空世界里互相渗透。"③ 这可以理解为，在麦克卢汉看来，空间没有消失，也不是不发挥作用了，而是开始融合，开始和时间渗透。石义斌认为，麦克卢汉本人也认识到地球村是一个深度结构化的世界。因为麦克卢汉也谈道："我们创造出的村落条件越多，就会有更多的不一致以及多样性……我从不认为同一性和宁静是地球村的专有特点……部落化的地球村比任何民族主义都存在更多的分歧、更多的冲突。村落实际上是分裂而不是融合……我并不是表示对地球村满意或者赞同，我只是说，我们生活在地球村里。"④

梅罗维茨（Joshua Meyrowitz）延续了伊尼斯、麦克卢汉媒介形塑环境的主张。他认为电子媒介创造了新的场景，消除着、整合着、融合着旧的场景，从而塑造和修改着人们的行为。他提出了"新媒介新场景""新场景新行为"⑤ 等观点。梅罗维茨关于媒介场景和场景空间化的思考对传播学的空间

① ［加］麦克卢汉. 理解媒介：论人的延伸［M］. 何道宽，译. 南京：译林出版社，2015：7.
② ［加］麦克卢汉. 理解媒介：论人的延伸［M］. 何道宽，译. 南京：译林出版社，2015：131.
③ ［加］麦克卢汉. 理解媒介：论人的延伸［M］. 何道宽，译. 南京：译林出版社，2015：202.
④ 转引自石义斌. 单向度 超真实 内爆——批判视野中的当代西方传播思想研究［M］. 武汉：武汉大学出版社，2003：202.
⑤ ［美］梅罗维茨. 消失的地域：电子媒介对社会行为的影响［M］. 肖志军，译. 北京：清华大学出版社，2002：31-34.

转向研究同样具有启发意义。

并非出身媒介环境学派而是以社会学和城市研究见长的卡斯特（Manuel Castells），他的时空思想具有空间转向的明显意向。他提出的"流动空间""无时间之时间"等概念以及空间隔绝等命题都给传播学的空间转向研究带来了深刻的影响。卡斯特认为时空正在转化，而转化的过程尤为值得探讨。他提出："在网络社会里空间组织了时间。"① 卡斯特的流动空间概念结合了戴维·哈维（David Harvey）的时间、空间的唯物论主张，也与马克思的社会实践、社会运动的时空观一致。与伊尼斯、麦克卢汉、梅罗维茨相比，卡斯特一步就跨入了信息时代、网络社会。他立足于信息化时代网络社会这一新的社会形态，提供了对时空关系转化的全新思路，为当代传播学的空间研究拓展了更大的研究维度，也成为本选题开展研究的主要缘起之一。

（二）国内传播学研究的空间转向

我国传播学研究中空间被遮蔽、被忽略，被当作被时间消灭的对象的研究倾向一直居于主导地位。从陈力丹较早从精神交往的角度理解和阐释马克思的"用时间消灭空间"这一观点开始，国内传播学研究中有关时间和空间的议题开始不断涌现，呈现出歧义与纷争不断、研究取向和研究维度混杂并多元的发展态势。在这一进程中，关注和重视空间传播逐渐达成了初步的共识。

陈力丹可能是最早从精神交往的角度阐释马克思"用时间消灭空间"这一观点的。陈力丹认为，用时间消灭空间看起来主要是物质意义上的，但在精神交往的过程中同样需要用时间消灭空间。② 他提出，用时间消灭空间在研究人类精神交往时还有很多拓展的可能性和空间。马克思的时空观不仅仅是经济学意义上的时空观，还始终保持着哲学上的高度，因此被挪用、延展到传播学研究中也确实具有开拓意义和启发意义，因此陈力丹的这一观点在论述传播学的时空观时被引用、转述较多。但是直接把"用时间消灭空间"当

---

① ［美］卡斯特. 网络社会的崛起［M］. 夏铸久、王志弘等，译. 北京：社会科学文献出版社，2006：354.

② 陈力丹. 精神交往论——马克思恩格斯的传播观［M］. 北京：中国人民大学出版社，2016：90.

作马克思提出的"传播设想"①，当作"现代传播的信条"②，归纳为"从马克思到麦克卢汉的传播思想"③ 就很大胆和果断，容易让人认为马克思的"用时间消灭空间"似乎是专门针对新闻传播而言的，更增添了读者对这个命题最初指向的误解④。更重要的是，不经过更充分的论证，将经济学范畴的时空观直接挪用、平移到传播学中，是将讯息直接等同于流通渠道中的商品，只强调了它的物质属性、流通性和技术特性，却忽略了传播本身多重、复杂的内涵，忽略了传播与历史、文化、政治、思想、意识形态等的关联，以及传播者和受众的双重主观能动性。更需要关注的是，在新媒介环境下"用时间去消灭空间"这一观点是否依然适用？其适用范围是否存在边界？这是本选题关注的问题之一，也成了本选题的选题缘由之一。

其他学者关于传播学空间转向的研究大致包括以下两个层面：一是从宏观层面分析传播学研究中空间研究的不足和时空关系问题；二是从微观层面探讨固定空间或者特殊空间与传播之间的关系。从宏观层面分析传播学研究中空间研究的不足和时空关系问题的论述颠覆了"时间消灭空间"的固有观点，凸显了空间主体地位，把时空关系命题直接引入到了国内传播学研究的视野中。其中代表性学者的主要论述呈现如下。

袁艳针对空间研究被忽视的现状提出传播学研究应具有空间想象力。袁艳认为，时间压力与空间抵抗并存，能否保持对空间的想象力将是深刻把握各种复杂媒介现象的关键。⑤ 但袁艳并没有对作为传播语境的空间命题展开重点论证。王斌从人类传播史出发梳理了古今中外传播与空间在人类交往实践中的建构关系。他认为，把传播活动与特定的空间情境结合起来可超越仅用技术逻辑分析媒介。⑥ 并提出从技术逻辑到实践逻辑即媒介研究的空间转向。

① 蔡凯如. 现代传播：用时间消灭空间 [J]. 现代传播，2000 (6)：16.
② 梅琼林，袁光峰. 用时间消灭空间：电子媒介时代的速度文化 [J]. 现代传播，2007 (3)：17.
③ 袁艳. 传播学的空间想象力 [J]. 新闻与传播研究，2006 (1)：45.
④ 刘洁. 马克思"用时间去消灭空间"：溯源及新闻传播学扩散 [J]. 国际新闻界，2010 (9)：38.
⑤ 袁艳. 传播学的空间想象力 [J]. 新闻与传播研究，2006 (1)：50.
⑥ 王斌. 从技术逻辑到实践逻辑：媒介演化的空间历程与媒介研究的空间转向 [J]. 新闻与传播研究，2011 (3)：64.

王斌是较早、较系统地从空间维度来考察传播史的发展和演变的，但他提出的从实践逻辑出发研究空间转向的观点也很难被理解。陈长松认为，"用时间消灭空间"这一命题在国内先延展为一个"信条"后演变为"时间完胜空间"的根本原因是人们对传播技术演化中时间逻辑的偏好。他从三个层面质疑了"用时间消灭空间"的观念，即传播技术演化中空间维度原始设置的正当性；传播技术演化史中媒介对空间的依赖；新技术环境下空间维度的复活。① 也就是说，陈长松论证了传播学研究中空间维度的正当性问题。蒋晓丽、赵唯阳将传媒时空观划分为四个阶段并指出每一阶段相对应的时空关系：传统媒介时代的时空观是"时间消灭空间"，电子媒介时代的时空观是"时空压缩"，前互联网时代的时空观是"空间消灭时间"，后互联网时代的时空观是"融合一体"。② 这种时代划分和时空观的逐一对应关系是否完全准确还有待商榷，但和陈长松一样，均跳出了"时间消灭空间"这一固有观点的束缚。这一论文凸显了空间意识，把时空关系的研究命题推向了纵深发展。殷晓蓉系统地反思了传播学"空间及其关系"在学科发展和研究中的呈现与缺失问题，从空间概念的学科演变、空间地理要素和传播学的孕育，以及主流传播学的空间取向等方面，讨论了传播学研究中"空间及其关系"是如何呈现，特别是如何缺失的问题③，比较具有开拓意义。

　　从中观层面探讨固定空间或特定空间与传播的关系的研究与一般性的空间研究相比，更具有针对性和具象性，但这一研究目前还处于起步和探索阶段。从中观层面探讨固定空间、特定空间与传播的关系、与社会发展的关系虽然具有开拓意义和启发精神，但也需要进一步的规范和深入。其中，区域传播研究更有利于从中观层面考察传播与空间、与社会发展之间的关系。同时，在中国现实语境下开展区域传播研究更具实践意义和研究价值。

---

① 陈长松. 时间消灭空间？——论传播技术演化的空间维度 [J]. 新闻界，2016（12）：3-7.

② 蒋晓丽，赵唯阳. 后互联网时代传媒时空观的嬗变与融合 [J]. 社会科学战线，2016（11）：154.

③ 殷晓蓉. 呈现与缺失：传播学研究中的"空间及其关系" [J]. 苏州大学学报（哲学社会科学版），2014（4）：176.

（三）中国区域传播研究的现状、意义和提升空间

中国区域传播研究远比城市传播研究源远流长，但因为区域传播研究较明确的地理空间的定位，且它的研究内容中较少凸显行为空间和文化空间，或者说因为行为空间、文化空间多与地理空间缠绕、混淆，因此区域传播研究较少被纳入传播学空间转向研究的范畴。实则区域概念可被纳入地理空间范畴，也能被置于行为空间与文化空间的范畴中。因为人们常说的"社会区域""文化区域"均具有符号系统和表征系统的特征，都具有认知、行为、文化层面的指向。

目前我国区域传播研究形成了多元并存的发展局面。宏观层面的区域传播研究包括："东北地区的新闻传播研究""西北地区的新闻传播研究""西部地区的新闻传播研究""边疆地区的新闻传播研究""民族地区的新闻传播研究""民族自治地区的新闻传播研究"等。还有具体某一行政区域的传播研究，如"西藏新闻传播研究""内蒙古新闻传播研究"等。有些区域传播研究界限并非十分严谨，但与城市传播研究中物质空间与文化空间研究内容混淆不清却有所侧重的研究取向不同，当下区域传播研究较明显的特性在于：大多是以地理空间为背景探讨在特定地理空间中的传播活动、媒介变迁，以及由媒介建构的传播景观，很少以传播学为背景探讨在传播活动、媒介变迁以及由媒介建构的传播景观中，空间起到了什么样的作用，发生了哪些变化，空间与传播之间的互动是如何发生的，它们之间又是如何相互建构的等等。也就是说，当下区域传播研究具有较明显的"与其说区域研究是以学科为背景来进行的，莫如说学科是以区域为背景而展开研究的"[①] 研究特色。

我国区域传播研究的意义在于，它从传播学宏大叙事框架中分离出来，具体展现某一特定区域的传播活动、传播场景、媒介发展及媒体活动，突破了普适性的中国研究的局限，使地方空间内传播活动的丰富性和多元性得到了展现。长期以来，传播学中的"普适性的中国研究"倾向明显且占据主导地位。它的主要表现是动辄使用"中国"一词来指代所有地域的整体传播实践，结果是在具体研究中挂一漏万，只强调了部分被认为具有代表性和典型

---

① ［日］中岛岭雄，［美］约翰逊. 区域研究的现在［M］. 东京：大修馆书店，1989：4.

性的区域传播活动，却往往忽略或漠视了很多貌似不起眼却依然具有独特的传播特色的区域传播情况。经济欠发达地区、边疆地区、民族地区往往会成为传播学研究遗漏的重灾区。区域传播研究能较好地弥补上述研究中"横向不到边、纵向不到底"的研究缺憾。近些年来边疆地区、民族地区以及西部地区等区域传播研究的勃起和兴盛，使中国不同区域传播实践的独特性和多元性得到了较好的展示，也加深了人们对中国多元一体格局的认知。

区域传播研究的意义还在于较完整地展现了中国不同区域之间传播发生、发展的不平衡性。将国家作为整体的分析单位考察传播活动时往往可能遮蔽了中国不同区域之间传播发展的不平衡性。中国本土经验的启示是，一国内部各区域之间的差异和发展的不平衡对于理解该国具有重要的意义。① 这种意义在于将区域传播研究展现的差异性和不平衡性进行对比分析或系统梳理，能清晰地阐述宏大叙事结构中的"国家—地方"的权力关系，也能清晰地从"地方—国家"的视域审视地方区域传播发生、发展、变迁的发展逻辑。这有助于多元、立体地理解和面对当下中国纷繁复杂的传播环境与传播实践。

区域传播研究也存在着研究悖论。如果区域传播研究仅停留在对地方社会、区域社会传播活动的感性认知层面，或者只关注特殊性的传播现象，而不能将研究视域提升到传播学理性的规范认知层面，就可能只见树木不见森林，疏于对传播现象、传播活动实质的提炼。如果区域传播研究简单地应用一般性的传播学理论直接分析地方性的传播经验和地方性的传播知识，也易于产生简单、粗暴的术语套用倾向和明显的疏离感。同时，如果区域传播研究仅以地方视域界定和解释地方性的传播实践，并简单地采用"地方—国家"这个单一向度，也不能很好地解释贯穿于每个区域社会的传播上的政治统一性的要求。显然，传播上的政治统一性的要求并不是地方发展逻辑能够加以解释的。而采用区域传播对比研究的方法考察不同地区的传播实践的难点在于，很难避免以偏概全、一概而论的局限，也很难对两个以上的区域均有较深入的理解和把握。可比性的标准确立和坐标确立也绝非易事。因为中国不同地区的演变动因、社会历史文化也有着明显的不同。如何超越区域传播研

---

① 程多闻. 比较政治学和区域研究在中国的发展：互鉴与融合［J］. 国际关系研究，2017
（2）：49.

究的不足为区域传播研究略尽绵薄之力就成了本选题重要的选题缘由之一。

（四）习近平新时代中国特色社会主义文化建设和意识形态工作的需要

当前世界正面临百年未遇之大变局，国际政治、经济格局正在进行深度调整，全球治理体系亟须完善。同时，中国依然处于重要战略发展时期，发展不平衡不充分的现象依然存在，利益统筹兼顾的难度加大，意识形态领域的斗争依然激烈、复杂。因此，培育和践行社会主义核心价值观，掌握和巩固意识形态工作的领导权、管理权、话语权，巩固马克思主义在意识形态领域的指导地位，巩固人们共同的思想基础就显得尤为必要。作为一种表象体系的意识形态，作为强调文化的政治性和政治的集体性的领导权，以及追求认识一致的共同价值观，都需要通过媒介化、中介化、工具化等过程加以呈现和转化，都需要具有可操作性的媒介域与之匹配，从而使意识形态、价值观、共同思想等得以扩散、传播乃至达到全民共享和互动。因为思想只有通过可被具体感知的物质载体才能作用于人。如果没有这种客观化过程，思想便不能成为事件，也无法发挥俘获力或抵消力的作用。① 也就是说，领导权、管理权、话语权的形成和巩固需要通过媒介化、中介化、工具化等过程，使占主导地位的意识形态转化为受众自发的意识形态后，才能使占主导地位的思想转化为行动，才能使占主导地位的价值观等转化为集体力量。意识形态、价值观、共同思想等媒介化、中介化、工具化的过程，离不开新闻媒体这一承担宣传思想工作、新闻舆论工作的物质载体，也离不开通过信息流来建立关系的大众传播网络。通过大众传播网络连接能使意识形态、价值观、共同思想等通过文字、图像、音频、视频等多种符号形式从网络一端传输到另一端，实现被网络成员共享和共同传递。这是毛泽东、邓小平、江泽民、胡锦涛、习近平等国家领导人高度重视新闻工作并郑重发表重要论述的原因之一，也是本研究的选题缘由之一。

尤其是习近平关于新闻舆论工作的重要论述蕴含着诸多的发展性内容和创新性内容，需要通过大众传播网络以穿越时间和空间的信息流的形式加以

---

① ［法］德布雷. 普通媒介学教程［M］. 陈卫星，王杨，译. 北京：清华大学出版社，2014：28.

扩散、传播，并在传播者之间建立连接和联系，从而实现共享和互动。

习近平关于新闻舆论工作重要论述的发展性内容主要包括以下两方面：其一是在系列论述中拓展了新闻舆论的党性和人民性内涵；其二是在系列论述中强化了新闻舆论的地位和作用，强调从舆论视域考察新闻传播实践，从舆论视域构建新闻传播理念。习近平关于新闻舆论工作重要论述的发展性内容推动了马克思主义新闻观的进一步发展，也使中国共产党新闻舆论思想的历史演进更具一致性和学理性。

习近平关于新闻舆论工作重要论述的创新性内容主要表现为以下八个方面：第一，将新闻舆论工作定义为治国理政、定国安邦的大事，把宣传思想工作摆在全局工作的重要位置。这进一步凸显了新闻舆论工作、宣传思想工作的重要性。第二，强调新闻舆论工作的意识形态属性，提出巩固马克思主义在意识形态领域的指导地位，强调意识形态工作的领导权、管理权、话语权，将建设社会主义意识形态视为宣传思想战线必须担负的战略任务之一，把坚定"四个自信"作为建设社会主义意识形态的关键。第三，互联网已成为舆论斗争主战场，管好用好互联网是新形势下掌控新闻舆论阵地的关键；网上舆论工作是宣传思想工作的重中之重，要把时度效作为掌握舆论引导主动权、检验新闻舆论工作水平的标尺，强调新闻舆论的传播力、引导力、影响力、公信力，要构建舆论引导新格局。第四，推动传统媒体和新媒体融合发展，坚持一体化发展方向，加快建设全媒体。第五，加强国际传播，增强国际传播话语权，讲好中国故事，完善国际传播工作格局。第六，加强网络空间治理、网络内容建设，营造风清气正的网络空间。第七，倡导宣传思想工作理念创新、手段创新、基层工作创新，抓好县级融媒体中心建设。第八，推动公共文化服务标准化、均等化，完善公共文化服务体系，提高公共文化服务的覆盖面和适用性。整体观之，习近平关于新闻舆论工作重要论述的创新性内容主要指向国际和国内两个层面。国际层面的创新性内容主要指向国际传播格局创建和国际传播能力建设，国内层面的创新性内容主要指向新闻舆论工作的性质、定位、属性、职责、使命、互联网舆论工作、互联网空间治理、新闻舆论工作改革方向和创新性要求等。

综上，习近平关于新闻舆论工作重要论述的创新性内容突出强调了意识形态工作、互联网舆论工作、互联网空间治理、舆论引导新格局建设和媒体融合发展等方面。其中意识形态工作、互联网舆论工作、互联网空间治理、舆论引导新格局建设和媒体融合发展战略等都与中国地方大众传播网络构建乃至国家大众传播网络构建息息相关。中国地方大众传播网络和国家大众传播网络如何以马克思主义新闻观为指导，以习近平关于新闻舆论工作的重要论述为引领，展现真实、立体、全面的中国，塑造良好的国家形象和地方形象，如何更好地开展互联网空间治理，更好地开创舆论引导新格局，进一步推动媒体融合战略向纵深发展等都成为本选题关注的重点之一。

三、研究思路、问题的提出及研究意义

（一）研究思路

国内外传播学研究中空间转向研究已成为一种显现的趋势。传播过程中时间和空间的关系问题、区域空间中传播媒介的结构及其网络建构的历时变化也成为研究的焦点。在这样宏大的学术研究背景下，缘由国内传播学研究中区域传播研究的重要性和不可替代性，缘由习近平新时代中国特色社会主义文化建设和意识形态工作的需要，选取一个合适且具有代表性的地理空间，考察它其中的传播活动在一个长期的历史时间中是如何发生、发展，历经了哪些媒介变迁、迭代、衰退乃至并存、融合，形成了怎样的大众传播网络，这些大众传播网络分别与时间、空间产生了哪些关联与互动，并随着时间的加速度和空间不再是静止的，甚至是非连续性的、扩张性的变化，传播又是如何赋予了这一地理空间更丰富、更多元的内涵与意蕴，以及传媒的发展与社会发展之间的互动关系如何，传媒的发展与社会主义文化建设和意识形态工作之间的互动关系如何，就成为一种必然的选题旨趣。

本选题较宏观的研究思路是：通过考察宁夏近百年间大众传媒的活动实践和媒介变迁，全景式勾勒宁夏大众传播网络的概貌，提炼和概括出宁夏大众传播网络在推动和促进中国文化一体、民族融合过程中的地位和作用，以及它自身形成的作用机制，并考察在媒体融合的背景下，在马克思主义新闻观的指导下，宁夏大众传播网络未来的发展走势。本研究力图突破就局部、

具体立论从而只见树木不见森林的区域传播的研究局限，尽力克服简单采用"地方—国家"这一单一向度而弱化"国家—地方"这一重大向度，以及弱化政治统一性的要求等这些区域传播研究的不足，希望以中国多元一体的格局观和历史文化、传播发展统一性为立场，统摄宁夏大众传播活动实践中的经验及创见；希望能进一步推动国内传播学空间转向研究走向深入，尝试为中国区域空间传播研究提供一种新的研究思路和一个新的研究案例；希望推动宁夏大众传播研究走向深入。同时还希望能为习近平新时代中国特色社会主义文化建设和意识形态工作提供一定的智力支持。

本选题具体的研究思路是：以时空观为背景，以中国多元一体的格局观为统摄，选取"宁夏"这一地方空间作为考察大众传播活动的空间背景，选取"1926年至2018年"这近百年的历史时长作为考察传播活动的时间背景。把宁夏作为研究的背景空间，源于宁夏作为中国的一个地方空间有它自身的独特性和重要性；也源于研究者身居其中，拥有一定的"地方性知识"和"地方感"。研究者长期以来对宁夏地区的传播活动予以了持续的关注和考察，能够熟稔地开展研究工作。选取"1926年至2018年"这一历史时长的依据是，这一时期涵盖了宁夏最早的大众传播媒介的诞生时间，最早的媒体机构的设置时间，以及宁夏大众传播实践持续开展的时间。即1926年宁夏出现了近代史上第一份在当地编辑出版的报纸，自此开展的或断续或连续的达近百年的大众传播活动延续至今。也就是说，实践逻辑主导了研究周期的选取和确定。

本研究将1926—2018年这近百年的历史时期划分为以下4个研究时段：1926—1949年，1949—1979年，1979—2003年，2003—2018年。这四个研究时段的划分部分参照了中国新闻传播史、中国政治史中常规意义上的历史分期的划分方法，但又有所不同。主要区别之一是，本研究中历史时期的划分主要是根据宁夏大众传播网络结构中各元素之间力量对比发生明显变化的临界点状态和时间周期因素来确定的。上述四个研究时段的划分充分考虑了某一媒介能够形成新闻传播活动规律的周期性，以便能较完整地展现某一媒介发展变化的全貌。即主要根据大众传播网络结构中诸元素的力量消长的历史断裂点进行划分，突出了多种媒介发展之间的竞争关系。

"1926 年至 1949 年"这一阶段的划分依据如下。1926 年宁夏出现了首份在当地编辑出版的报纸，开启了宁夏大众传播之旅。选取 1949 年这个时间节点，源于 1949 年以后宁夏的大众传播环境、大众传播结构、大众传播实践均发生了巨变。选取"1949 年至 1979 年"这个时间节点，源于这一时期广播取代了报纸，开始占据宁夏大众传播网络结构中的主导力量位置，即这一时期宁夏大众传播结构发生了明显变化。把 1979 年作为这一时段的终结点和下一时段的起始点，源于宁夏大众传媒至 1979 年后开始出现整体性转型和蜕变，宁夏大众传播网络结构开始与之前形成鲜明区别。1979 年也被称为"中国新闻工作改革开放的起点年"。选取"1979 年至 2003 年"这一时间节点，源于这一时段电视取代了广播，开始在宁夏大众传播网络中占据主导的位置。把 2003 年作为这一时段的终结点和下一时段的起始点，源于至 2003 年，宁夏新闻网站开始出现，宁夏大众传播网络中的结构要素发生了重大突变。2003 后至今，宁夏大众传播网络结构不断发生着裂变，力量对比也此消彼长，呈现出结构最丰富也最复杂的态势。

这是一种粗略、宽泛的分期办法，从时间节点上看，也并不十分准确和严谨。原因在于：一方面，宁夏大众传媒的演进和彼此之间的力量消长是渐变的过程而非突发过程；另一方面，大众传播网络的构成是多线索与多元素的，这些线索与元素并非齐头并进而是交织缠绕同行。时间段划分过于细致具体的话有可能顾此失彼，也很难在较短的时间范畴内把握媒介自身的演进与此消彼长的过程，故本书主要采取了粗略、宽泛的分期方式。本书在采取粗略、宽泛的分期方法的同时，在概述具体的大众传媒实践活动时，采取了回溯、交叉、对比等手法，目的在于尽力勾勒大众传媒活动实践的持续性、系统性的面貌，尽力避免因为分期的具体、细致而导致整体的传媒活动实践本身显得支离破碎和断裂感层生。同时，本书还展现了某一具体大众传媒新闻传播实践活动终止、断裂和转型等状态。

（二）问题的提出

基于上述的选题背景、选题缘由和研究思路，本研究主要聚焦以下问题。由媒介变迁、媒体活动实践等大众传播活动支撑与构建生成的大众传播网络，在宁夏近百年间的时空发展中是如何发生、发展、演进与变迁的？它演化的动因或动力机制是什么？在大众传播网络生成过程中形成了怎样的媒介发展逻辑？其中媒介发展变迁、传媒的发展与社会发展之间又是如何互动的？随着社会结构的变化、媒介形态的变迁以及大众传播实践的不断拓展，宁夏大众传播网络在不同历史阶段和空间背景下呈现出什么样的结构性特征？这些结构性特征与变化又是如何与特定的时间与空间产生关联和互动的？同时，宁夏大众传播网络的生成与构建在促进国家政治上的统一、文化上的多元一体以及民族融合等方面发挥了哪些重要作用？它的作用机制是如何形成的？又是如何发挥作用的？这一能促进政治上的统一、文化上的多元一体、民族融合等的作用机制是否具有普遍性？它的限度、效度以及边界如何界定？在新媒介的不断涌现和冲击下，这一机制又面临哪些挑战和危机？这些都是本研究主要考量的命题。

（三）研究意义

本研究具有以下理论意义和现实意义。

1. 理论意义

本研究的理论意义在于，在马克思对时空关系深刻认识的基础上，在当代西方马克思主义者对时空关系深化认识的背景下，本研究顺应国内外传播学空间转向研究的趋势，以马克思主义新闻观为指导，为国内区域传播研究深入拓展空间研究维度提供更具体、更客观的研究文本。同时，本研究从特殊性入手追求普遍性，对于更深入、更立体地考察中国大众传播网络的构建和生成，对于构建中国独特的大众传播研究体系也具有一定的意义和价值。

（1）顺应和延续了国内外传播学空间转向的研究态势，为国内区域传播进一步拓展空间研究维度提供了一个新鲜的文本。国内区域传播研究更倾向于研究更具实体意义的物理空间与传播之间的关系。本研究结合特定时空范畴内大众传播网络的生成、演进历程，探讨大众传播与特定时空的关联与互动，并研判大众传播对地方空间以及国家空间的形塑和建构关系，能使研究对象进一步聚焦，聚焦于大众传播与特定空间的关系问题，聚焦于大众传播与社会发展的关系问题，也能使区域空间的内涵更具丰富性，从而与一般性区域传播区别开来。

（2）从特殊性入手追求普遍性，能进一步推动和促进对国家大众传播网络丰富性和多元性的研究。开展对 1926 年至 2018 年宁夏大众传播网络构建及历史演进的研究，能增进中国大众传播网络研究的丰富性和多样性。同时，对于推动中国传播学进行全貌研究与一般理论建构也具有一定的促进作用。近代史学之父、德国历史学家利奥波德·冯·兰克（Leopold von Ranke）认为，从特殊性入手可以上升到普遍性，但从普遍性入手就无法直观地理解特殊性了。① 马克斯·韦伯（Max Weber）亦指出，普适性或概括性知识本身毫无价值可言，其有效性或者范围越综合，离现实丰富性就越远。② 戴维·莫利（David Morley）认为，应该发展区域化理论来研究普遍化过程在不同的社会脉络下有怎样不同的表现方式，或者说，致力发展扎根理论，提出适合特定情况和脉络的分析视角，而不是提出"一物多用"的抽象理论模式。③ 从这个意义上讲，本研究从区域大众传播情境入手，在强调区域大众传播经验和大众传播实践的同时，致力于提炼区域大众传播网络在推动和促进国家政治上的统一、文化的多元一体、民族融合等方面的作用机制，并探讨该机制的限度和效度，这对于从"国家—地区"的视域来统摄区域传播研究中的经验和创见，推动对求异之上的求同的理解，对于坚守马克思主义新闻观的指导地位，对于更多元、更立体地理解和把握中国大众传播网络的生成与构建都具有一定的推动和促进作用。

2. 现实意义

本研究以宁夏大众传播网络构建为切入点，考察地方大众传播网络构建过程中国家形象和民族地区形象塑造以及地方大众传播网络在促进国家政治的统一、文化的多元一体、民族融合等方面的作用机制，这对于研究如何运用大众传播媒介和大众传播网络来更好地呈现中国的国家形象和民族地区的

---

① 李金铨. 在地经验，全球视野：国际传播研究的重要性［J］. 开放时代，2014（2）：133.

② WEBER M，A SHILE E，A FINCH H. The Methodology of the Social Sciences［M］. New York：Free Press，1949：80.

③ ［英］莫利. 传媒、现代性和科技——"新"的地理学［M］. 郭大为等，译. 北京：中国传媒大学出版社，2010：11.

形象具有一定的现实意义，对于促进习近平新时代中国特色社会主义文化建设和意识形态工作具有一定的现实意义。同时，本研究对于推动宁夏新闻传播学研究向纵深发展也具有一定的现实意义。

（1）有利于进一步对于推动和促进宁夏新闻传播研究向纵深发展。

宁夏是中国历史上开发较早的地区，也是华夏文明的发祥地之一。自1926年起，宁夏就开始出现了大众传播活动，至今已有近百年的发展历程。然而和近百年大众传播实践不匹配的是，宁夏尚未出现时间跨度覆盖近百年历程的、聚焦大众传播活动的系统性学术研究，这使现有的有关宁夏的大众传播研究缺失了一些厚重感和纵深感。另外，宁夏新闻传播研究不平衡现象明显：传统媒体研究占据研究主导地位，研究数量较多，研究成果较为集中和突出；新媒体、新新媒体研究数量较少，整体上研究较为薄弱。传统媒体研究中，报纸、电视研究较为突出和集中，广播研究较为薄弱。鉴于上述宁夏大众传播研究的现状和不足，本研究秉持鲜明的问题意识，以1926年至2018年间宁夏大众传播活动为切入点，系统考察宁夏报纸、广播、电视、网站、手机报、微博、微信、媒体客户端等一系列大众传媒实践活动，突出宁夏大众传播网络研究的整体性，集中探讨宁夏大众传播网络生成、演变的脉络以及功用、限度和动力机制，考察宁夏大众传播网络与地方空间内的社会结构、社会变迁的互动共生关系，也内在地包含了对中国整体传播网络生成脉络的考量，以及相互间的互动这样一个特殊性与普遍性关系的探讨，相信这对于推动和促进宁夏新闻传播研究向纵深化发展具有一定的现实意义。

（2）有利于深入地理解和把握媒体融合战略并进一步推动宁夏媒体融合发展。

十八大以来，党和政府开始大力倡导和实施媒体融合战略。《中共中央关于全面深化改革若干重大问题的决定》中提出要"整合新闻媒体资源，推动传统媒体和新兴媒体融合发展"①。中央全面深化改革领导小组第四次会议的讲话中，习近平再次强调推动媒体融合发展，提出要"坚持传统媒体和新兴

---

① 中共中央关于全面深化改革若干重大问题的决定［M］. 北京：人民出版社，2013：39-50.

媒体优势互补、一体发展"①。党的新闻舆论工作座谈会上,习近平进一步提出推动媒体融合发展的关键是要融为一体,要从相"加"阶段迈向相"融"阶段。② 全国宣传思想工作会议上,习近平提出"要扎实抓好县级融媒体中心建设"③。中共中央政治局第十二次集体学习会议上,习近平提出,推动媒体融合发展、建设全媒体已成为一项紧迫课题。④

宁夏大众传媒从 2015 年起就开始积极探索媒体融合发展,目前已进入到传媒组织之间的融合和传播手段的融合阶段。不过,目前有关宁夏媒体融合发展的系统性研究还比较薄弱,较少见到系统性的研究文献和研究资料,仅有几篇研究文献介绍了银川日报社媒体融合发展的情况。本书"面向媒介融合的宁夏全景式大众传播网络构建(2003—2018)"研究中,除了较系统地梳理和呈现了银川日报社、银川发布 App 的媒体融合探索情况外,还将宁夏媒体融合的现状置于全国媒体融合的坐标中来研判宁夏媒体融合的进展情况和发展空间。更重要的是,本书通过透视宁夏四个阶段大众传播网络生成与构建的全貌,提炼出宁夏大众传播网络具有以下四个结构性特征:具有极不稳定、相对不稳定、比较稳定、稳定和不确定的发展特征;具有发展不平衡的特征;具有层级上的汇集性和类别上的分散性特征;具有网络内部横向间的弱连接性特征。其中宁夏大众传播网络具有的"层级上的汇集性和类别上的分散性特征"以及"网络内部横向间的弱连接性特征",对于宁夏主流媒体实施媒体融合战略而言,是两个较大的不利因素。也就是说,宁夏主流媒体要想实现媒体融合发展,需要考虑的要素之一就是主流媒体如何打破传播网络结构层级上的汇集性,如何将分散性的媒体打造成一体化媒体,如何加强媒体内部横向间的连接关系等。从这个意义上讲,本研究对于深入理解和把握媒体融合发展战略,对于推动宁夏媒体融合发展的实施具有一定的现实意义。

---

① 中央深改小组第四次会议关注媒体融合 [EB/OL]. 人民网,2014-08-18.

② 中共中央宣传部新闻局. 习近平总书记党的新闻舆论工作座谈会重要讲话精神学习辅助材料 [M]. 北京:学习出版社,2016:7.

③ 习近平. 举旗帜聚民心育新人兴文化展形象更好完成新形势下宣传思想工作使命任务 [EB/OL]. 人民网,2018-08-22.

④ 习近平主持中共中央政治局第十二次集体学习并发表重要讲话 [EB/OL]. 中国政府网,2019-01-25.

第二节　国内外相关研究综述

一、国内研究综述

民族自治地区的传播研究正在经历从处于劣势和边缘位置向中心位置慢慢靠拢和迁移的过程中，有两大元素推动了这一位置的变化。一是以林青、马树勋、白润生、崔相哲、益西拉姆、周德仓、郭建斌、高卫华、南长森、于凤静等为代表的一批学者先后带动我国民族新闻传播研究走向中心的研究位置，其中尤以白润生的作用最为瞩目；二是民族自治地区新闻传播研究的重要性和迫切性日益凸显，越来越多的学者加入对民族新闻传播的研究中来，扩大了民族新闻传播研究队伍，也涌现出了大批的研究成果。这共同推动着民族地区的新闻传播逐渐从边缘研究位置向中心研究位置迁移。在民族自治地区的新闻传播研究蓬勃发展之际，宁夏地区的新闻传播研究也在不断推进，为后续的研究奠定了坚实的基础。

（一）"中华民国"至中华人民共和国成立前期：宁夏新闻传播的相关研究

中华民国至中华人民共和国成立，有关宁夏新闻传媒的阶段性研究已具备了一定的积累性。张平瀛较早地对《宁夏民国日报》进行了系统的梳理与分析。① 董万鹏②、宋师孔和刘弘一③，以及李萌、程旭兰④等前后综述了中华人民共和国成立前宁夏报业的整体发展概况。程旭兰⑤通过对各种研究资料

① 张平瀛. 宁夏民国日报梗概［M］//宁夏区政协文史资料研究委员会编. 银川文史资料（第一辑）. 银川：宁夏人民出版社，1983.
② 董万鹏. 宁夏出版报纸史话［M］//宁夏区政协文史资料研究委员会编. 宁夏文史资料（合订本第二册）. 银川：宁夏人民出版社，1988.
③ 程旭兰.《宁夏民国日报》创刊时间考［J］. 宁夏大学学报（社会科学版），1994，16（4）：39-43.
④ 李萌，程旭兰，宋师孔. 建国前的宁夏报业［J］. 新闻大学，1995（2）：45-47.
⑤ 程旭兰.《宁夏民国日报》创刊时间考［J］. 宁夏大学学报（社会科学版），1994，16（4）：39-43.

的综合对比、分析，考证了《宁夏民国日报》的创刊时间。她还较早地将宁夏新闻事业史与陕西、甘肃、青海、新疆省区的新闻事业史进行了横向间的对比，提炼出西北报业总体发展的一些特征。① 崔幼玲②认为，民国时期，西北陕西、甘肃地区的报纸都获得了较快发展，但宁夏地区报业发展缓慢。她认为当时动荡的格局、严格的政治管控、复杂的报社内部问题如经费不足、设备陈旧、人员不够，以及报纸纸张差、内容单一、发行量少及其他原因等，共同造成了宁夏报业发展滞后。上述研究或是通过回忆录的形式描述了民国时期宁夏报业发展的个案或者概貌，或是通过大量的文献梳理、比对，对当时宁夏的新闻传播活动进行了学科性的、专业性的研究探索，这为后续开展相关研究奠定了坚实的基础。

以上是对民国时期宁夏新闻传播活动进行直接研究的文献，还有一些综合性的研究专著和文献中，部分地涵盖了有关宁夏新闻传播活动的内容资料。这些资料也为全面、系统地开展宁夏大众传播研究提供了一定的参照。叶祖灏③（民国时期）编著的《宁夏纪要》，胡平生④（民国时期）编著的《民国时期的宁夏省》，陈育宁⑤主编的《宁夏通史》，以及宁夏通志编纂委员会主编的《宁夏通志》⑥ 等均提供了民国时期宁夏新闻传播活动的一些资料及相关论述。除此以外，吴晓红的论文《民国宁夏各项文化事业发展述略》⑦、张玉梅的论文《民国时期宁夏地区文献概述》⑧、王玉琴的论文《民国时期宁夏科技发展述略》⑨、王野坪的论文《宁夏解放前的图书馆事业》⑩ 也为民国时期宁夏新闻传播的阶段性研究提供了比较多元且翔实的研究资料。他们分别

---

① 程旭兰. 西北新闻事业史述评 [J]. 新闻大学, 1999 (2)：62-65.

② 崔幼玲. 论民国时期宁夏报纸业发展滞后的原因 [J]. 和田师范专科学校学报, 2015, 34 (4)：93-97.

③ 叶祖灏. 宁夏纪要 [M]. 南京：正论出版社, 1947.

④ 胡平生. 民国时期的宁夏省 [M]. 台北：台湾学生书局, 1998.

⑤ 陈育宁. 宁夏通史 [M]. 银川：宁夏人民出版社, 2008.

⑥ 宁夏通志编纂委员会. 宁夏通志（十九文化卷下）[M]. 北京：方志出版社, 2009.

⑦ 吴晓红. 民国宁夏各项文化事业发展述略 [J]. 宁夏师范学院学报, 2010, 31 (5)：92-96.

⑧ 张玉梅. 民国时期宁夏地方文献概述 [J]. 图书馆理论与实践, 2013 (8)：107-109.

⑨ 王玉琴. 民国时期宁夏科技发展述略 [J]. 西夏研究, 2011 (1)：99-105.

⑩ 王野坪. 宁夏解放前的图书馆事业 [J]. 图书馆理论与实践, 1988 (3)：73-78.

从民国时期文化事业发展的角度，地方文献整理与综述的角度，民国时期印刷业、无线电台技术、交通邮电等事业发展的角度，以及阅报场所的变化和图书馆发展的角度，为宁夏民国时期新闻传播的阶段性研究提供了多元化视角。这些文献均有助于形成对中华人民共和国成立前宁夏大众传媒发展的系统性认知。

（二）1949—1979：宁夏新闻传播的相关研究

1949 年至 1979 年，有关宁夏大众传媒和宁夏新闻传播活动的文献相对较少，搜集整理的难度也比较大。这一时期的研究资料主要散见于《宁夏通史》①《宁夏通志》②《宁夏新闻出版史存》③《当代宁夏纪事》（1949—1988）④ 等著作中。白润生的《中国少数民族新闻传播通史》（上下）⑤、《中国少数民族新闻传播通史》⑥，林青的《中国少数民族广播电视发展史》⑦，方汉奇的《中国新闻事业通史》（第三卷）⑧，益西拉姆的《中国西北地区少数民族大众传播与民族文化》⑨，谢鼎新的《中国广播电视研究的演变》⑩ 中均有部分涉及宁夏大众传媒和宁夏新闻传播活动的资料。但这些资料大都是在论述中国新闻传播事业或者民族新闻传播事业时被笼统提过，大多是被作为事实性材料、介绍性材料使用。对宁夏新闻传播事业进行专门的深入研究、系统研究和对比性的研究还比较少。

陕西师范大学硕士生陈玲运用文本分析法，查阅了 1969 年至 1972 年的《宁夏日报》。其论文是较少见的采用文本分析法，对某一阶段的《宁夏日

---

① 陈育宁. 宁夏通史 [M]. 银川：宁夏人民出版社，2008.
② 宁夏通志编纂委员会. 宁夏通志（十九文化卷下）[M]. 北京：方志出版社，2009.
③ 朱昌平. 宁夏新闻出版史存 [M]. 银川：宁夏人民出版社，2008.
④ 当代宁夏纪事编写组. 当代宁夏纪事（1949—1988）[M]. 银川：宁夏人民出版社，1990.
⑤ 白润生. 中国少数民族新闻传播通史（上下）[M]. 北京：中央民族大学出版社，2008.
⑥ 白润生. 中国少数民族新闻传播史 [M]. 北京：中央民族大学出版社，2009.
⑦ 林青. 中国少数民族广播电视发展史 [M]. 北京：北京广播学院出版社，2000.
⑧ 方汉奇. 中国新闻事业通史（第三卷）[M]. 北京：中国人民大学出版社，1999.
⑨ 益西拉姆. 中国西北地区少数民族大众传播与民族文化 [M]. 兰州：兰州大学出版社，2002.
⑩ 谢鼎新. 中国广播电视研究的演变 [M]. 合肥：合肥工业大学出版社，2014.

报》进行系统分析的学术论文，对这一时期的有关《宁夏日报》的研究有一定的借鉴意义。

（三）1979—2012：宁夏新闻传播的相关研究

1979 年以后，研究宁夏大众传媒发展和新闻传播实践活动的文献日益增多。其中，研究宁夏大众传媒发展现状，剖析大众传媒在新闻传播实践中存在的问题，并提出建议的对策研究类的文献数量最多，质量也比较高。

学者李世举从宏观层面研判了宁夏传媒业的发展现状、存在的问题并提出了解决策略，认为应从人才、机制、资金三个方面着手解决制约它发展的最根本性问题。① 他在另一篇论文中指出，2000 年后西部民族地区传媒体制存在着发展与管理之间矛盾突出，内部体制改革不彻底，产权结构单一而利益主体多元等弊端。李世举认为，应整合资源与资本，以促进传媒经营产业化、多元化为方向进行传媒产业化改革。② 谢明辉统计分析了 2008 年至 2009 年《宁夏日报》刊发的新闻评论的数量，分析了它们的质量，探讨了民族地区党报打造主流媒体舆论场的作为空间。③ 她在另一篇论文中对 2010 年 2 月 8 日—10 月 17 日新版宁夏卫视的收视情况进行了系统分析。④ 宫京成、苗福生运用深度访谈方法调查分析了 2003 年 8 月至 10 月期间宁夏电视的收视率情况，指出了宁夏电视存在的问题，提出了相应的解决对策。⑤ 季涓探析了 2000 年以后宁夏广播电台的总体运营现状。她认为，体制的局限、人才的缺失、广播总台与集团之间身份不明的窘境、统与分的矛盾以及角色含糊导致的信任危机等问题制约了宁夏广电总台的发展，并给出了媒介融合发展的建议。⑥ 张菊样认为，宁夏日报报业集团应加强经济信息报道比重，以便更好地

① 李世举. 宁夏传媒业发展面临的挑战与对策 [J]. 宁夏大学学报（人文社会科学版），2003（2）：122-125，128.
② 李世举. 跨区域合作与西部民族地区传媒的发展对策 [J]. 当代传播，2011（4）：51-52，58.
③ 谢明辉. 党报要着力营造主流媒体舆论场——以《宁夏日报》为例 [J]. 东南传播，2010（11）：45-47.
④ 谢明辉. 新版宁夏卫视收视效果本土调查 [J]. 传媒，2011（6）：45-48.
⑤ 宫京成，苗福生. 当前宁夏电视观众的收视特征与传媒对策 [J]. 宁夏大学学报（人文社会科学版），2005（2）：97-99.
⑥ 季涓. 数字化进程中宁夏广电传媒发展路径探析 [J]. 东南传播，2012（1）：29-31.

服务宁夏的经济发展；应加强对外宣传报道，主动进行议程设置；应加快推进媒介融合进程。①

以上是宁夏本地学者对宁夏大众传媒的一些相关研究文献。其他地区的学者也发表了一些关于民族地区或者西北地区大众传媒的研究文章。其中，有关宁夏大众传媒的研究内容比重较大且具有一定代表性的研究文献有：蔡雯、李勤在抽样调查五家自治区党报后，发现自治区党报在开发、利用新闻信息资源方面存在诸多不足。论文给出了具体的对策、建议。② 李青林指出，1999 至 2005 年，有关宁夏贫困县同心县的负面报道多于正面报道。他认为，对民族自治区域贫困县的新闻报道应以正面宣传和服务大众为主，全社会应对民族自治区域贫困县发展予以普遍关注。③ 刘俭云认为，宁夏卫视应重新审视自身优劣和所处环境，挖掘特色资源，找准频道定位，同时具备跨区域传播视野。④

1979 至 2012 年，有关宁夏大众传媒的研究主要关注宁夏传统媒体的发展现状，传统媒体在新闻传播实践中存在的问题，以及宁夏传媒未来的发展空间等问题，较少关注宁夏新媒体、新新媒体的发展现状。2012 年后，有关宁夏新媒体、新新媒体的相关研究文章开始增多，但总量还是偏少。

（四）2012 年后至今：宁夏新闻传播的相关研究

2012 年以后，有关宁夏新媒体、新新媒体的研究开始涌现。但相关研究文献数量较少，在宁夏大众传媒的整体研究中所占比重也较低。这些关于宁夏新媒体、新新媒体的研究文献主要聚焦宁夏新媒体、新新媒体的功能、特征、发展现状以及业务提升等应用层面。有关宁夏媒体融合发展的系统性研究比较薄弱，较少见到系统性的相关研究文献和研究资料。

---

①　张菊样．多措并举提升民族地区党报品牌影响力——关于《宁夏日报》报业集团新闻改革实践的思考［J］．今传媒，2015（3）：74-76.

②　蔡雯，李勤．少数民族地区党报新闻资源开发现状与对策——对五家民族自治区党报的抽样分析［J］．当代传播，2004（2）：4-9.

③　李青林．少数民族自治区域贫困县新闻报道反思——以宁夏回族自治区同心县为例［J］．当代传播，2012（5）：66-68.

④　刘俭云．西北少数民族地区的频道特色定位［J］．中国广播电视学刊，2009（3）：44-46.

郑自军对宁夏新闻网提出的发展策略是，整合资源，强化媒介运用，树立媒介理念，强调视觉效应，进一步美化网页设计。① 张橦梳理了银川市政务微博的发展历程，结合@微博银川@问政银川的实践案例，提出了微博问政能推进城市善治的观点。② 赵英、张丽描述了宁夏新媒体的发展现状，勾勒出宁夏新媒体从业人员的基本情况和思想状况。③ 张学霞在系统性地分析@问政银川这一案例实践应用的基础上，提出@问政银川具有社会治理工具的属性特征。④ 孟川瑾、卢靖肯定了@问政银川的发展模式和运行机制框架，期待@问政银川为国内政务微博发展提供可参照的路径。⑤ 侯锷撰写的《问政银川："互联网+社会治理"方法论》是第一本系统地研究银川政务微博模式的著作。在这本著作中，侯锷整理了银川政务微博的发展脉络，厘清了银川模式的内涵和外延，研究了银川政务微博的属性、特征、运行机制和制度安排。这部著作对研究和推动宁夏政务微博的整体发展具有一定的借鉴意义。

二、国外研究综述

马特拉（Armand Mattelart）的《全球传播的起源》秉承历史资本主义的分析逻辑，跳出媒介中心论，在历史经纬中勾勒出传播学的历史发生、发展，并试图给出一个全球史样式的历史阐释：每个历史时期与社会阶段都有自己的传播构型。通过对这种有着经济、社会、技术或思想等不同层次和局部、地方、国家、地区或国际等不同范围的构型进行分析，他提出了一个传播的霸权性概念。马特拉认为，在对不同历史时期、不同社会阶段的传播构型的研究中，更应该关注的是在从一个构型到另一构型的过渡中所显示出的断裂性和连续性。⑥ 马特拉的这种通过全景式的历史考察来展开对传播的另类的现

---

① 郑自军. 论民族新闻网的形象传播策略 [J]. 新闻界，2008（5）：89-90.

② 张橦. 微博问政：政府治理新模式——银川市政务微博的个案研究 [J]. 新媒体与社会（第四辑），2013（1）：301-317.

③ 赵英，张丽. 宁夏新媒体从业人员基本情况及思想状况调查 [C]. 银川：宁夏社会科学界联合会，宁夏社会学会. 2014 年宁夏社会学会学术年会论文集，2015：636-648.

④ 张学霞. 政务微博功能属性研究与应用分析——以"@问政银川"为例 [J]. 北方民族大学学报（哲学社会科学版），2016（4）：111-114.

⑤ 孟川瑾，卢靖. 基于新公共服务的政务微博运行机制——"@问政银川"案例研究 [J]. 电子政务，2016（4）：45-53.

⑥ [法] 马特拉. 全球传播的起源 [M]. 朱振明，译. 北京：清华大学出版社，2015：8.

实想象的思考，以及重点关注不同传播构型之间的断裂性和连续性的写法，给本书写作提供了很多参照。

《欧洲传播思想史》整体性地勾勒了欧洲关于传播问题的思想变迁。书中系统地探讨了媒介与传播、媒介与社会等宏大的学术研究命题。学术视野开阔，不仅涉及传播学科，也关涉到社会学、哲学、政治学、文学等相关学科，多学科综合交叉研究的特色明显。同时，这本著作既要准确把握历史的全局与逻辑的线索，又要兼顾某一议题的连贯脉络，既要审视不同时段甚至不同语境的研究者之间存在的断裂和转向，又要考虑更为丰富的思想资源和文献资料。[①] 这种独特的写作思路和写作框架对本书启发较大。另外，《欧洲传播思想史》面向全球传播背景下对局部地域传播问题的理论探索与考量，对本书研究大众传播网络脉络和历史模型具有较大的参考价值。

《传播网络理论》着眼于全球的传播网络分析，系统地梳理了传播网络的相关基础性概念，探讨了网络结构的生成机制问题。它在阐释了内生网络变量和外生变量后，提出了多理论多层次的网络分析框架，并应用复杂性理论和复杂性系统观点分析了作为复杂系统的传播网络。《传播网络理论》中关于传播组织和其他社会结构的网络特性的分析，以及多理论多层次的网络分析框架，为本书开展多层次、多类别、多媒介形态的复杂的宁夏大众传播网络分析提供了较好的理论参照。并且运用连通的、流动的网络观点来关照大众传播，就使得对大众传播网络的研究具有一种动态的、开放的特征而非静止的、僵化的特征。

三、研究现状评析

目前有关宁夏大众传媒、宁夏新闻传播活动等的相关研究已初步成形。从纵向角度来看，研究文献的数量相对较多，研究资料也比较完善。即宁夏大众传媒研究已具备一定的累积性。但横向对比来看，研究数量、质量等还有较大提升空间。综观有关宁夏大众传媒、新闻传播活动等相关研究，还存在着一些特定的问题。也就是说，宁夏整体上的新闻传播研究仍有较大提升空间。

---

① 李彬，曹书乐．欧洲传播思想史［M］．上海：复旦大学出版社，2016：1—2．

（一）宁夏新闻传播通史、阶段史、断代史以及媒介史研究还比较薄弱

近些年来，民族新闻传播史研究日益强盛，民族新闻传播通史、地方史、媒介史研究不断推陈出新。仅就民族自治地区而言，周德仓撰写的《西藏新闻传播史》《中国藏文报刊发展史》，帕哈尔丁撰写的《新疆新闻事业史研究》，张丽萍撰写的《内蒙古民国报刊史研究》均填补了地区新闻史研究和少数民族新闻传播研究的空白，也使当地的新闻传播研究具有了比较完整的参照坐标。宁夏地区除了民国时期的阶段史研究稍有积淀之外，宁夏新闻传播通史、现当代阶段史、断代史以及媒介史研究还有所欠缺。尽管顾页主编的当代宁夏报业资料汇编①，谢明辉、顾广欣等人发布的1958年至2010年宁夏新闻传播发展报告②，以及近几年出版的宁夏文化蓝皮书系列等，均系统地描绘了某一时段宁夏大众传媒的面貌，但严格意义上的宁夏新闻传播通史、现当代阶段史、断代史以及媒介史研究仍相当薄弱，学术成果寥寥无几，缺乏鸿篇巨制，呼唤着系统性研究的起步和突破。

对区域新闻传播研究而言，如果缺失了对历史脉络进行梳理和系统性研究的地方新闻传播通史研究，那么当下有关新闻传播实践的研究就有可能缺少一些历史纵深感和更深远的洞察力。

（二）宁夏新闻传播研究尚缺乏有效的理论分析框架

目前宁夏新闻传播研究大多属于解释性、描述性的实证研究，具有鲜明的经验—功能研究和效果研究的特征。这些研究大多都缺乏比较有效的理论分析框架。

当下的宁夏新闻传播研究更倾向于探讨应用方面、业务层面的问题，多与业务提升问题相关。研究内容主要包含以下两类：一是研究"是什么"的问题，主要是介绍性或诠释性的。二是研究"怎么办"的问题，主要是对策研究。同时也关注"为什么"的问题。研究方法也多为案例分析、小样本的

① 顾页.《当代中国的新闻事业》宁夏报业资料汇编［M］.银川：宁夏日报印刷厂，1989.
② 谢明辉，顾广欣，王斌，等.宁夏回族自治区新闻传播发展报告（1958—2010）［C］//新闻学论集编辑部编，新闻学论集第27辑.北京：光明日报出版社，2011.

定量分析和文本分析等。对策研究较好地体现出新闻传播学经验—功能研究、效果研究的研究取向，为某一时段的宁夏新闻传播实践提供了较好的现实关照。但它的不足在于：宁夏新闻传播的实证—功能研究缺乏有效的理论分析框架和具有学术内涵的解释体系，从而限制了研究的深度和学术性的提升。同时，宁夏新闻传播研究的重点大多聚焦在可见的大众传播的现象、行为与效果方面，忽略了宏观的、结构性的和历史性的研究。除此之外，宁夏新闻传播研究在研究视角上也趋向于行政地域视角，趋向于政治效果和传播效果研究，大多忽略了市场、资本的需求以及商业化取向观念。

造成上述宁夏新闻传播研究不足的原因有很多。一方面，宁夏新闻传播研究起步较晚，因此在理论提升、范式应用等方面的积累尚需时间。另一方面，从深层逻辑来看，中国新闻传播学界更擅长量化、归纳、概括等研究方法，对理论分析、提出假说、逻辑推理等研究范式的使用仍不普遍。如任晓所言："中国的地区研究与社会科学学科基本上互相脱离。地区研究学者的学科意识相当淡薄，对相关学科的理论问题所知不多……与美国比较，中国社会科学没有强烈的寻找'普遍规律'的思维方式和冲动……"①

（三）宁夏新媒体研究、新新媒体研究成为宁夏新闻传播研究的薄弱环节

近年来，宁夏新闻传播研究的关注点开始转向新媒体、新新媒体，但研究总量颇少。整体上宁夏新媒体、新新媒体研究还处于刚转型、刚起步阶段，与宁夏蓬勃发展的新媒体、新新媒体的新闻传播实践相距甚远。

宁夏新媒体发展已有二十多年历程，新新媒体发展也有近十年历程。但与之相关的研究却滞后于这些新闻传播实践。也就是说，宁夏新媒体、新新媒体研究缺失相关的经验—功能研究，也缺乏相关的理论建构和理论分析研究，属于宁夏新闻传播研究中的薄弱环节。目前宁夏新媒体、新新媒体研究主要是追随传统媒体研究中的"中心—边缘"研究模式，并同样采用经验—功能研究取向。这样的研究模式和研究取向弱化或忽视了技术研究的维度和市场、资本研究的维度，也较少关注到新媒介环境中，政治、资本、技术、

---

① 任晓. 本土知识的全球意义——论地区研究与 21 世纪中国社会科学的追求［J］. 北京大学学报（哲学社会科学版），2008（5）：95.

文化与大众传播之间存在着的张力和矛盾。

（四）宁夏新闻传播研究具有不平衡性的特征，研究角度也比较单一

宁夏新闻传播研究在研究时段的选取、研究对象的选取以及研究方法的选取上都具有不平衡性。这种不平衡性主要表现为以下四个方面：有关宁夏1926—1949年、1979年至2000年的新闻传播的阶段性研究较多，1949—1979年、2000年后的阶段性研究较少；学术性研究专著较少，学术论文居多；主要是以报纸研究、电视研究为主，广播研究、期刊研究以及宁夏媒体微博、媒体微信、媒体客户端、媒体抖音号、头条号等新媒体、新新媒体研究较少；量化研究较多，质化研究较少。

宁夏新闻传播研究还存在着研究角度单一的问题。这主要表现为以下三个方面。首先，宁夏新闻传播研究大多囿于经验—功能学派的理论框架，较少尝试运用文化学派、批判传播学派的相关理论，以及运用新马克思主义的意识形态理论、后现代传播研究的理论和方法等来审视和考察宁夏地区的大众传播活动。也较少顺应和衔接传播学空间转向研究的趋势。即宁夏新闻传播研究大多将宁夏这一地方空间自动设置为物理场所，较少赋予宁夏这一地方空间以文化内涵和社会内涵。

其次，宁夏新闻传播研究大多囿于新闻学、传播学这一单一学科体系，大多囿于"传播中心论"，较少尝试运用其他学科的研究思路和研究方法。实则新闻传播现象不仅具有特殊性，也具有普遍性，更具复杂性。因此需要将新闻传播现象置于多学科交叉的范畴内，通过积极引入哲学、政治学、民族学、社会学、经济学、地理学等学科理论和方法，来丰富和深化新闻传播研究。也就是说，借助多学科视域和方法来透视和考察宁夏大众传媒的新闻传播实践和发展脉络，能更准确地勾勒出宁夏新闻传播发展路径的环形态势，也能更好地彰显宁夏新闻传播研究的张力和穿透力。

最后，宁夏新闻传播研究大多囿于地方性经验和地方性知识，很难突破地方性经验和地方性知识的局限，从而将之上升为普遍性经验和普遍性知识。即研究视角更多地限于地方—国家维度，过于强调地域的独特性和差异性。在采用从国家—地方的维度，在凸显求异之上的求同方面还有提升空间。同

时，宁夏新闻传播研究也较少探讨地方传播体系在推动和促进国家政治上的统一、文化的多元一体以及民族融合等方面的作用机制。

综上，宁夏新闻传播研究在很多方面已经具备了一定的研究基础，能够为开展后续相关研究提供比较充足的储备资料。但由于宁夏历史发展落后、研究人才匮乏等诸多原因，宁夏新闻传播研究也有着较大的提升空间，呼唤着更深入、更全面的研究和更多元化、更新颖的研究视角的进入。

第三节　研究内容与研究方法

一、核心概念界定

（1）传播与大众传播

传播学在中国已有三十多年的发展历程，但在实际应用中不同学者对传播的含义往往有完全不同的理解①，因此有必要对"传播"概念做一下梳理和厘清。同样，源自美国工业化、城市化、现代化背景的"大众传播"概念也有着很多歧义和模糊之处，也有必要加以特定说明。

传播学中"传播"一词是从 communication 转译而来。陈卫星认为，在希腊文中 communication 源于 cum 与 munus 这两个词根。cum 指与别人建立一种关系，munus 意味着产品、作品、功能、服务、利益等。communication 即共享、共有之意。古罗马政论家西塞罗（Marcus Tullius Cicero）将 communication 定义为把握一种事情或者是与别人建立一种关系。这样拉丁语中 communication 的意思就是沟通、参与。后来，communication 意味着一个发送者，一个中介和一个接受者，用来界定人与人之间的传递关系和交换关系。② 雷蒙·威廉斯（Raymond Henry Williams）认为，communication 的词源是拉丁文 communis，

---

① 刘海龙．中国语境下"传播"概念的演变及意义［J］．新闻与传播研究，2014（8）：113.

② 陈卫星．传播的观念［M］．北京：人民出版社，2008：1.

意指"普遍",因此 communication 是指"普及于大众""传授"的动作。① 彼得斯(John Durham Peters)梳理了 communication 的来源,认为 communicate 的拉丁语意义是告知、分享、使之共同。② 李金铨认为,communication 在拉丁文中与 community 同字源,都是 communi,也就是建立共同性。他概论了 communication 的三层含义:沟通、交通与传播。沟通指面对面的交流;交通指物质的交通工具,即和运输并用的词语;传播指心灵的交通工具。③ 潘忠党认为,传播一词至少包含了三重不同的含义:或被视为单向度的传递(transmit),或被视为双向的交流和信息共享(share),或被视为引起不同理解的传递。④ 詹姆斯·凯瑞(James W. Carey)用"传递"和"仪式"来阐释两种不同的传播观。凯瑞认为,"传递"的传播观中,传播出于控制目的,其典型情形是劝服、态度变化、行为变化,因此不能局限于此。他提出的仪式观重点强调信息共享。凯瑞把传播看作是创造、修改和转变一个共享文化的过程的维系。认为传播并非指讯息在空间的扩散,而是指在时间上对一个社会的维系;不是指分享信息的行为,而是共享信息的表征。⑤ 就 communication 的汉语译法而言,出现了"传播""传通""交流""沟通"和"交通"等对应词义⑥以及"通讯"等词义。香港、台湾地区曾译为"传"或"传通"。1982 年,中国社会科学院新闻研究所在中国第一次西方传播学研究座谈会后,初步统一了传播学关键概念的中文译名,communication 正式被译为"传播"⑦。关于将 communication 译为传播是否准确表达了英语中"双向互动"的原意,以及对传播概念本身的诠释,大陆学界一直存在着争议,并没有形成统一的

① [英] 威廉斯. 关键词:文化与社会的词汇 [M]. 刘建基,译. 北京:三联书店,2005:73.
② [美] 彼得斯. 传播的无奈——传播思想史 [M]. 何道宽,译. 北京:华夏出版社,2003:96.
③ 李金铨. 传播研究的典范与认同 [J]. 书城,2014(2):52-53.
④ 吴飞. 社会网络分析——传播学研究的新进路 [J]. 中国人民大学学报,2007(4):108.
⑤ [美] 凯瑞. 作为文化的传播 [M]. 丁未,译. 北京:华夏出版社,2005:4-28.
⑥ [英] 莫利. 传媒、现代性和科技——"新"的地理学 [M]. 郭大为等,译. 北京:中国传媒大学出版社,2010:5.
⑦ 刘海龙. 中国语境下"传播"概念的演变及意义 [J]. 新闻与传播研究,2014(8):114.

认识。

本书采用宽泛意义上"传播"的定义，借鉴李金铨"沟通、交通、传播"的界定，结合陈卫星的阐释，将传播界定为"交往沟通""双向互动""交通运输"以及"建立传递关系和交换关系"。

一般意义上的大众传播是指，专业性的媒介组织、机构或者团体、产业集团等借助大众传播媒介，面向特定的大多数人，进行的大规模的信息生产与信息传播活动。"大众"主要是指受众的规模和数量。但汤普森（John·B·Thompson）认为，不应以狭义的数量词来解释和理解"大众"概念，即大众传播的重点不是指若干数量或范围的人接收到产品，而是指这些产品在原则上是可以被许多人接收到的。① 从这个意义上讲，传媒业发展的早期，如早期的报业、电台、电视台以及早期的互联网，它们的受众都相对较少且属于特殊群体，从规模和数量上看属于小众，但是当时的报纸、广播、电视和互联网应用从原则上看是面向大众的，只是由于技术和物质上的限制而没法传递给大多数群体，因此本书仍将早期的报纸、广播、电视、互联网的受众统称为"大众"。同时，本书采用汤普森的这一阐释，将1926年至1979年宁夏的传媒尤其是报纸和电视实际上受众数量和规模都较小的实践活动，以及1998年至2003年宁夏新媒体的新闻传播实践，都统称为"大众传播"。时至今日，报纸、广播、电视以及新媒体应用均已出现小众化、分众化态势，但原则上仍可被很多人接收，故仍将它们统称为大众传播。

（二）传播网络与大众传播网络

芒戈（Peter R. Monge）认为，关系是网络分析的中心。关系定义了个人、群体和组织间的传播联系的本质。当一种或更多的传播关系被运用于个人、群体或组织时，网络连接就产生了。芒戈界定了传播网络这一概念，认为传播网络作为一种联系模式，由传播者之间穿越时间和空间的消息流组成。从广义的角度理解，消息这个概念可以被理解成数据、信息、知识、图像以及任何符号形式，它们都可以从网络一端传输到另一端，或者被网络成员共同

---

① ［英］汤普森. 意识形态与现代文化［M］. 高铦等，译. 南京：译林出版社，2012：239.

创造。即传播网络是指，由传播者之间穿越时间和空间的信息流组成的一种联系模式。① 罗杰斯（Everett M. R）认为，网络具有一定的结构，具有一定的稳定性和一定的模式。正因为网络具有一定的模式，网络内个体的行为才具有可预测性。罗杰斯认为对网络的研究有助于人们了解传播结构，也就是系统内模式化信息流入过程中多种不同的构成元素。② 吴飞认为，人类学家格尔兹（Clifford Geertz）所说的"意义之网"，符号学家恩斯特·卡西尔（Ernst Cassirer）所指的"符号之网"，正是传播网络的一个静态的呈现形式。他认为传播网络是人类利用符号手段所编织的交换讯息和思想的一种动态交换结构。③

本书吸收、借鉴芒戈、罗杰斯、吴飞等人对传播网络的界定，采用宽泛意义上的传播网络的概念，认同关系是传播网络研究的核心。本书使用的"传播网络"是指传播者之间通过信息流来建立关系的一种连接模式。"大众传播网络"是通过大众媒介进行信息流的传播从而在传播者之间建立一种关系的连接网络。

（三）宁夏大众传媒

本书主要考察 1926 年至 2018 年间发生在宁夏这一特定地方空间内的主要大众传媒实践活动，以及由此构建生成的大众传播网络，故将地域范围界定在"宁夏"这一区域范围之内。自战国以来，宁夏的行政建置不断发生变化，特别是民国时期和 1949 年至 1958 年行政建置频繁调整。基于此，本书均以当时的行政区划为主来界定"宁夏"这一空间范畴。将 1926 年至 1949 年在宁夏区域之内的《额济纳旗简报》，曾在宁夏盐池县发行过的《三边报》，和 1974 年至 1979 年宁夏人民广播电台开办的蒙古语广播节目都列为本研究范畴。

同时，本书将"大众传媒"限定为由有组织性的媒体组织或机构开展的

① ［美］芒戈，康特拉克特. 传播网络理论［M］. 陈禹，刘颖等，译. 北京：中国人民大学出版社，2009：1.
② ［美］罗杰斯. 创新的扩散［M］. 辛欣，译. 北京：中央编译出版社，2002：291.
③ 吴飞. 社会网络分析——传播学研究的新进路［J］. 中国人民大学学报，2007（4）：109.

以发布新闻信息为主要内容，原则上面对大多数群体的媒体。故宁夏的专业类、行业类报纸、期刊，以及企业社区有线电视台等媒体，在本书中仅被作为统计资料、参考资料一带而过，并不在详尽的考察之列。另外，为聚焦研究对象，本书将这一期间宁夏期刊的新闻传播实践活动，自媒体新闻传播活动，中央驻宁夏新闻单位的新闻传播活动，以及宁夏具备转载新闻资质的商业性网站，均排除在本研究范畴之外。特别予以说明的是，本书将 1926 年至 1949 年宁夏期刊的新闻传播实践纳入考察和研究范畴，而没有将 1949 年后宁夏期刊的新闻传播实践活动纳入考察和研究范畴，是基于以下三点考量。其一，1926 年至 1949 年在宁夏存续的期刊确实进行了一定意义上的新闻传播活动，即在传播的内容中有面对大众的新闻信息传播，故将它们纳入了本书的研究范畴。其二，1926 年至 1949 年有关宁夏期刊的文献和相关资料比较稀缺，故将这一时期宁夏期刊的信息传播活动梳理出来，有一定的历史文献参考价值。其三，没有将 1949 年后宁夏期刊的传播实践纳入本书的研究范畴，有以下两点原因。第一，1949 年后，宁夏的期刊主要以文学类、文艺类和综合性期刊居多，较少见到面向大众的、以传播新闻信息为主的期刊，故很难对其进行分类和考察。第二，2000 年后，宁夏出现了几家面向大众群体的以传播新闻故事类信息为主的期刊。但这些期刊的主要定位是全国性文摘类期刊，关于宁夏本地的新闻信息相对较少。它们的受众群体也主要是全国范围内的中高端群体。因此，本书没有将它们纳入本研究的范畴。本书关注的宁夏大众传媒，重点是突出地方性、专业性、组织性，是以传播新闻类信息为主，故主要包括在宁夏发生发展的报纸、广播、电视、专业性新闻网站、手机报、媒体微博、媒体微信等媒体。

（四）传统媒介、新媒介、新新媒介，传统媒体、新媒体、新新媒体

保罗·莱文森（Paul Levinson）认为，互联网诞生前的所有媒介均是旧媒介，它们是空间和时间定位不变的媒介，如书籍、报刊、广播、电视、电话、电影等。这些旧媒介明显的特征是自上而下的控制，是由专业人士生产、制作内容。新媒介是指互联网上的第一代媒介。新媒介的界定性特性是，一旦上传至互联网，人们就可以按照自己方便的时间去使用、浏览，而不用根据

媒介确定的时间表去应用。新新媒介是指互联网上的第二代媒介，它的界定性特征和原理很多，主要概括为以下四点。即新新媒介的消费者均是生产者，而生产者大多是非专业人士；个人根据自我意愿选择新新媒介进行和从事表达和出版；新新媒介之间的关系既相互竞争，又相互促进；它没有自上而下的控制，人人都能成为出版人、制作人和促销人。① 按照莱文森的媒介三分法，结合中国的互联网应用实际，本书对旧媒介、传统媒介、新媒介、新新媒介及旧媒体、传统媒体、新媒体、新新媒体进行以下界定。

（1）将旧媒介统称为传统媒介。新旧媒介的划分都是相对而言的。本书将旧媒介统称为传统媒介，以便于与新媒介、新新媒介区分开来。传统媒介主要包括报纸、杂志、广播、电视等具有"点对面"传播特征的大众媒介。

（2）将门户网站、新闻网站、社区、论坛等媒介应用形式统称为新媒介。这些媒介与传统媒介一样也属于"点对面"的传播模式，也是为具有不同信息需求的网络用户提供统一的信息。这些媒介的互动性比传统媒介更强一些。仍属于被动接受和传播的形态，也是一种单向传播。

（3）将博客、微博、微信、抖音等统称为新新媒介。新新媒介的主要特征是人人都能通过新新媒介的应用成为记者、记录者，人人都拥有麦克风，都是主持人，都是参与者。新新媒介是点对点的传播形态。每一个用户都是一个传播中心，信息沿着用户的关系网络流动。新新媒介的传播是多层级的。互动性极强，社交性明显。

（4）对媒体、媒介、传媒的概念加以界定和说明。本书主要使用传统媒体、新媒体、新新媒体的概念。简单来说，媒体一般是指大众传播的机构、组织，如报社、电台、电视台、网站等。媒介是指信息传播的介质、载体、渠道和手段，如纸张、声波、电波、网络等。传媒除了包含以上两者的含义外，更强调的是一种行业，如传媒行业。媒体、媒介和传媒词语在实际使用过程中使用不规范之处颇多，有混同、错位和简称失当等很多表现。一般而言，传媒的内涵、外延最大，可以涵盖媒体和媒介。媒体的内涵、外延较大。媒介的内涵、外延最小。本书无意对这三个词语做具体、精确的区分。在书中使用"媒介"一词时，特意强调它的介质、载体、渠道、手段的本意。使

---

① ［美］莱文森. 新新媒介［M］. 何道宽，译. 上海：复旦大学出版社，2016：3.

用"媒体"一词，既是认同它具有媒介的内涵，更是强调它的组织、机构层面的含义。使用"传媒"一词是强调行业性和组织性的内涵。在英文中媒介和媒体对应的翻译词都是 media。但就宽泛意义上而言，中译本中中国学者使用更多的是"媒介"一词，强调其媒介、载体、渠道等含义。一般民众更多使用的是"媒体"一词，倾向于机构、组织的含义。本书主要使用国内通用的"媒体"一词，强调它的媒介属性，也强调它的组织、机构之义。特殊语境下专门使用"媒介"一词。

综上，本书综合比较分析后认同莱文森的媒介三分法，同时结合中国通用的词语说法，将通常意义上的媒体划分为"传统媒体""新媒体"和"新新媒体"。"传统媒体"主要是指报纸、杂志、广播、电视；"新媒体"主要是指互联网初期的一些网络应用，如网站、论坛、聊天室等。为了研究需要，书中将"宁夏新媒体"的范围予以压缩，主要是指以传播公共性的新闻信息为主的专业性新闻网站、手机报等。书中将"宁夏新新媒体"的范围也给予压缩，主要是指媒体微博、媒体微信。与之相对应的是，书中同时使用"传统媒体传播网络""新媒体传播网络""新新媒体传播网络"等概念。

二、研究内容

主要从国家—地方的研究向度出发，研究近百年间，在宁夏这一不断被生产、形塑的地方空间内，具有组织性，以发布、传播新闻信息为主，原则上面向大多数群体的宁夏大众传播网络是如何构建生成并延续发展的。主要研究近百年间，宁夏大众传播网络的变迁与演进，演进的动因或动力机制，内部要素之间的力量对比和位置、关系的变化，以及宁夏大众传播网络的结构形态、要素、功能属性和基本特征，并探讨和研究宁夏大众传播网络与宁夏这一地方空间、与国家这一母体空间之间的关联与互动，探析宁夏大众传播网络在反映、形塑和建构宁夏这一地方空间和国家这一母体空间方面的功能与效用。重点关注宁夏大众传播网络的生成与构建在促进国家政治上的统一、文化上的多元一体，以及民族融合、民族认同等方面的功能和效用。具体研究路径是从宁夏大众传播情境入手，在梳理、概括、总结和分析宁夏近百年间大众传媒新闻传播实践活动、实践经验、特色以及存在的问题的基础上，勾勒和刻画出宁夏大众传播网络在不同历史阶段中的轮廓、形态，以及演进、发展的态势。尝试厘清和提炼出区域传播网络生成、发展、变迁的发展轨迹和发展逻辑，并从国家—地方视域来统摄和审视区域大众传播网络构建生成、发展演变中的经验与创见，从而希望能更好地推动对求异之上的求同的理解和体验。也希望能够对更多元、立体地理解和把握国家整体性大众传播网络构建、生成的轨迹和逻辑产生助力。

三、研究方法

（一）文献研究法

运用文献分析法从以下三个方面展开研究。

（1）深入宁夏各级图书馆、档案馆、史志办、文史研究中心，以及特定的研究机构、政府部门、大学和各级各类新闻单位等进行文献的收集、整理，并利用中国知网、万方数据库等查询、收集宁夏1926年至2018年大众传媒的相关资料和历史文献，力求全面、准确地了解、掌握近百年来宁夏大众传媒的确切资料与相关信息。

（2）对中国新闻事业通史、编年史、中国新闻传播通史、中外新闻传播史、中国少数民族新闻传播通史、中国少数民族广播电视发展史，以及宁夏通史、宁夏通志等经典文献进行研读，清晰地掌握在不同历史时段内，宁夏大众传媒的发展、演变与国家大众传媒发展之间的关联，以及前者在后者发展中的作用和位置，并秉持国家—地方视角来考察地方空间内的大众传播活动。

（3）为全面、准确地把握当前国内外相关研究的理论前沿和研究趋势，研读了大量基础性的经典文献，为对具体问题采用相应的理论分析框架做充足的前期准备。

（二）比较研究法

本研究运用的比较方法主要体现为以下两个方面。一方面，秉持国家—地方视角，始终将宁夏报纸、广播、电视、新闻网站、微博、微信等媒体发展置于国家整体发展的框架和坐标中，通过不断对比分析同一时段内宁夏大众传媒实践与国家的传媒实践之间的关联与互动，来清晰地标识宁夏大众传媒发展在国家发展中的坐标体系，从而勾勒出宁夏大众传播网络的结构性要素与特征。即本研究力求从特殊和一般的关系入手，在强调地方性经验和知识的同时，也致力于一般性理论的建设。另一方面，本研究不断地对比和分析不同历史阶段中宁夏大众传播网络的发展和变化情况，不断地比较分析宁夏大众传播网络结构性要素之间的力量消长，以及位置、关系的变迁情况，借此考察媒体运行机制、媒介变迁与政治、经济、文化、社会发展等方面的影响。

（三）历史和逻辑相统一的方法

本文全面梳理和呈现了 1926 年至 2018 年宁夏大众传媒的实践活动，发展演进历程，以及专家、学者们对不同历史阶段中不同大众传媒实践的理性研判和阶段性认识。在此基础上，运用概念、判断、推理、分析、归纳、演绎、综合等辩证思维方法，概论提炼出不同历史阶段中，宁夏大众传播网络的结构模型，并系统地分析了不同阶段大众传播网络结构中的组成元素之间的复杂性、变动性的关系，以及政治、社会发展等与大众传播网络结构之间相互影响性的关系。同时，在客观反映历史和现实的基础上，探讨了宁夏大众传播网络在维护和促进国家政治上的统一、文化的多元一体以及民族融合等方面的作用和影响，力求通过历史与逻辑相统一的方法来推动区域新闻传播研究的进一步发展。

第四节　研究的创新点与不足之处

一、创新之处

首次比较全面、系统地梳理和呈现了 1926 年至 2018 年宁夏主要的大众传媒的新闻传播实践活动的全景全貌，勾勒了宁夏大众传媒发生发展的主要脉络，展现了其中一些媒体断裂乃至消失、消亡的景观，希望能为后续开展宁夏新闻传播阶段史研究、断代史研究、通史研究提供一定的研究基础。书中累计研究分析的媒体数量达到 144 个。其中，用来研究分析的报纸有 30份，广播电台、广播站有 29 座，省、市、县级电视台有 25 座，新闻网站 9家，手机报 1 份，媒体微博 20 多个，媒体微信 20 多个，政务微博 10 多个。另外，本书对宁夏新闻网站、手机报、媒体微博、媒体微信、政务微博等新媒体、新新媒体的系统性研究也属首次。这有助于人们了解、理解和把握2000 年以后宁夏地区新媒体、新新媒体的发展全貌，也有助于推动宁夏大众传媒研究向纵深发展。

　　首次从历时性、结构性的角度，整体性地勾勒出宁夏大众传播网络生成的全貌。并在此基础上构建出不同历史阶段中宁夏大众传播网络的不同模型。这种宏观的、历时性的、结构性的整体分析框架表现为：坚持国家—地方的观察维度，始终将宁夏大众传媒近百年间的传播过程和传播实践，置于中国总体社会秩序和传播网络中做系统性的对比分析，力求清晰地定位和展现宁夏大众传播网络在中国大众传播网络中的坐标和位置。同时，坚持将宁夏某一种或某几种大众传媒置于宁夏总体的大众传播网络结构中进行深入探析，概括它们的功能、属性，标记它们的作用，重点考察它们在宁夏大众传播网络结构中的位置变化、力量变迁以及结构性特征，力求清晰地定位和展现宁夏主要的大众传媒在特定时空范畴中的坐标，以及这些传媒的新闻传播活动对特定时空范畴的反映、建构和形塑作用等。这种宏观的、历时性的、结构性的研究角度和研究思路，在宁夏新闻传播研究中并不多见。

　　秉持空间意识，从宁夏文化空间、社会空间的维度思考宁夏大众传媒、大众传播网络与宁夏这一地方空间的整体互动，突破了仅从物质空间思考空间与传播的关系的局限。本研究考察了宁夏大众传播网络是如何得以生成，如何与宁夏这一地方空间相匹配，并在不断被调试、形塑、控制的过程中，又如何反过来形塑、再现和生产宁夏这一地方空间本身的。即本书尝试性地探讨了作为空间生产的传播和作为传播的空间这二者之间的关联与互动。具体而言就是尝试性地探讨了宁夏大众传播网络在反映、形塑和建构地方空间，地方空间内的多民族共生关系，以及国家空间形象方面的功能和效用。这在国内外传播学研究空间转向的背景下，对于区域传播研究而言具有一定的探索意义。

二、不足之处

本书梳理和勾勒了近百年间宁夏大众传媒的新闻传播实践活动，揭示了宁夏大众传播网络的演进历程。研究的内容众多，时间跨度也比较长。作者已经竭尽全力地查询、收集、规整并吸收、借鉴相关文献资料和研究成果，但是难免在资料整合、全貌呈现、细节捕捉等方面存在不足。另外，区域大众传播网络研究需要全面、立体的呈现，需要多元视角透视，还需要用一定的理论统摄，并呈现独特的观点。本书尝试性地提出了自己的一些见解，但是囿于知识、阅历、眼界、理论水平等相关条件，在理论阐释、结论呈现和整体把握上还有所欠缺。

一般意义上而言，很多专家、学者都会对 2000 年以后大众传媒的实践活动，特别是对新媒体、新新媒体的新闻传播实践保持冷静、理性的态度和有距离的观察和研究，并采取较为审慎的角度。本书试图全景式勾勒和展现宁夏近百年间大众传媒活动实践，以及大众传播网络的构建与生成，故较为详尽地展现了 2000 年后宁夏以新闻网站、手机报为代表的新媒体的传播实践，以媒体微博、媒体微信等为代表的新新媒体的传播实践，并勾勒和呈现了新媒体、新新媒体传播网络的全貌，还大胆地在媒介融合的面向下进行了一定的阐释。显然，对正在发生的或者人们正在见证的大众传媒实践活动以及大众传播网络变迁作出勾勒和提炼，会因为急于捕捉最新变动的细节，导致一叶障目不见森林，也会由于作者置身其中导致不识庐山真面目的情况出现，这也是本书可能存在的不足。

第一章　报纸传播初占主导地位的宁夏大众传播网络构建（1926—1949）

任何大众传播活动的产生与发展都离不开特定的时空背景。特定的时空背景既赋予了大众传播活动特定的规定性和情境性，反过来它也受到大众传播活动的形塑和建构。要考察宁夏最初的大众传播活动、大众传媒实践，以及大众传播网络的初始构建情形，唯有将它们置于宁夏这一特定地理空间和社会、文化空间中，考察大众传播与时间、空间之间的关联与互动关系，考察大众传媒与社会发展之间的互动关系，才能形成历时性的、宏观的研究起点。因此，探究宁夏大众传播网络的初始构建，首先需要系统地理解和把握历史沿革中的宁夏这一地方空间被生产、被形塑的过程，以及弥漫其间的多民族共生关系。唯有如此才能更全面地理解和把握1949年后民族区域自治地区设置的缘起，以及更好地对1949年前后的宁夏大众传播网络结构进行更充分的对比研究。

第一节　历史沿革中的宁夏及其多民族共生关系

宁夏作为一个区域空间，其地理空间和社会空间的形成经历了一个不断被调整和被生产的过程。历史沿革中的每次行政建置的过程就是国家空间与地方空间生产与再生产的过程。自战国起至1949年，宁夏历经了数次的行政建置过程，也逐渐形成了这一独特的地方空间。

一、宁夏作为地方空间的被生产过程以及初始形成

根据《宁夏通史》记载，战国时，宁夏开始有行政建置，先后设置了义渠县（今固原市东南）、乌氏县（今固原市南）和朐衍县（今盐池县境内）。后来乌氏、朐衍两县属北地郡管辖。到战国、秦国设置北地郡时，始形成于春秋时期的郡县，就初步发展成为地方的行政区域了。在郡和县之间，也已形成了较明显的隶辖关系。[①] 秦统一后，宁夏属北地郡。西汉时沿袭秦制，仍属北地郡。汉武帝时分属北地郡和安定郡。东汉时，行政建置沿袭西汉，但郡治有所调整。魏晋南北朝初期，宁夏南部固原地区属魏国雍州安定郡，北部地区的郡县或废或迁，成为羌、匈奴、鲜卑等游牧之地。[②] 隋朝在宁夏设有两郡——平凉郡和灵武郡。唐朝时属关内道管辖，初设三州：原州、会州、灵州。五代时期，宁夏有四州：灵州、雄州、警州、燕州。北宋时，宁夏隶属于陕西路，陕西路分置秦凤路后，它又隶属秦凤路。1038 年，党项族首领李元昊在此建立大夏国，史称"西夏"。元朝时在此设西夏中兴路行省，后改中兴路为宁夏府路，始有"宁夏"之称。[③] 明朝设宁夏为边防重地，设立宁夏府，后改为宁夏卫，属陕西布政使司所辖。清朝设宁夏府，今宁夏同心以南固原地区分属甘肃省平凉府所辖固原州及化平川直隶厅，今宁夏北部地区属甘肃省宁夏府（治在今银川市）。[④] 民国初年隶属甘肃省。今宁夏固原地区属甘肃省泾源道（治在今甘肃省平凉市），后又被改为陇东行政地区。宁夏北部地区属甘肃省朔方道（俗称宁夏道），道治宁夏城，辖八县：宁夏县、宁朔县、平罗县、灵武县、盐池县、金积县、同心县、中卫县。

1929 年 1 月 1 日，宁夏建省。新宁夏省共领 9 县 2 旗——宁朔县、平罗县、灵武县、盐池县、金积县、同心县、中卫县、镇戎县、磴口县和阿拉善额鲁特旗、额济纳旧土尔扈特旗。[⑤] 1933 年马鸿逵统治宁夏后，又陆续增设

---

① 路遥.宁夏历史地理参考文献概述（先秦时期与秦汉时期）［J］.宁夏图书馆通讯，
　1983（3）：56.
② 陈育宁.宁夏通史［M］.银川：宁夏人民出版社，2008：4.
③ 李喆.1958 年宁夏回族自治区成立纪实［J］.党史博览，2009（2）：17.
④ 陈育宁.宁夏通史［M］.银川：宁夏人民出版社，2008：7.
⑤ 陈育宁.宁夏通史［M］.银川：宁夏人民出版社，2008：368.

县市，计有银川市、中宁县、永宁县、贺兰县、惠农县、陶乐县，吴忠市、香山设治局（中卫香山）。至1949年前，县制又进行过数次调整。

由此可以看出，宁夏这一空间生产的过程，是一动态化的过程。它被生成的过程是以历史发生为前提和结果，是空间观与历史观统一的过程。宁夏这一空间始终是以分离化、统一化、等级化的同步倾向被生产和再生产，呈现出空间与权力之间工具性的联系，并呈现出排斥性与包容性之间既矛盾又统一的特征。宁夏这一地方空间的形成过程，体现了中央政权有组织地将空间地区化，将空间分解为各种主导性中心和从属性边缘的空间生产过程。国家这种中心与边缘、中央与地方的关系，就是由权力创造和分化的空间生产关系。这种空间生产关系中，中心与边缘的结构性关系，植根于当时的阶级关系和社会关系中，并与之相互依存。也如爱德华·W. 苏贾（Edward W. Soja）所言，空间本身也许是原始赐予，但空间的组织和意义却是社会变化、社会转型和社会经验的产物。①

二、宁夏的多民族共生关系

对空间本身的分析就是主张揭示体现在空间中的社会关系。如果不去揭示空间中潜在的社会关系，不关注空间生产及其所固有的社会关系，就是"就空间说空间"的思维窠臼，就是一种把物看成是孤零零的物本身的思想错误。② 本书主要按照这一逻辑来关注宁夏这一地方空间在不断被生产的过程中所形成的特殊的社会关系。从历史沿革上看，宁夏一直是多民族共同居住、人员频繁流动、民族与民族间不断互动的区域，民族关系是其中最突出的社会关系之一。

《宁夏通史》显示，自商代起，北方游牧民族土方、贡方、鬼方就在该区域范围活动。周朝时，北狄集团的猃狁以及义渠戎、乌氏戎、朐衍戎均在此活动。春秋时期，在宁夏地区活动的主要是西戎。战国时，由北方诸游牧民族融合而成的匈奴驻牧于宁夏及北方广阔的地方。战国后，众多的华夏人即

---

① ［美］苏贾. 后现代地理学——重申批判社会理论中的空间［M］. 王文斌，译. 北京：商务印书馆，2004：121.
② 刘怀玉. 《空间的生产》的空间历史唯物主义观［J］. 武汉大学学报（人文科学版），2015，68（1）：63.

后来的汉族开始入居宁夏，宁夏从此成为北方游牧民族与中原汉族对峙和互进的地区。① 秦汉时期，宁夏成为统一多民族国家中最早的成员，也是多民族共同聚居的区域。除了大批的汉族农民由内地迁入宁夏屯垦外，内附的匈奴也被安置于此，后月氏人也被安置于此。东汉时，羌族聚居在宁夏南部。魏晋南北朝时期，宁夏成为北方各民族杂居、融合的主要区域之一。匈奴、羌、羯、氐、鲜卑（拓跋部）、柔然等族成员都曾先后进驻宁夏。隋和唐初，宁夏北端先后被东突厥、薛延陀部控制。贞观以后，宁夏再次成为众多北方民族包括突厥聚居的地区。安史之乱后，吐蕃、回纥、吐谷浑、党项等族以及大食的军队均涌入宁夏。其中吐蕃在宁夏驻军近百年。五代和宋初，在宁夏生活的主要有汉、沙陀、党项、吐蕃等族。两宋期间，党项族建立了西夏王朝。宁夏南部则先后被北宋和女真族创建的金朝统治。② 元朝时，宁夏境内的民族状况有新变化，唐朝以来的沙陀、吐谷浑、女真、党项、契丹及各种色目人，有相当一部分融进汉人及回族人中③，这期间，宁夏主要有汉人、蒙古人及回族人。

明清以来，宁夏除汉族外，还有蒙古族、回族及后来的满族等少数民族。从唐代开始，历经元、明、清数个朝代，从中亚细亚来的阿拉伯人、波斯人和中国境内的突厥人、畏兀尔人、蒙古人，以及汉人等众多民族，经长期融合逐渐形成了一个统一的民族——回族。④

也就是说，宁夏从2万年前的水洞沟先民至清朝满洲八旗迁入，这一时期，迁徙和融会了诸多影响较大的如戎、羌、月氏、匈奴、鲜卑、铁勒、柔然、高车、突厥、回鹘、昭武九姓、党项、蒙古、回、满等民族。先秦至汉唐期间，大量华夏和中原汉族人陆续迁居于此，与其他少数民族交错居住，共同的地域环境使他们交往密切⑤，由此形成了宁夏地区民族关系的同存共生性。这种多民族同存共生的关系是在时间中历史性的民族迁徙和融合中形成的，也是在宁夏这个具体的空间中得以实际地凸显出来。

---

① 陈育宁. 宁夏通史［M］. 银川：宁夏人民出版社，2008：8.
② 陈育宁. 宁夏通史［M］. 银川：宁夏人民出版社，2008：8.
③ 陈育宁. 宁夏通史［M］. 银川：宁夏人民出版社，2008：9.
④ 李文华. 印象宁夏［M］. 银川：宁夏人民出版社，2008：8.
⑤ 薛正昌. 黄河文明的绿洲：宁夏历史文化地理［M］. 银川：宁夏人民出版社，2007：5.

综上所述，在历史沿革中空间区域不断变动的宁夏，一直存在着多民族流动、杂居、聚居、交往与互动的景观。这块由社会创造和社会区分的节点空间，始终充盈着开始游移不定，后呈现定居状态的、规模大小不一的多个民族。这些民族的流动、杂居、聚居、融合都具有地方性、持续性和广泛性等特点，是地方空间区域中多民族流动的序列性与空间同存性的完整凸显，并一直延续到中华人民共和国成立。

第二节　宁夏大众传媒的新闻传播实践（1926—1949）

宁夏作为地方空间在被生产、形塑的过程中，伴随着近现代史上大众传播媒介的发生和发展。宁夏大众传媒的传播实践在宁夏发生、发展或消亡，也反映、形塑了宁夏这一空间本身的社会形态，两者具有一定的同构性关系。早期的大众传播媒介主要是报纸。报纸的兴起逐渐对社会产生了深刻而久远的影响。就通常意义而言，"大众"这一概念被理解为传媒业传输的信息所能到达的相对大量的受众。但在传媒业发展的初期阶段，如中国早期的报业、早期的电台的兴起阶段，受众都相对较少并比较特殊，数量上既不大众也不普遍。但"大众"一词不应以狭义的数量词来加以解释，应指这些产品在原则上可以被很多接受者接收。① 本书从这个层面使用大众传播这一概念，故将这一阶段的有组织的、面向多数群体的传媒活动称为大众传媒。

宁夏近代史上第一份在当地编辑出版的报纸始于 1926 年 11 月。1926 年至 1949 年，宁夏先后存在过 3 家报社，8 份报纸，8 种左右的期刊②，3 家通讯社，1 座广播电台。3 家报社是指宁夏民国日报社、宁夏扫荡简报社、额济纳旗简报社。③ 《大公报》也一度在宁夏开过分馆。8 份报纸是指《中山日报》

---

① ［英］汤普森. 意识形态与现代文化［M］. 高铦等，译. 南京：译林出版社，2012：239.

② 李萌、程旭兰等在文中提及的刊物共有 20 种左右，但没有具体介绍每个刊物。见李萌，程旭兰，宋师孔. 建国前的宁夏报业［J］. 新闻大学，1995（2）：45-47. 本书综合诸多文献，以在宁夏创办的期刊为考察点，统计到当时宁夏大约有 8 种大众期刊.

③ 高树榆. 昔日宁夏漫谈［M］. 银川：宁夏人民出版社，1979：90.

《宁夏醒报》《宁夏民国日报》《扫荡简报》《贺兰报》《额济纳旗简报》《固原日报》《三边报》。3 家通讯社是指西夏通讯社、贺兰通讯社、中央社宁夏分社。1 座广播电台是指宁夏广播电台。本书主要考察新闻媒体的新闻传播实践活动，故报社、通讯社不在考察之列。

一、《中山日报》《贺兰》等报刊的新闻传播实践

1926 年至 1949 年，宁夏地区共有 8 份报纸和 8 份期刊陆续开展了新闻传播活动实践。这些报纸、期刊大多是由当时的政党、政府或军队创办。存活时间大多短暂，创刊不久即停刊的情况比较常见。个别报纸的影响力较大，存在的时间也较长。

（一）《中山日报》等 8 份早期报纸的新闻传播实践

《中山日报》是宁夏近代史上第一份在当地编辑出版的报纸。它的属性是军队机关报，始于 1926 年 11 月，仅存在近一年时间。前身是冯玉祥部的西北国民军的机关报——《西北民报》①，后更名为《中山日报》。由国民军联军总政治部主办。《中山日报》在随冯玉祥部转移的过程中抵达宁夏城（今银川），后继续出版发行，遂成为宁夏当地首次出现的现代意义上的报纸，四开四版石印。② 报纸主要"宣传共产主义思想和孙中山的新三民主义，提倡民主、科学、进步，传播'五四'运动新文化"③。还报道国内外大事和北伐战况，也刊登军、政界的一些文告。1927 年 9 月，因国民党实行"清党"反共，该报纸被查封。《中山日报》消亡后，宁夏暂时没有大众传媒实践活动。

宁夏第二份报纸《宁夏醒报》于 1929 年 7 月创办④，这是宁夏历史上第

---

① 主要采用李萌、程旭兰等人说法。又有一说是《西北日报》，见余小龙，唐志军编．百年银川（1908—2008）[M]．银川：宁夏人民出版社，2008：395.

② 主要采用李萌、程旭兰等人说法。又有一说是油印，见郭晓明，刘天明．宁夏之最[M]．银川：宁夏人民出版社，1999：58．以及董万鹏．宁夏出版报纸史话[M]//宁夏区政协文史资料研究委员会．宁夏文史资料（合订本第二册）．银川：宁夏人民出版社，1988：256.

③ 李萌，程旭兰，宋师孔．建国前的宁夏报业这[J]．新闻大学，1995（2）：45-47.

④ 主要采用李萌、程旭兰等人说法。董万鹏一说为 1930 年。见董万鹏．宁夏印刷局[M]//宁夏区政协文史资料研究委员会．宁夏文史资料（第十七辑）．银川：宁夏人民出版社，1987：107.

一份铅印报纸。但铅印设备和铅印技术并没有从此普及开来，后面创刊的报纸依然还有石印、油印出版。这份报纸，四开四版仅存活了几个月。除发表政府文告外，还有"读者来函"专栏，欢迎群众对地方行政措施提出批评和建议。① "报纸的质量低，发行量也少。"② 在存活了几个月后，因吉鸿昌调任而停办。

1949 年之前在宁夏出版时间最长的一份大型报纸是《宁夏民国日报》。它于 1929 年 11 月下旬至 12 月期间创刊③，存续时间近 20 年。《宁夏民国日报》的主要经费由省政府支出。报纸还有微薄的广告收入和发行收入。但经费始终匮乏。除刊登新闻外，《宁夏民国日报》还刊登极少数的广告信息。地方新闻较少。最初是省政府机关报，后归省党部主管。作为连续出版发行的报纸，《宁夏民国日报》日发行量 1000 份左右，最多不超过 1500 份。它的发行对象主要是党政军机关、团体，个人订户很少。这较少部分的个人订户是在银川做生意的"八大商号"老板和小商贩们。商人们订报的目的主要是通过看报了解全国各地商品信息、价格等。④《宁夏民国日报》创刊初期为对开四开铅印，多用土纸，纸张粗糙色黄，油墨质量差，字迹常模糊难辨。设备更新后改为对开两版，一度曾双面印刷，后因为一段时期内使用的是薄脆色暗的本土纸，无法双面印刷，不得不改为单面印刷。报社有电台一部，具体印刷由宁夏财政厅印刷厂的一台手摇印刷机承印。报道内容主要是刊登国民党中央通讯社的稿件，有时登载一些地方通讯和评论。⑤ 一版以国际通讯为主，二版以国内通讯为主兼地方新闻、广告和专栏等。广告大多是通行证丢失作废证明之类，占报纸内容 1/5 以下。这可能是宁夏报纸上首次出现的商业信息。即此时的报纸除主要承担政治功能外，还具备了初步的商业功能。

① 李萌，程旭兰，宋师孔．建国前的宁夏报业［J］．新闻大学，1995（2）：46.
② 董万鹏．宁夏印刷局［M］//宁夏区政协文史资料研究委员会．宁夏文史资料（第十七辑）．银川：宁夏人民出版社，1987：107.
③《宁夏民国日报》具体创刊时间一直说法不一，后程旭兰经系统考察对比后，推断出它的创刊时间为 1929 年（见《宁夏民国日报》1994），后又在《建国前的宁夏报业》（1995）的一文中，推断为 1929 年 11 月下旬至 12 月期间，本文采用这一推断。
④ 余小龙，唐志军．百年银川（1908—2008）［M］．银川：宁夏人民出版社，2008：211.
⑤ 张平瀛．《宁夏民国日报》梗概［M］//宁夏区政协文史资料研究委员会．银川文史资料（第一辑）．银川：宁夏人民出版社，1983：147.

报上先后辟有各种副刊：《贺兰山》《朔风》《卫生周刊》《司法周刊》《青年》《农业推广》《军事》等。副刊的出现说明此时的报纸开始承担文化传承的功能。但专刊只刊出一小段时间后便逐渐减少。绝大部分版面均登载中央通讯社的电讯稿，缺乏地方特点。① 1949 年 9 月 20 日，在宁夏解放前几天，《宁夏民国日报》停刊。

宁夏同一时空内存续的报纸还有《扫荡简报》《贺兰报》《固原日报》和《额济纳旗简报》。

《扫荡简报》是在抗日战争时期，在国民党军事委员会政治部与各集团军创办扫荡简报的背景下，于 1939 年 12 月 17 日创刊。它是小型日报，存续时间约 6 年。以刊发中央社战地新闻和口语广播信息为主，也有地方军政动态消息。初为四开两版油印，后改为铅印，一度采用宁夏土产的白麻纸印刷。自配有收发报机。每期发行量 1000 份左右，60% 赠送十七集团军所属部队，40% 售给群众订户。② 1945 年抗战胜利后，《扫荡简报》停刊。

1926 年至 1949 年，宁夏发行量最大的报纸是《贺兰报》。它作为省政府机关报，于 1942 年下半年创刊，存活了一年九个月。《贺兰报》为横排对开四版，一版为国内新闻，二版为国际新闻，三版为地方新闻，四版为副刊或专刊。③ 内容除转载中央通讯社新闻稿外，地方新闻主要以转载《宁夏民国日报》为主。很多文章内容是报道马鸿逵的个人活动或为马家歌功颂德。④最高印过 2300 份，日均一般为 1800 份，发行量超过宁夏另外两份报纸——《宁夏民国日报》《扫荡简报》。推销手段有省政府强行推销，也采用报社自销方式。创刊不久后遭遇通货膨胀，财政厅不愿增加拨款，结果这份曾经发行量最大的报纸于 1944 年停刊。

《中山日报》《宁夏醒报》《宁夏民国日报》《扫荡简报》和《贺兰报》

---

① 董万鹏. 宁夏出版报纸史话 [M] //宁夏区政协文史资料研究委员会. 宁夏文史资料（合订本第二册）. 银川：宁夏人民出版社，1988：256.

② 李萌，程旭兰，宋师孔. 建国前的宁夏报业 [J]. 新闻大学，1995（2）：46. 董万鹏一说为每期发行近四五百份.

③ 孙阵. 宁夏《贺兰日报》从创刊到结束 [M] //宁夏区政协文史资料研究委员会. 宁夏文史资料（第十七辑）. 银川：宁夏人民出版社，1987：133.

④ 张玉梅，李习文，王岗. 民国时期宁夏地方文献知见录（二）——民国时期宁夏出版的报刊 [J]. 图书馆理论与实践，2019（1）：104.

均是在银川创办。除银川以外，宁夏的固原和额济纳旗也出现了传媒实践活动。诞生于固原地区的报纸有 1 份，是《固原日报》。

《固原日报》的前身是《固原三日刊》。《固原三日刊》1938 年由固原县党部创办，八开单面石印版。《固原三日刊》的"征稿简约"称：本报以传布消息、启迪民智、报道社会、研究学术为宗旨。举凡关于各级行政、生产、建设、教育、法制、各部门之具体论文、调查报道、统计表等稿件，皆所欢迎。① 它主要刊登中央社电讯，常以国际新闻作头条，本县消息很少。一般只有一两条本报讯或署名文章，或在"本县鳞爪"栏目下发几条二三十字的无标题简讯，偶尔也登一两条"遗失声明"之类的小广告。② 1941 年改为《固原间日刊》，1942 年改为《固原周报》，版面改为四开。1945 年改为《固原日报》，恢复八开单面石印。内容除转载中央新闻、刊载本地新闻外，也刊发短评，并开辟《北风》副刊。印数 100 余份。1949 年固原解放前夕停刊③。

额济纳地区创办了《额济纳旗简报》，系额济纳旗区党部所主办，系蒙汉文合刊。此项简报规模比较狭小。④

还有一份较特殊的报纸是《三边报》。《三边报》并非在宁夏创办，但它的发行范围与发行对象曾涵盖宁夏盐池县。也就是说，这份报纸曾在宁夏局部地区存续过，故也被本书列为研究对象。更具研究意义的是，《三边报》是由中国共产党创办的党委机关报，与上述主要由国民党创办的报纸有明显的不同。《三边报》是中国共产党陕甘宁边区三边分区（辖吴旗、盐池、定边、靖边、安边五县）的党委机关报，于 1941 年夏在陕北定边县创刊。初为 8 开，后为 4 开，油印，5 日刊，发行量开始只有几百份，最多时达到 2000

---

① 宁夏通志编纂委员会 . 宁夏通志（十九文化卷下）［M］. 北京：方志出版社，2009：1094.

② 李萌，程旭兰，宋师孔 . 建国前的宁夏报业［J］. 新闻大学，1995（2）：46.

③ 张玉梅，李习文，王岗 . 民国时期宁夏地方文献知见录（二）——民国时期宁夏出版的报刊［J］. 图书馆理论与实践，2019（1）：104.

④ 叶祖灏 . 宁夏纪要［M］. 南京：正论出版社，1947：109. 李萌、程旭兰等人只提及有这份报纸，因现属内蒙古地区故没有详细介绍。本书主要考察发生在宁夏地域内的大众传媒活动，这份报纸当时在宁夏区域范围内诞生，故列入考察范围。但有关这份报纸的文献资料比较少。

份。① 主要发行于定边、盐池、靖边、吴旗、安边等县。后根据环境变化，有时出油印本，有时出石印本，以 2 版居多，少数情况下出 1 版或者 3 版。② 1949 年 9 月宁夏解放，三边报社人员赴宁夏接管当地的报业，《三边报》停刊。《三边报》存续了近 9 年。

表 1-1　1926—1949 年宁夏主要报纸一览表

报纸名称	创刊时期	终刊日期	主办单位或属性
《中山日报》（前身是西北国民军机关报《西北民报》）	1926 年 11 月	1927 年 9 月	冯玉祥军原总政治部主办国民党军队报
《宁夏醒报》	1929 年 7 月	仅存活了几个月，终刊日期不详	吉鸿昌创办
《宁夏民国日报》	1926 年 11 月下旬至 12 月期间	1949 年 9 月 20 日	宁夏省政府机关报国民党宁夏省党部机关报
《扫荡简报》	1939 年 12 月 17 日	1945 年	国民党军事委员会政治部成立的"部报委员会"（初为"简报委员会"）创办，配属于国民党十七集团军
《贺兰报》	1942 年下半年	1944 年	宁夏省政府机关报
《固原日报》（前身是《固原三日刊》）	《固原三日刊》1938 年创办，1941 年改为《固原间日刊》，1942 年改为《固原周报》，1945 年 11 月 12 日改为《固原日报》	1949 年固原解放前夕停刊	国民党固原县党部机关报
《额济纳旗简报》	创刊日期不详	终刊日期不详	额济纳旗区党部创办蒙汉文合刊
《三边报》	1941 年夏	1949 年 9 月	中国共产党陕甘宁边区三边分区党委机关报

---

① 吴国彬. 论 20 世纪 40 年代边区分区的新闻文化建设——以陕甘宁边区的《关中报》《三边报》为中心［J］. 渭南师范学院学报，2016（4）：14.

② 宋爱会.《三边报》小报纸大文章［N］. 中国社会科学报，2012-05-21（6）.

（二）《贺兰》等 8 种期刊的新闻传播实践

1926 年至 1949 年，宁夏存续的公开的综合性大众刊物大约有 8 种。分别是《贺兰》《宁夏画报》《建国周报》《抗日周刊》《塞上党声》《舆论》《每月新闻电讯》《新宁夏》。这些期刊共同的特点是存续时间较短。

宁夏最早的大众期刊《贺兰》（半月刊），1935 年创办，1937 年停刊，存续时间仅 2 年左右。《宁夏画报》《建国周报》《抗日周刊》在 1938 年—1939 年前后创办，均因抗战时期纸张短缺故难以为继，创刊不久后即停刊。国民党的党刊《塞上党声》（季刊），由宁夏省执委会于 1942 年 7 月创办。16 开本，铅印，设"专载""工作报道""论述""法规"4 个栏目。1945 年停办，存续 3 年左右。《舆论》（月刊）1945 年创办，16 开本。创办之初宣传孔学，后逐渐转变为以"戡乱"、反共为主要内容。[1] 因纸张缺乏，出到十九期后，转并到《宁夏民国日报》的一个"戡乱"专刊。《每月新闻电讯》由十七集团军总部秘书处出版，16 开本，每月发行约 700 份，分发给所属部队。

宁夏第一个非政党非政府主办的、商业性的期刊《新宁夏》（月刊），1946 年 9 月创刊，16 开本，由新宁夏月刊社编辑发行，中国文化服务社宁夏分社总经销，宁夏省印刷局印刷。该刊"征稿规约"称："一、本刊欢迎下列各项稿件：1. 关于宁夏政治、经济、文化、教育之论著与具体计划。2. 关于宁夏历史、地理、社会、宗教之研究。3. 关于宁夏地质、矿产之勘测。4. 关于宁夏民俗、艺术、歌谣之阐述。5. 关于开发西北之意义。6. 关于西北国防之论文。7. 关于西北实际调查资料之记载与统计。8. 关于西北各地通讯与游记。"[2] 每期约 7 万字。《新宁夏》属于民国时期宁夏省综合性刊物。栏目包括发刊词、社评、专载、论著、舆图辑要、科学天地、文摘、文艺、杂俎、一月大事记、乡贤传等。[3]《新宁夏》1946 年 11 月 15 日出版的第 2、3 期合

① 董万鹏. 宁夏出版报纸史话［M］//宁夏区政协文史资料研究委员会. 宁夏文史资料（合订本第二册）. 银川：宁夏人民出版社，1988：258.

② 宁夏通志编纂委员会. 宁夏通志（十九文化卷下）［M］. 北京：方志出版社，2009：1131-1132.

③ 张玉梅，李习文，王岗. 民国时期宁夏地方文献知见录（二）——民国时期宁夏出版的报刊［J］. 图书馆理论与实践，2019（1）：100.

刊的要目有：论著《中国共产党的透视》，新闻圈《毛泽东作诗释民主》，杂组《文虎风气在中共》。

此外，抗战期间，中宣部西安书刊供应处及军委政治部，亦常供应少量书刊。① 盐池县老区则有陕甘宁边区和延安等根据地出版的革命书刊、报纸发行。②

表1-2　1926—1949年宁夏综合类期刊一览表

期刊名称	创刊日期	终刊日期	主办单位或级别
《贺兰》（半月刊）	1935年	1937年	不详
《宁夏画报》	1938—1939年前后	因抗战时期纸张短缺，创刊后不久停刊	不详
《建国周报》			
《抗日周刊》	1938年4月创刊	终刊日期不详	宁夏抗日周刊社编辑发行，后改为宁夏民国日报社发行
《塞上党声》（季刊）	1942年7月	1945年	国民党党刊宁夏省执委会创办
《舆论》（月刊）	1945年	后并到《宁夏民国日报》"戡乱"专刊	不详
《每日新闻电讯》	创刊日期不详	终刊日期不详	十七集团军总部秘书处出版
《新宁夏》（月刊）	1946年9月	终刊日期不详	新宁夏月刊社编辑发行

二、为期几个月的广播新闻传播实践

广播是依靠电波传递信息的电子媒介。与依靠印刷文字传递信息的纸质媒介相比，广播代表的是一种媒介形态的巨变。它靠声音来传递信息，诉诸人们的耳朵，依靠听觉来传播信息。广播首先带来的是口头语言的兴起，其

---

① 叶祖灏．宁夏纪要［M］．南京：正论出版社，1947：110.
② 陈育宁．宁夏通史［M］．银川：宁夏人民出版社，2008：536.

次带来的是瞬息万里的新的信息流通模式，以及转瞬即逝、难以存储的信息存储模式。广播突破了印刷媒介要求具备的文化水平的限制和读书识字能力的强制性要求，能够实现更大范围的传播，能惠及更多的受众群体。1926 年至 1949 年间，国民党宁夏省政府"宁夏广播电台"的实践，是宁夏近代史上的首创。不过国民党宁夏省政府的宁夏广播电台存续时间十分短暂，影响也极为有限。

1948 年初，国民党宁夏省政府成立"宁夏广播电台"，安装 300 瓦中波发射机 1 部，转播接收机 1 部，美制 2.5 千瓦汽油发电机 1 部，架设 36 米高的 T 型广播发射天线 1 副，铺设简易地网。① 1948 年 5 月开始试播。每天晚上播音两小时，除转播国民党中央台新闻外，还放一些唱片，没有自办节目。后因国民党军队败退，试播仅几个月后停播。这是宁夏历史上第一座广播电台的媒体实践。距离国民党政府 1928 年在南京创办中央广播电台已过去 20 年。1938 年左右，国民党政府在各省政府所在城市已相继办起了几十座广播电台。② 宁夏广播电台创办时间比较晚，开展新闻传播实践活动的时间也比较短。

第三节 报纸传播网络初占主导的宁夏大众
传播网络结构呈现

1926 年至 1949 年，建立在大众传媒活动实践基础之上的宁夏大众传播网络，主要是由以报纸和期刊为主的印刷媒介和以广播为主的电子媒介构建生成。它是以报刊为主导，以广播为辅助的单薄、脆弱的二元结构。这一时期宁夏大众传播网络并不稳定，发展也极不平衡，但这一大众传播网络的形成本身已经具有了地方意义上的开拓性和创新性。并且宁夏大众传播网络的初始形成与发展已在一定程度上反映出当时的社会形态和社会结构特征。

---

① 宁夏通志编纂委员会. 宁夏通志（十九文化卷下）［M］. 北京：方志出版社，2009：757.

② 张昆. 中外新闻传播史［M］. 北京：高等教育出版社，2017：183.

一、大众传播网络的结构性特征和构建生成的历史意义

1926 年至 1949 年，宁夏初步形成了以报纸为主要支撑，以期刊和电台为次要支撑的大众传播网络雏形。这一大众传播网络雏形内部主要包含 8 份报纸，8 份期刊和 1 家广播电台。初步形成的宁夏大众传播网络具有鲜明的结构性特征，同时也具有重要的历史意义和历史价值。

（一）宁夏二元大众传播网络的整体性结构特征

1926 年至 1949 年，由报刊、广播构建生成的宁夏二元大众传播网络结构具有明显的脆弱性。数量不多的报纸、杂志在不断创刊，也在不断地停刊；网络内部成员的发展也不均衡；传媒活动实践未能反映宁夏这一地方空间内的多民族共生关系；权力全程主导着宁夏大众传播网络的生成与构建，但管控力度出现衰微之势。这一时期宁夏二元大众传播网络具有以下结构性特征。

1. 大众传播网络本身具有不稳定性，内部成员不断消失、消亡

宁夏初始阶段的二元大众传播网络在形成和发展初期，连接性和流通性非常微弱，自身结构的不稳定性非常明显。从时间流来看，1926 年至 1949 年，宁夏首份在当地编辑出版的现代意义的报纸《中山日报》创刊于 1926 年 11 月，却于 1927 年 9 月停刊，存续时间不足一年。此后宁夏暂时空缺了大众传媒实践活动。此时宁夏大众传播网络尚未成形。直至 1929 年 7 月《宁夏醒报》创刊，宁夏才又重新开启了大众传媒活动。然而《宁夏醒报》仅存活了几个月，根本谈不上构建生成宁夏大众传播网络。直至 1929 年 11 月下旬至 12 月期间，《宁夏民国日报》创刊并持续了近 20 年之久。这一时期，又有 5 份报纸陆续创刊，有 1 家广播电台成立，宁夏大众传播网络才得以初具雏形。也就是说，1926 年至 1949 年，宁夏形成了以《宁夏民国日报》为主要支撑点，以其他报刊和 1 家电台为散点支撑的大众传播网络雏形。这一传播网络中，除《宁夏民国日报》连续存活了近 20 年时间外，其他大部分报刊以及仅有的 1 家广播，存活时间都十分短暂，并且处于不断消亡、消失的过程中。因此，1926 年至 1949 年，宁夏大众传播网络的结构不断出现断裂，网络内部的连续性非常脆弱，不稳定性特征和断裂性特征表现明显。

2. 内部发展不平衡，报纸占主导地位，期刊、广播发展不充分

1926 年至 1949 年，宁夏大众传播网络虽然勉强具有以报刊为主导，以广播为辅助的二元结构，但传播网络内部发展的不平衡性明显，印刷媒介占据核心力量位置，广播这一电子媒介处于边缘、弱小位置。同时，占据宁夏大众传播网络结构主导位置的宁夏纸媒结构中，报纸拥有绝对主导位置，期刊处于边缘位置。造成上述结构性特征的原因是：这一时期宁夏广播新闻传播实践起步晚，存活时间极为短暂，影响力也极为有限。同样，1926 年至 1949 年，宁夏期刊的创刊时间也很晚，存活时间也十分短暂。存活时间最长的也不过三年左右，难以和《宁夏民国日报》媲美。

3. 以国民党主办的媒体为主，也出现了共产党主办的报纸和纯商业性期刊

1926 年至 1949 年，宁夏以《宁夏民国日报》为主要支撑，以其他报刊和 1 家电台为次要支撑的大众传播网络结构中，大多数的报纸、期刊和仅有的 1 家广播电台都是由国民党政府主办，但也出现了由共产党主办的报纸和纯商业性期刊。由共产党主办的报纸是《三边报》，1941 年夏在陕北定边县创刊，是中国共产党陕甘宁边区三边分区的党委机关报。它曾在宁夏盐池县发行、流通和传播。宁夏这一时期出现的非党派非政府的、纯商业性的期刊是《新宁夏》，1946 年 9 月创刊。它由新宁夏月刊社编辑发行。这一时期宁夏大众传播网络出现了由不同党派主办的媒体和纯商业属性的媒体，表明这一网络结构的成员具有异质性的特征。这种异质性是指，国民党统治下的地方空间内出现了由不同政党创办的、立场有所不同的报刊，从而使网络结构中的报刊属性具有根本性的差异。

4. 传媒实践没有体现出空间内的多民族共生关系

自商代起，就有多种民族在宁夏这一区域范围内活动。战国后，众多的华夏人即后来的汉族开始陆续入居宁夏，宁夏开始成为北方游牧民族与中原汉族共同聚居的区域。即从 2 万年前的水洞沟先民，到清朝迁入的满洲八旗，宁夏迁徙、融入的少数民族与大量华夏和中原汉族人交错居住，形成了多民族同存共生的社会关系。大众传媒作为空间中的生产的一部分，以及作为将"空间表征"生产、流通、传播、扩散、创新等融于一体的最大的生发地和集散地，理应如实反映和建构这一地方内多民族同存共生的社会关系。然而

1926 年至 1949 年，宁夏传媒的新闻传播实践并未体现出宁夏这一地方空间内的主要社会关系之一——多民族同存共生的关系。这表明宁夏大众媒介及其符号系统构建的空间表征与空间实践活动之间具有发展的不同步性，也反映出当时的国民党政权对民族问题和民族关系的漠视。这与 1949 年后尤其是 1979 年后宁夏大众传媒一直开展的有关多民族活动实践的报道形成了鲜明的对比。1949 年后尤其是 1979 年后，宁夏大众媒介及其符号系统构建的空间表征与空间实践活动建立了同步性的建构关系，这充分表明，中国共产党对民族问题和民族关系的关心和重视。

5. 权力全程主导着宁夏大众传播网络的构建与生成，但管控力度开始由强及弱

1926 年至 1949 年，宁夏大多数传媒都是由国民党政府创办。传媒的属性分别是国民党军队的机关报，宁夏省机关报，地方机关报，县、区机关报等。大多数传媒皆因政治权力的介入创刊或停刊。权力的要求贯穿在宁夏传媒实践活动的始终。这主要表现为：媒体内容大多是宣传中央政府信息，意识形态色彩浓郁；很少反映和报道本地的新闻信息；对媒体内容的管制十分明显。如《中山日报》就因为宣传共产主义思想、孙中山的新三民主义和传播五四运动新文化等内容，被国民党政府以"清党"反共的名义查封。不过宁夏大众传播网络生成的后期，国民党政府对传媒的管控力度出现了由强及弱的发展态势。这具体表现为：1941 年后，中国共产党创办的《三边报》开始在宁夏盐池等地区发行、流通，并存续近 9 年之久。这充分表明，国民党政府对地方空间以及地方空间内的媒体的管控力量开始削弱。媒体管控力量开始削弱的主要原因是国民党政权开始削弱。

（二）宁夏二元大众传播网络生成的历史意义和价值

宁夏大众传媒出现的时间和中国其他省区的大众传播实践的时间相比，具有起步较晚的特征，即宁夏大众传媒具有一定的发展滞后性。然而，当时出现在宁夏的大众传媒以及大众传播活动，对宁夏这一地方空间而言，就算它实践的时间有长有短，发行数量有多有少，以及影响力有深有浅，但整体而言这一时期出现的宁夏大众传媒活动实践本身都属首创，都具有一定的历

史意义和历史参考价值。

1. 具有开拓性和创新性意义，也具有启蒙意义和启发精神

1926 年至 1949 年，宁夏出现了近代史上的首份报纸、首份期刊、首家广播电台。这些报纸、期刊、广播电台的出现，以及开展的新闻传播实践，对宁夏而言都是一种地方意义上的探索与创新，都在不同程度上实现了不同媒介形态的应用。因此 1926 年至 1949 年宁夏传媒的新闻传播活动实践都具有开拓性和创新性意义。同时，宁夏二元结构的大众传播网络的形成也具有国家空间上的开拓性和创新性。另外，对普通民众而言，宁夏出现报纸以后"普通老百姓才知道什么是报纸"①。同理，这时期的期刊实践，以及广播实践，从内容和实践活动本身两方面都对当地的民众具有一定的启蒙作用和启发意义。当时的受众群体主要是军政机关人员，当地的知识分子，传媒实践的工作人员、技术人员，以及一小部分商人群体及普通民众。对他们而言，通过接触、使用大众传媒才有可能知晓什么是报纸、期刊和广播。虽然 1926年至 1949 年宁夏传媒的覆盖范围极小，影响十分有限，但也在一定程度上逐渐地开启了民智，传播了新思想。即这一时期宁夏传媒虽然普及率不高，但还是提供了一种面向大众进行信息传播的可能性。对地方空间而言，报社、通讯社、广播电台、观报栏等的实际存在，以及当时作为一种新兴的信息传播方式的传媒实践，都有可能影响了人们的思想观念，唤醒了普通民众读报的意识，为后续继续进行大众传播提供了可能。

2. 一定程度上反映和形塑出当时的社会形态和社会结构特征

1926 年至 1949 年，宁夏单薄脆弱且具有不稳定性、不平衡性、断裂性、异质性的大众传播网络在一定程度上反映和形塑出当时宁夏政局的混乱、衰败，以及经济、民生的凋敝。有两大原因导致 1926 年至 1949 年宁夏大众传播网络出现不稳定性、单薄脆弱的特征：一是政治上的不稳定性、混乱、多变以及严厉的管控导致了宁夏部分传媒消失或消亡；二是媒体经费不足、纸张匮乏导致了宁夏部分纸媒难以为继，导致宁夏大众传播网络不稳定，相互间的连接也非常脆弱。反过来看，宁夏大众传播网络的不稳定性和脆弱性反衬出当时时局的发展变化和当地经济破败的现状。在国民党统治区域内，在

① 李萌，程旭兰，宋师孔. 建国前的宁夏报业 [J]. 新闻大学，1995（2）：47.

国民党进行清党反共的背景下，宁夏出现了共产党主办的报纸，这就表明国民党统一政权的式微以及共产党力量的增长，也映衬出当时的中央政府对西部地区统治的式微。

二、制约宁夏传媒发展并影响大众传播网络构建的三种要素

宁夏本地印刷能力不足、纸张生产能力不足、印刷设备短缺、电力设备短缺、技术陈旧等问题一直制约着 1926 年至 1949 年宁夏传媒的发展。《宁夏画报》《建国周报》《抗日周刊》均因纸张短缺而被迫停刊。《塞上党声》也因纸张缺乏，出到第十九期后转并到《宁夏民国日报》，成为《宁夏民国日报》的一个"戡乱"专刊。也就是说，宁夏纸媒发展艰难的原因之一是宁夏本地的印刷能力不足，以及优质纸张的缺失。同样电台及电力设备的短缺也严重制约了宁夏传媒的发展。

（一）宁夏本地印刷能力不足

民国初年，宁夏银川仅有几家小型、油印、木刻之类的手工印刷作坊。1938 年，宁夏造纸厂成立。宁夏造纸厂原名造纸所，是用土法生产粗劣的土纸，日产三十五刀。[1] 这些小型手工印刷作坊，以及造纸所生产的宁夏土纸，用于报刊印刷弊端颇多。并且当时印刷器材全都陈旧不堪，因无铸字机，铅字越来越残缺，字迹越来越模糊。后购买对开平台机一座及全部器材后，才以新的形态出现[2]。《扫荡简报》也曾用宁夏生产的白麻纸印刷。一般情况下土纸只适于平常百姓家用，用于报纸印刷严重影响了阅读及传播功能。当时宁夏的小手工作坊几乎不具备生产印刷用纸的能力。城内 19 家小型手工作坊只生产百姓送葬和清明节用的烧纸，以及妇女纳鞋底用的草纸。[3] 1929 年，宁夏建省后才出现了第一家印刷局。在开始有组织性的印刷供应后，宁夏的印刷设备及印刷能力才有所改观。

宁夏印刷局的出现以及有组织性的印刷为从事和开展大众传播提供了一

---

① 高树榆 . 昔日宁夏漫谈［M］. 银川：宁夏人民出版社，1979：57.

② 程旭兰 .《宁夏民国日报》创刊时间考［J］. 宁夏大学学报（社会科学版），1994，16（4）：40.

③ 刘士勋 . 毡房和纸坊［M］//宁夏区政协文史资料委员会 . 宁夏文史资料（第二十辑）. 银川：宁夏人民出版社，1997：151.

定的物质保障。1929 年，宁夏印刷局创建之初，购置了 1 台手摇脚踏式的平版对开印刷机，2 台圆盘印刷机，使用的是老宋铅字字体，没有一号铅字，二、三、四、五号铅字齐全，还有阿拉伯数字和英文字母铅字。① 比起旧式石印、油印、木刻印等先进很多，但宁夏尚不能生产印刷用的纸张，需要到天津、北平等地购买。这一时期，机器曾遭到破坏，恢复生产后又扩充了石印和装订两个车间，可印刷大号字体的石印布告和套色传单等。后宁夏印刷局不断扩充，新购印刷机和各种铅字、铸字机、铜模等。设立了铸字和排字两个部，能够开展排版、制版、印刷、装订等工作，也能应用烫金工艺。装订等工作靠手工，还有 1 台辅助设备——手动切纸机。② 《宁夏醒报》《宁夏民国日报》《扫荡简报》《贺兰报》《新闻电讯稿》《舆论》《每月新闻电讯》等报纸和期刊均由该印刷局铅印。随着设备间断性地更新和扩充，报纸、期刊的印刷质量也不断提升。新印刷设备的运行提高了印刷质量和工艺，印刷局承印的各种印刷品，纸张整洁，字迹清晰。③ 印刷的实质就是文字读本的机械复制取代手抄复制。印刷第一次使得文本的标准制作、批量生产和规模传播成为可能，为普通大众接触文字、获取信息、表达声音以及参与政治开辟了前所未有的通途。④

（二）宁夏纸张生产能力严重不足

1945 年之前，宁夏纸张匮乏情况十分明显。1945 年，宁夏出现机器造纸厂后，宁夏纸张生产能力还是不足，这严重制约了宁夏传媒业的发展。在抗战前，银川的文化用纸，如官府机关报表、布告、商号账本、学生用纸等，均依赖天津等地运来的机器制纸。1945 年初，宁夏出现第一个机器造纸厂——宁夏银行造纸厂，不久改名为利宁造纸厂，是官商结合性质的富宁商行利用原利宁甘草膏制造厂的旧设备，新购置了一部 12 匹马力的旧蒸汽机创

---

① 董万鹏. 宁夏印刷局［M］//宁夏区政协文史资料委员会. 宁夏文史资料（第十七辑）. 银川：宁夏人民出版社，1987：104-105.

② 吴晓红. 民国宁夏各项文化事业发展述略［J］. 宁夏师范学院学报（社会科学），2010（10）：94.

③ 于小龙，唐志军. 百年银川（1908—2008）［M］. 银川：宁夏人民出版社，2008：193.

④ 李军. 传媒文化史——一部大众话语表达的变奏曲［M］. 北京：北京大学出版社，2012：113.

办而成。所谓机器造纸只是用蒸汽机动力带动的压纸碾，其他工序仍沿袭手工抄纸。该厂原料取自宁夏出产的白麻、芦苇、马莲草、茇茇草等。日产40多刀纸，主要供机关作为报表用纸。解放初期，改名为新华造纸厂。这是宁夏最早的机器造纸厂。①

（三）宁夏电台及电力设备短缺

直到1930年，宁夏才购得一台50瓦特固定电台一部，波长3816米，自此宁夏才有了留存于省内的固定电台，用以收发新闻信息。② 《宁夏民国日报》《贺兰日报》各拥有电台一部。《扫荡简报》自配有收发报机1台。中央通讯社宁夏分社成立之时，配有美式发报机，用以每天收录新闻电稿供各家报纸采用。直到1935年，宁夏才出现了首部发电机，是两台二手发电机，合计100瓦特。机器又老又旧，三天两头出故障。1948年，全年发电6.9万度，平均每天发电量不足190度。③ 收音机方面，1943年，中央发给宁夏民国日报社等机关之无线电收音机50部。宁夏电力及电力设备的短缺和不足严重制约了宁夏广播电台的发展。

综上，结合宁夏之空间形成及发展来看，源于大众传媒具体而鲜活的实践而构建生成的宁夏初始的大众传播网络，一登台亮相便显露出了权力主导特色和开拓性特征。它以印刷媒介为主导，伴随着广播的初兴，逐渐形成了单薄脆弱的二元网络空间结构。这二元网络结构要素之间，即报刊与广播之间，关联性和互动性极弱。同时，宁夏大众传播网络还反映、形塑着地方与中央之间的政治同构与异构关系，也反映出地方与中央之间的并不平等的互动。宁夏二元结构的大众传播网络本身力量的消长无一不显现出与政治、与经济、与技术之间的密切关联。它的历史意义和价值，恰如叶祖灏所言："今日宁夏文化事业之贫乏，自在意中。然而无论从地理与历史各方面言之，其在我国文化史上，悉占一席重要之地。国人慎勿以今日之贫乏黯淡之情形，遗忘它对我国文化上灿烂不朽之贡献。"④

---

① 郭晓明，刘天明. 宁夏之最［M］. 银川：宁夏人民出版社，1999：72.
② 胡平生. 民国时期的宁夏省［M］. 台北：台湾学生书局，1998：85.
③ 宁夏省1949—1953年统计资料［M］//高树榆. 昔日宁夏漫谈. 银川：宁夏人民出版社，1979：55.
④ 叶祖灏. 宁夏纪要［M］. 南京：正论出版社，1947：110.

第二章　广播传播网络占主导的宁夏三元大众传播网络构建（1949—1979）

空间是在历史中发生并随历史的演变而重新解构和转化的。[①] 1949 年至 1979 年间，宁夏作为民族区域自治地区这一独特空间开始生成。宁夏成为民族区域自治地区的行政区划不仅仅是以民族界限为基础进行划分，而是综合考虑行政管理、历史沿革、民族聚居、人文地理、经济地理等因素进行划分。这是一种地方空间再切割与重新组合，目的是追求统一，追求同一性并尽力保存多元性。民族区域自治空间的独特性是为了凸显民族的差异和多元性，不是为了消灭民族的差异性和多元性。同样，其他自治区的区域划分都是通过空间逻辑把具有同存性关系和同存性意义的多个民族在区域上进行了重组和固化。认清宁夏这一区域空间的特殊性和一般性，在阐释及研判宁夏大众传播活动以及大众传播网络构建时才更有针对性。

第一节　宁夏作为民族区域自治地区之空间生成

民族区域自治地区的行政划分和边界确定是空间生产的结果，也是空间生产的途径，是国家基于民族分布"大杂居、小聚居"的地理特点进行的一种空间匹配、调整及适应。这是中华人民共和国成立之初，国家协调多民族国家空间统一的布局，是中国共产党独创的具有社会转换能力和包容能力又具有独特性的空间生成。民族自治地区空间生产的特殊性在于，它是根据中

---

① 包亚明主编. 现代性与空间的生产 [M]. 上海：上海教育出版社，2003：9.

央与地方之间的权力分配、职责划分、行为准则、民族关系处理等确立的一种空间建构。其空间实践即民族地区自治有独特的意义。民族自治地区空间生产的一般性在于：民族自治区域并非实行整体民族或单一民族自治。它是保障少数民族在地方行政管理中的地位，但同时保障各民族参与地方政治生活的平等权利。民族自治地区的自治权力是国家赋予地方政府的权力而非某一民族的权力。自治内容主要指向地方公共事务管理而不是对民族内部事务的管理。自治地区的政治生活和政治行为都以遵守国家基本的政治制度和法律法规为前提。

一、空间再生产：宁夏作为民族区域自治地区之空间生成

1949年9月23日，宁夏省解放。这一时期的宁夏省辖银川、吴忠（原为镇，后改为市）2个市，平罗、惠农、陶乐、磁口、贺兰、永宁、宁朔、金积、灵武、中卫、中宁、盐池、同心13个县，阿拉善、额济纳2个蒙古旗，共17个市、县、旗。[①] 1954年6月19日，中央人民政府委员会决定撤销宁夏省，与甘肃省合并为新甘肃省。彼时，在1953年的人口普查中，回族有350多万人，在当时已被识别的少数民族人口中仅次于壮族和维吾尔族，位居第三。当时全国已建立了临夏、吴忠、固原、昌吉4个回族自治州，10个回族自治县和130多个自治乡（镇）。在各级回族自治地方内，回族人口有130多万，占全国回族总人口的三分之一。[②] 1957年7月15日，中央政府决定成立宁夏回族自治区，确定它的行政区划包括银川专区、吴忠回族自治州、固原回族自治州和平凉专区的隆德县、泾源回族自治县，共辖2市17县，面积6.64万平方公里，人口197万，其中回族人口63万，占总人口的32.15%。[③]

中央政府在考量宁夏回族自治区区划范围时，曾有两套方案。方案一是以甘肃省所属原宁夏省地域（蒙古族地区除外）为基础，再划入邻近地区，即包括银川专区9市县，吴忠回族自治州5市县，固原回族自治州3个县，平凉专区的泾源回族自治县和隆德县共19市县。方案二是在方案一基础上，把平凉专区各市县和天水专区的张家川回族自治县都划入宁夏回族自治区。[④] 显

①　李喆.1958年宁夏回族自治区成立纪实［J］.党史博览，2009（2）：17.
②　李喆.1958年宁夏回族自治区成立纪实［J］.党史博览，2009（2）：18.
③　李喆.1958年宁夏回族自治区成立纪实［J］.党史博览，2009（2）：19.
④　李喆.1958年宁夏回族自治区成立纪实［J］.党史博览，2009（2）：18.

然，方案一的空间范围略小，方案二的空间范围较大。但经与甘肃省区划的对比，以及根据甘肃省回族居住大分散、小聚居的地理特点，再根据民族聚居地区实行区域自治的制度建设要求，国家在将阿拉善、额济纳 2 个蒙古族地区划归内蒙古自治区的协商中，最终选择了方案一。

有学者认为选择方案一是出于以下三方面考量：其一是出于民族的考量，是尊重当地回族聚居的特点。原属宁夏的银川、吴忠和原属甘肃的固原，回族人口居住比较集中，将这三个地区并置在一起建立回族自治区最为适宜。其二是出于行政管理的考量。原属甘肃省平凉专区的隆德县，回族人口不多，但为了宁夏幅员完整，也便于宁夏管理，将其划入较为适宜。泾源回族自治县因与宁夏毗连，适宜划入。天水专区的张家川回族自治县，虽然回族人口众多，但若将它划入，会使甘肃西部和陇南地区完全隔开，不利于甘肃省的行政管理，故不划入。其三是出于经济地理的考量。宁夏地区具有一定的经济优势且交通便利，发展前景被看好。在农业上，北部是银川平原，黄河水资源丰富，可发展灌溉农业，中部及南部地区有广阔的牧场和大片可垦荒地，发展农牧业的潜力较大。在工业上，有储量丰富的煤炭、石油资源，可发展能源、化工工业。在交通运输上，公路网络初步形成，包兰铁路已开工建设，建成后将从根本上改变宁夏长期以来的封闭状态。[①]

综上，宁夏成为民族自治地区的行政区划，并不单纯是以民族界限为基础进行划分，是综合考量历史沿革、民族聚居、行政管理、经济地理、人文地理等因素的结果。这是一种地方空间再切割与重新组合。地方空间再切割与重组是为了统一。即地域的划分是为了包容，地区的分离是为了融合，区域的闭合是为了同一性并尽力保存多元性，而独特性是为了凸显民族的差异和不同性而非消灭民族的差异和不同性。宁夏作为民族区域自治地区这一地方空间的形成，对宁夏大众传媒的大众传播活动产生了一定的规定性和情境性。

二、民族区域自治地区的一般性

民族区域自治地区的划分和确定是在国家内部主权统一的大前提下，国家处理民族关系的一种空间逻辑的凸显，是中华人民共和国成立之初，国家

---

① 李喆. 1958 年宁夏回族自治区成立纪实 [J]. 党史博览，2009（2）：18-19.

协调多民族国家空间统一的布局，是各种制度和意识形态的混合。有学者指出，中国五个民族自治地区的建立和划分情况各不相同。分为以下四种情况：其一，时间跨度不同。从时间跨度上看，内蒙古自治区是从旧中国跨越到中华人民共和国，即1947年成立的内蒙古自治政府到1949年后，经行政区划调整后确立了内蒙古自治区。其他的民族自治地区的成立时间是在1949年之后。其二，是原行政区划不变，由省制改为自治区制。新疆省和平解放后继续维持省制，后在民族区域自治政策指导下，省内的哈萨克族、蒙古族、锡伯族、回族、柯尔克孜族、塔吉克族等分别成立了民族自治地方。在此基础上，1955年9月新疆被撤销省制后成立了新疆维吾尔自治区，原行政区域不变。广西壮族自治区也是在撤销省制的基础上，于1958年3月成立了自治区，仍以原广西省的行政区域为自治区域。其三，在原民族自治地方的基础上，经行政区划调整、合并后，自治区得以成立。宁夏回族自治区是在原甘肃省银川专区、吴忠回族自治州、固原回族自治州和泾源回族自治县、隆德县的基础上，于1958年10月成立。其四，是地方政权由并立到统一后，自治区得以成立，如西藏自治区。西藏和平解放后，原西藏地方政府、班禅堪布会议厅委员会和昌都地区人民解放委员会三权并立，经民主改革，撤销了原西藏地方政府，解散了昌都地区人民解放委员会，由西藏自治区筹备委员会行使地方政府职权。之后，班禅堪布会议厅委员会完成历史任务而结束。1965年9月，西藏自治区成立。①

也就是说，内蒙古、新疆、西藏、广西、宁夏这五个自治区建立自治区的政权基础、社会基础和民族关系是各不相同的。② 这是中国在国家主权统一的基础上，基于民族分布"大杂居、小聚居"的地理特点而进行的一种地方空间的匹配、调整和适应，是中国处理民族关系的一种空间逻辑的凸显。国家实行民族区域自治实现了民族聚居地域的统一，也完成了地方空间范围的生产和再生产，并巩固和强化了国家这一母体空间。

民族自治地区空间生产的一般性在于以下五个方面。

一是民族地方自治是依据少数民族分布情况建立的自治地方单位，不是

---

① 宋月红．当代中国民族区域自治的建设和发展［J］．前线，2017（8）：42.
② 宋月红．当代中国民族区域自治的建设和发展［J］．前线，2017（8）：42.

实行整体民族自治，更非实行单一民族自治。二是民族地方自治保障的是少数民族在地方管理中的地位，但同时也要保证各民族公民有参与地方政治生活的平等权利。三是自治权力是国家赋予地方政府的权力而不是赋予某一民族的权力，因此，自治地方政府与上级政府之间的权力关系体现为隶属关系而非对等关系。四是对自治内容的规定普遍是或主要是对地方公共事务的管理而不是对民族内部事务的管理。五是民族地方自治的权力主要体现为地方政府具有一定的行政自主权而不是政治自决权，因此，自治地方内部的政治生活及自治地方政府的政治行为，都要遵守国家的基本政治制度和法律规范。①

民族地区自治方式中涵盖以下六对社会关系或社会矛盾：地方自治与民族自治，民族自治与民族共治，地方政府的自治权和民族的自治权，公共事务的管理和民族内部事务的管理，自治地方政府的权力与中央政府的权力，地方政府的行政自主权与政治自决权。与中国民族区域自治方式相关的法律、法规、制度安排、措施等都是围绕以上六对社会关系或社会矛盾展开的。目前，对其中一种或几种关系或矛盾的认识并未达成完全的一致，一直存在着一定的争议。但有学者提出，只要认真研究《中华人民共和国民族区域自治法》第16、第17、第18、第48、第50、第51、第52和第53条的规定，应该可以得出答案：中国民族区域自治地方的管理原则，是保证各民族公民团结共治。也就是说，各民族公民都是民族区域自治地方的主人，或者说他们共同组成了地方自治的主体。② 民族区域自治制度是保证各民族团结、抵御民族分离主义的有效制度，需要毫不动摇地坚持下去。③

习近平总书记2014年9月28日在中央民族工作会议上指出：坚持和完善民族区域自治制度，要做到两个"结合"。一是坚持统一和自治的结合。统一是实行民族区域自治的前提和基础。同时，要在确保国家法律和政令实施的基础上，依法保障自治地方行使自主权；二是坚持民族因素和地域因素相结

① 朱伦. 关于民族自治的历史考察与理论思考——为促进现代国家和公民社会条件下的民族政治理性化而作 [J]. 民族研究, 2009 (6)：4-23, 107.

② 朱伦. 关于民族自治的历史考察与理论思考——为促进现代国家和公民社会条件下的民族政治理性化而作 [J]. 民族研究, 2009 (6)：4-23, 107.

③ 朱伦. 关于民族自治的历史考察与理论思考——为促进现代国家和公民社会条件下的民族政治理性化而作 [J]. 民族研究, 2009 (6)：4-23, 107.

合。民族区域自治，既包含了民族因素，又包含了区域因素。民族区域自治不是某个民族独享的自治，民族自治地方更不是某个民族独有的地方。[①] 显然，民族自治地区的空间生产和空间实践与一般地区相比，有独特的研究意义和价值，也具有一般性意义。

至 1958 年，宁夏这一民族区域自治地区作为地方空间已基本凝结、定型。后在不同时间段内宁夏都出现过局部的行政区划调整，但都不足以影响宁夏这一空间基调，以及大众传媒实践活动本身。故本书此后的章节不再对宁夏局部的空间调整加以详述。

第二节　宁夏大众传媒的新闻传播实践（1949—1979）

1949 年至 1979 年，因宁夏政治格局的巨变和空间的重组和再生，宁夏大众传媒的活动实践也不断随之发生波动。其中报纸创刊、停刊、复刊成为一种常态，广播亦然。整体而言，宁夏迅速涌现了几份新型报纸。这些报纸以省级党报为主，也出现了个别的市级、县级报纸，以及农民报、企业报、行业报等。同时，宁夏出现了 1 家广播电台。1949 年至 1979 年间，广播作为新型、新兴媒介，它在宁夏的普及率和覆盖范围在短时间内远超报刊，很快形成了收音站—有线广播站—无线广播电台组成的广播覆盖网，使当地受众群体的覆盖面达到了前所未有的广阔程度。同时，创办于 1970 年的宁夏电视，受技术制约的影响非常明显，力量非常单薄，还处于初期发展阶段，发展十分缓慢。

一、六份主要报纸的新闻传播实践

1949 年后，宁夏迅速涌现了几份新型报纸。宁夏的报纸尤其是党报在不断地探索发展中，历经多次的曲折，在不断地被调整、被整合的过程中逐渐成长为由国家整合的宣传机器。同时，宁夏报纸的新闻传播活动本身也反映、形塑了这一时期地方到国家的整体社会形态。1949 年至 1979 年间，宁夏有 6

---

① 习近平. 习近平谈治国理政（第二卷）［M］. 北京：外文出版社，2017：300.

份主要的报纸。分别是：《宁夏电讯报》《新闻简报》《宁夏日报》《宁夏农民》《银川日报》《固原报》。

（一）《宁夏电讯报》《新闻简报》的新闻传播实践

《宁夏电讯报》是在银川解放后第三天，即 1949 年 9 月 26 日创办的。这凸显出中国共产党在取得对物质空间的支配权后，对空间中的生产——印刷媒介的重视程度。《宁夏电讯报》的迅速创刊也得益于宁夏之前已初步具备的一定的印刷条件和已经拥有的从业人员的储备。

继《宁夏电讯报》后，过渡性质的《新闻简报》也很快于 1949 年 9 月 28 日见刊。《新闻简报》由银川市军管会出版，四开四版，主要刊登新华社电讯稿和军管会布告①，也刊登一些宁夏本地的信息。如 1949 年 10 月 27 日报道，银川市物价开始普遍下跌。11 月 1 日报道，宁夏第一所干部学校成立，首届招生 600 名（含有民族班 60 名）。11 月 3 日报道，银川市各中小学正式复课，取消了反动课程，加强了政治学习，在师生间开展民主生活会等。

（二）《宁夏日报》的新闻传播实践

最值得关注的还是作为党报的、省级大报《宁夏日报》的实践活动。《宁夏日报》的新闻传播实践也最具代表性。银川解放几天后，三边日报社社长张源等人参加接管了宁夏民国日报社和国民党中央通讯社的工作，开始准备出版新的《宁夏日报》。《宁夏日报》作为宁夏省委机关报，1949 年 11 月 11 日在银川创刊，每日一刊，四开四版。当时，同年创刊的省、市、自治区报纸有 23 份。包括：《天津日报》《山西日报》《新华日报》（南京）《浙江日报》《长江日报》《群众日报》（后改名《陕西日报》）《解放日报》（上海）《黑龙江日报》《河南日报》《江西日报》《新闻日报》《湖北日报》《河北日报》《新湖南日报》《福建日报》《甘肃日报》《青海日报》《南方日报》《新黔日报》（后改名《贵州日报》）《广西日报》《新疆日报》《新华日报》（重

---

① 当代宁夏纪事编写组 . 当代宁夏纪事（1949—1988）［M］. 银川：宁夏人民出版社，1990：1.

庆)《沈阳日报》①。截至 1950 年，全国各大行政区、省、直辖市基本上都建立了党委机关报。②

这表明，同一时间下我国不同的地方空间均开展了较为一致的大众传媒活动。这呈现出中央和地方之间关系的确立，以及中央对地方空间的双重实际介入。也表明，大众传媒在维系中央统一形象的重要性在不断凸显，同时追求同一性的倾向也十分明显。一些学者在论述我国不同区域的大众传媒活动实践时，会侧重不同地区大众传媒成立的时间以及横向间的先后顺序，由此来论证某一地区比其他地区的大众传媒活动更先进或者更落后。实则这一时期中国不同地区的大众传媒活动实践固然有成立时间先后之分别，但不同地区大众传媒的整体规制、指导思想都具有同一性，并都在追求和营造舆论的同一性。

《宁夏日报》1951 年 4 月 1 日改为三日刊。1952 年 4 月 10 日由三日刊改为日刊，每周六期，星期日不出版。1954 年 8 月 31 日，因宁夏省撤销并入甘肃省而终刊，共出版 1368 期。③ 1949 年至 1954 年《宁夏日报》的新闻呈现形态，有新闻报道、新闻通讯、新闻评论等。《宁夏日报》的内容有对党和国家政治、经济等工作内容的正面宣传，也有针对地方政府和机关工作人员的批评性报道。它报道了当时剿匪反霸、土地改革、"三反五反"、农业合作社运动、生产建设、民族团结、抗美援朝等各种大事件。还刊发了国家机关工作人员中的某些官僚主义、违法乱纪、谋私渎职等行为，以及对各级政府工作失误的批评。如 1950 年 1 月 30 日《宁夏日报》一版报道，平罗县非法扣留民主人士雷启霖，省政府提出批评并配发评论。4 月 5 日，《宁夏日报》一版报道，永宁县长在执行禁种鸦片时，执行不力，被记大过一次。④

从全国来看，中华人民共和国建立最初几年，对于干部不良作风的评论是报刊舆论监督的重要内容。⑤ 在中华人民共和国的新闻批评史中，20 世纪

① 方汉奇 . 中国新闻事业编年史（中）[M]. 福州：福建人民出版社，2000：1002.
② 方汉奇 . 中国新闻传播史 [M]. 3 版 . 北京：中国人民大学出版社，2014：244.
③ 宁夏通志编纂委员会 . 宁夏通志（十九文化卷下）[M]. 北京：方志出版社，2009：1095.
④ 宁夏通志编纂委员会 . 宁夏通志（十九文化卷下）[M]. 北京：方志出版社，2009（10）：1095.
⑤ 童兵 . 主体与喉舌——共和国新闻传播轨迹审视 [M]. 郑州：河南人民出版社，1994：17.

50 年代初期和中期是个令人振奋的时期。这一时期的新闻批评开展得广泛、深入、有效。① 积极开展批评与自我批评，是中华人民共和国成立初期新闻工作的一大特色，也是新闻工作联系实际、联系群众的一个重要方面。②

1954 年 8 月停刊后的《宁夏日报》又于 1958 年 3 月第二次创刊。二次创刊以后，《宁夏日报》宣传了社会主义建设总路线、方针政策、建设成就、先进人物，报道了包兰铁路和青铜峡水电站等重点工程建设和工农业生产的成就，以及先进经验，加强了民族团结的报道，把宣传党的民族政策作为经常性的任务。同时，《宁夏日报》还宣传了高指标、浮夸风、"共产风"、以阶级斗争为纲等"左"的错误思想。

1958 年后《宁夏日报》的主要报道内容是围绕着中央工作统一部署展开的。其中，"突出报道重点建设的成就""宣传先进人物、先进经验"是这一时期新闻报道的特色之一。"突出报道成就……是为了激励人们热爱祖国投身建设的热情；宣传先进人物、先进经验是为了用榜样的力量激励群众。"③ 1966 年至 1976 年，《宁夏日报》这种新闻报道实践越发猛烈。

人们应批判性地看待党报对成就和先进人物、先进经验的报道。"先进人物和典型经验应是群众在实践中产生的，不能是为了某种政治需要而拔高甚至是编造出来的。先进人物和典型的确定，应该是实事求是、全面、科学地考察的结果。④ 报道、推广典型经验，不能"一刀切"，应用马克思辩证唯物主义的思维，具体分析典型经验是在什么样的背景条件下产生的，哪些是个性化的，哪些才具有普遍性。推广先进经验要因地、因事、因时而异。方汉奇认为："报道先进人物，必须是真实的、实事求是的，来不得半点夸张和虚构，不能把他们描写成脱离群众的超人，更不能以群众的愚昧和落后来衬托他们的先进……而且要有分寸，要留有余地。"⑤

---

① 童兵. 主体与喉舌——共和国新闻传播轨迹审视［M］. 郑州：河南人民出版社，1994：19.

② 方汉奇. 中国新闻传播史［M］. 3 版. 北京：中国人民大学出版社，2014：251

③ 方汉奇. 中国新闻事业通史（第三卷）［M］. 北京：中国人民大学出版社，1999：240：84-86

④ 方汉奇. 中国新闻事业通史（第三卷）［M］. 北京：中国人民大学出版社，1999：361.

⑤ 方汉奇. 中国新闻事业通史（第三卷）［M］. 北京：中国人民大学出版社，1999：361-362.

　　1959 年，《宁夏日报》平均每期的发行量是 32779 份，其中通过邮局征订发行的有 25365 份。1960 年的发行量是 34271 份，最高时达到 36535 份。1961 年至 1965 年，《宁夏日报》的发行量有所下降，降为 23351 份（三年自然灾害期间，纸张困难是发行量下降的原因之一）。1966 年《宁夏日报》的发行量是 47682 份。1972 年达到 51260 份。1974 年报纸发行量上升为 61112 份。1976 年报纸发行量增加到 75362 份。1977 年至 1980 年间《宁夏日报》的发行量保持在 6 万多份。①

　　这一时期，《宁夏日报》自身的变动曲折颇多。大众传媒的实践活动作为一种社会存在，是社会一定的政治和经济发展的反映。不过，《宁夏日报》的广告传播也在缓慢、曲折地发展。商业广告不多，广告收入也不高。《宁夏日报》创刊第一期即有广告见诸报端。除在报纸上刊登戏曲、电影等大众化娱乐性节目预选外，大多刊登政府机关、人民法院的通知、公告，还有杂志目录和报刊征订启事、遗失声明、寻人启事等零星广告。《宁夏日报》商业广告较少。广告收费低，甚至不收费。《宁夏日报》每年广告收入只有 3000 元到 1 万元左右。1965 年，全年广告收入 3.5 万元。1966 年至 1976 年，受极"左"路线干扰，没有了工商广告，取而代之的是 8 个样板戏的广告宣传，广告收入严重下降。1966 年至 1976 年，《宁夏日报》平均广告收入 1.5 万元。1979 年，《宁夏日报》恢复刊登商业广告，当年广告收入 5.26 万元。

表 2-1　1958—1976 年《宁夏日报》的发行量与广告收入

名称	类别	年份								
		1958	1959	1960	1961—1964	1965	1966	1972	1974	1976
宁夏日报	发行量（万份）	不详	3.2779	3.4271~3.6535	2.3351	2.3351	4.7682	5.1260	6.1112	7.5362
	广告收入（万元）	0.3~1				3.5		1.5		

---

① 宁夏通志编纂委员会．宁夏通志（十九文化卷下）［M］．北京：方志出版社，2009：1312.

（三）《宁夏农民》《银川日报》《固原报》的新闻传播实践

《宁夏农民》周刊于1953年11月1日创刊，4开4版，竖排铅印。竖排这种排版方式延续了一段时间，直到1955年1月1日《光明日报》版面全部改竖排为横排后，《宁夏农民》才开始了报纸横排。《宁夏农民》每周日出版，由邮局公开发行。创刊初期，发行量为1823份，最高期为3945份。1954年8月15日停刊，共出版42期。"农民报在60年代前期也有一个较大的发展，主要是在开展农村社会主义教育运动的形势下办起来的。"① 在中国"农"字号的综合性报纸中，从冠名规律来看，有三大类报纸："农民报""农村报"和"农业报"②。这三类报纸显然确有区别，但共同点是：都是把农民作为主要的受众群体。从理念上看，这类报纸的定位是主要为农民这一广大群体提供新闻信息，属于"对象性"的报纸类别，和工人报、妇女报等属性相同。有学者把这一类报纸统称为农村报，并指出：20世纪50年代中国农村报曾兴盛一时，后因中国的政治动荡而销声匿迹，历经20世纪80年代第二次繁荣后，20世纪90年代走向衰落。③

《银川报》在《宁夏日报》停刊后，作为银川地委机关报，于1954年9月1日创刊，对开4版，3日刊，每期发行量8000份左右。1958年4月1日，改为《银川日报》，成为中共宁夏回族自治区工委机关报，改为日刊，至1958年7月31日共出版121期。

《固原州报》于1957年8月1日创办，发行量为1100多份。1958年2月16日改为《固原报》，4开4版，周二刊。至1958年5月，每期发行量增至5260多份。1958年9月至10月，报纸发行量达到3万份。1958年11月5日停刊。

1949年至1979年，宁夏还出现了各级县党委机关报，即县报。1949年以后，固原、西吉、海原三县创办了县级报纸，报纸发行量为2500多份。《银川报》1956年1月1日报道，银川专区（除中卫、陶乐外）各县党委机

---

① 方汉奇.中国新闻事业通史（第三卷）[M].北京：中国人民大学出版社，1999：257-258.

② 陈娟.中国农村类报纸市场化转型研究[D].广州：暨南大学，2012：4.

③ 陈娟.中国农村类报纸市场化转型研究[D].广州：暨南大学，2012：3.

关报县报，这一日同时出刊，大多数是八开二版，每五天或七天出刊一次。[①]
1957 年 5 月至 7 月，固原、海原、西吉三县创办的报纸相继停办。

1949 年至 1979 年，宁夏还存续有行业报、企业报等，如《宁夏科技报》《石嘴山矿报》等。因不面向大多数群体，以内部交流为主，故不在本书考察范围之内。

表 2-2　1949—1979 年宁夏主要报纸一览表

报纸名称	创刊日期	终刊日期	发行量	创办单位/报纸性质
《宁夏电讯报》	1949 年 9 月 26 日	不详	不详	不详
《新闻简报》	1949 年 9 月 28 日	不详	不详	过渡性质，银川市军管会出版
《宁夏日报》	1949 年 11 月 11 日第一次创刊	1954 年 8 月 31 日	见表 2-1	宁夏省委机关报
	1958 年 3 月二次创刊			
《宁夏农民》（周刊）	1953 年 11 月 1 日	1954 年 8 月 15 日	初期：1823 份最高时：3945 份	对象性报纸，和工人报属性相同
《银川日报》前身《银川报》	1954 年 9 月 1 日创刊，1958 年 4 月 1 日改为《银川日报》		8000 份左右	《银川报》是银川地委机关报，《银川日报》是中共宁夏回族自治区工委机关报
《固原报》前身《固原州报》	1957 年 8 月 1 日创刊，1958 年 2 月 16 日改为《固原报》	1958 年 11 月 5 日	1958 年 2 月-5 月发行量 5260 份 1958 年 9 月-10 月发行量：3 万份	不详

1949 年至 1979 年，宁夏报纸不断发展、创新并经历曲折、波动，但并没有在这一地方空间内发挥主导力量作用。主要原因是书面文化本身涉及高强

---

① 当代宁夏纪事编写组．当代宁夏纪事（1949—1988）［M］．银川：宁夏人民出版社，1990：358.

度的视觉经验组织。对于 1949 年至 1979 年的宁夏社会来说，宁夏民众短时期的或肤浅的书面文化经验居多。文盲群体在宁夏社会中所占的比重最大，阅读没有成为他们的活动之一。报纸也没有在宁夏大多数群体中得到广泛普及。文化普及率的上升是一个缓慢渐进的过程。因此报纸这种媒介本身的性质限制了它难以在短时期内得到普及以及大规模发展。总之，这一时期的报纸，在大众传播网络结构中依然发挥着作用，但它的影响力远远不及另一种媒介形态——广播。广播和报纸相比，显然更适合乡土味偏重、视觉经验强度较低的大多数群体。

二、广播新闻传播实践

有学者指出："广播是历史上第一个能够直达分散而众多的听众的传媒。报刊和电影都不算是漫射媒介，有了广播以后，直播代替了录音广播，即时取代了转播，同日报的纸张及电影的放映厅这些物质的制约相比，广播电波的非物质性显示了强大的实力。"① 显然广播开启了人类社会即时远距离传播的一个新时代。1951 年至 1979 年，作为新型、新兴媒介的广播在宁夏的普及率和覆盖范围远超报刊。宁夏在很短的时间内就形成了收音站—有线广播站—无线广播电台组成的广播覆盖网，使当地受众群体的覆盖面达到了前所未有的广阔程度。广播的线路从市、县、乡、镇一路逐渐延伸到村。县市广播站还自办节目，本地听众能从有线广播喇叭收听到更多的本地新闻。伴随着收音机和广播喇叭这些硬件设施的逐步普及，收听广播一度成为人们获取信息或娱乐的首选。1949 年至 1979 年，宁夏共有省级广播电台 1 座，市级广播站 4 座，县级广播站 15 座。②

（一）宁夏人民广播电台的新闻传播实践

宁夏第一家由中国共产党创办的广播电台始于 1951 年。和世界传媒史上第一家真正的无线广播电台，也是美国第一家获得商业执照的商业广播电台——美国私人经营的西屋电气公司在宾夕法尼亚匹兹堡的 KDKA 广播电台

---

① ［法］巴勒 . 传媒［M］. 张迎旋，译 . 北京：中国传媒大学出版社，2007：27-28.
② 根据《宁夏通志》相关资料统计而成。

的正式开播时间 1920 年相比，时间跨越了 31 年。美国的广播电视之所以能处于世界领先地位，在于它的商业运作机制所发挥的巨大推动力。1949 年后中国广播事业的迅猛发展是政治运动的推动所致。① 从全国范围来看，截至 1949 年底，包括接管及经过改造的"中华民国"留下的广播电台，中国（不包括港澳台）共有 49 座广播电台，其中中央台 1 座，地方台 48 座。②

宁夏人民广播电台 1951 年 7 月 1 日播音，每天播音共 220 分钟，除转播中央人民广播电台《全国各地人民广播节目联播》外，还播出自办新闻、时事讲话、专题讲座、农村听众服务、文艺等节目。1954 年 11 月，宁夏人民广播电台改为银川人民广播电台。1955 年 2 月 14 日，银川人民广播电台停播，成立甘肃人民广播电台银川转播台。1956 年银川转播台停播，银川市广播站成立。1958 年 10 月 1 日，宁夏人民广播电台恢复试播，10 月 15 日正式播出。初期宁夏人民广播电台自办节目平均每天播放 3 次，共 9 小时 21 分钟，人口覆盖率 13%。③ 1959 年，新闻节目每天播音 4 次，合计 55 分钟，占总播出时间 11.34%。1960 年至 1962 年，宁夏人民广播电台节目调整，除转播中央台的《新闻和报纸摘要》《全国新闻联播》《国际时事》《新闻节目》外，还开办了《新闻和宁夏日报摘要》《对农村广播》《对职工广播》节目，每天播音 3 次，共 9 小时 30 分钟，直到 1965 年。1963 年，宁夏人民广播电台人口覆盖率增至 47%。④

1966 年至 1967 年，宁夏广播电台实行军事管制，自办节目停播，全天转播中央人民广播电台第一套节目，1968 年 2 月 11 日，恢复自办节目。开办《天气预报》等。1969 年至 1976 年，节目多次调整，先后开办《革命文艺》《革命样本戏选曲选段》《活学活用毛泽东思想》《教唱革命样本戏》《学习马列著作毛泽东著作》《解放军与民兵》。后来宁夏人民广播电台又逐步恢复《全区广播站联播》《新闻》《对农村广播》《对工人广播》《音乐》《文学》

① 陈卫平. 中外广播电视简史［M］. 上海：上海外语教育出版社，2006：4.
② 方汉奇. 中国新闻事业编年史（中）［M］. 福州：福建人民出版社，2000：1605.
③ 宁夏国史编审委员会宁夏国史学会. 当代宁夏史通鉴［M］. 北京：当代中国出版社，2004：358.
④ 宁夏国史编审委员会宁夏国史学会. 当代宁夏史通鉴［M］. 北京：当代中国出版社，2004：358.

《曲艺》等节目。①

1966 年至 1976 年，宁夏广播电台节目及播出时间不断变动。以《新闻》节目为例，1960 年，《新闻》节目改为每天播 3 次，共 40 分钟。1961 年，《新闻》节目每天播出 1 次，15 分钟。1962 年撤销《新闻》节目，确定《对农村广播》和《对职工广播》为重点节目，这两个节目都安排了本地新闻和国内外新闻。1974 年又恢复了《新闻》节目，合计每天播出 45 分钟。《全区广播站联播》节目于 1958 年 10 月 15 日开办，每天播出两次。1961 年春季变为每天一次，夏季节目撤销。1970 年 5 月 11 日恢复播出，每天播出一次。1972 年撤销，改为《对农村人民公社社员广播节目》。1975 年 5 月 12 日恢复播出，每天播出两次。1979 年 6 月 4 日《全区广播站联播》节目播出时间比 1975 年减少 1 次，时间减少 10 分钟。节目内容以及播出时间的不断调整主要是出自政治上的要求或是纯粹性的行政指令，较少是从新闻行业自身规律，或者是从满足普通民众的信息需求的层面出发进行调整。

1951 年至 1976 年，宁夏广播电台播出的内容不尽相同，但整体上均能反映当时的政治生态和社会整体发展形态：1951 年至 1954 年，宁夏广播电台播出内容是宣传土地改革、抗美援朝、"三反五反"以及增产节约运动。1958 年，播出的内容是宁夏贯彻社会主义总路线情况，宣传大跃进、人民公社、大炼钢铁、兴修水利等情况。1960 年，开办《技术革新和技术革命》节目，宣传先进的农业技术和知识，还以召开广播大会的形式，宣传增产节约运动。②

从全国来看，中央电台和各地方电台普遍组织了各行各业的广播大会，仅 1958 年，中央电台和国务院各部门以及群众团体共举办了 19 次广播大会，18 个省、自治区、直辖市一共召开了 303 次广播大会，有的台多达 53 次，每次都在全国、全省、区、市范围内组织该行业成百万、千万的干部群众收听，会上豪言壮语，会下积极响应，造成浩大的声势和强大的压力。③ 1961 年，

---

① 宁夏通志编纂委员会. 宁夏通志（十九文化卷下）［M］. 北京：方志出版社，2009：758-760.

② 宁夏通志编纂委员会. 宁夏通志（十九文化卷下）［M］. 北京：方志出版社，2009：771.

③ 方汉奇. 中国新闻事业通史（第三卷）［M］. 北京：中国人民大学出版社，1999：240

宁夏广播电台宣传农村人民公社"调整、巩固、充实、提供"的方针和开展社会主义教育运动；宣传集体经济、农业生产；宣传农垦系统的各大农场建设的情况；宣传先进模范人物和先进事迹。1966年至1976年，宁夏广播电台播出的内容多为"两报一刊"上的内容，就是《人民日报》《解放军报》《红旗杂志》内容的翻版①，文艺宣传几乎全部停止，反复播放8个革命样板戏、《毛泽东语录歌》。这一时期，全中国几乎都是"千台一面"。

　　1977年，宁夏人民广播电台第四季度报道要点还是强调"抓纲治国、坚持无产阶级专政下继续革命"等。1978年12月开始，宁夏广播电台开始宣传党的十一届三中全会的路线、方针、政策和四项基本原则，宣传农村经济体制改革和农业联产承包责任制。报道贺兰县委关于完善包干到户责任制的"十五个怎么办"的经验，报道中宁县发展枸杞专业户、重点户的典型，报道县委书记支持社员长途贩运辣椒等。宣传向科学要产量、要农业经济效益的思想。报道农村科技新成果、新经验、新事物，宣传社会主义精神文明建设先进集体和先进人物，宣传党的建设，报道了整顿党组织、纯洁队伍，克服软弱涣散状态，宣传维护安定团结、搞好"四化"建设等。② 从报道形式来看，尽管宁夏广播电台报道内容大不相同，但是突出成就、报道先进这一报道模式还在惯性延续，并延续至今。

　　这一时期，宁夏这一物质空间又进行了小幅的调整——内蒙古自治区阿拉善左旗划归为宁夏。于是宁夏历史上第一个少数民族语音广播——蒙古族广播诞生了。③ 在宁夏回族自治地区开办蒙古语广播节目，体现了民族团结的要义，以及民族自治地区的要义。宁夏人民广播电台《蒙语广播节目》1974年10月1日创办，受众群体是阿拉善左旗蒙古族群众。每周6次（星期日无

---

① 宁夏通志编纂委员会．宁夏通志（十九文化卷下）［M］．北京：方志出版社，2009：772

② 宁夏通志编纂委员会．宁夏通志（十九文化卷下）［M］．北京：方志出版社，2009：772

③ 学者益西拉姆在著作《中国西北地区少数民族大众传播与民族文化》中提出，这一时期，"宁夏的广播电台没有少数民族民族语言的广播节目"（益西拉姆．中国西北地区少数民族大众传播与民族文化［M］．兰州：兰州大学出版社，2002：62.）。实则按照宁夏通志记载，1974年至1979年，宁夏人民广播电台开办了"蒙古语广播节目"。可能当时作者并未见到这一地方资料。

节目），每天 21：00 至 22：00 用蒙古语播出。由汉文编辑，每天编译近 6000 字稿，内容主要有 30 分钟的国际国内要闻和宁夏新闻，以及蒙古语组记者在阿拉善左旗采写的报道。此外，每天编排 25 分钟的少数民族文艺节目和 5 分钟全区天气预报。1979 年 7 月 15 日，阿拉善左旗复归内蒙古自治区，蒙古语节目停办。①

（二）四座市级广播站的新闻传播实践

1949 年至 1979 年，宁夏有 4 座市级广播站。分别是吴忠市广播站、银川市广播站、石嘴山市广播站和青铜峡市广播站。

吴忠市广播站的前身是河东回族自治州广播站，1954 年 11 月开播，是宁夏建立的第一个广播站。1957 年 4 月，更名为吴忠市广播站。1960 年开始架设广播线，至 1978 年已建成从县站到各乡（镇）、村的有线广播网络，安装喇叭 2.35 万只，喇叭入户率 78%。② 建站初期以转播中央台和省台节目为主，适当放些唱片。至 1960 年自办节目增加。

银川市广播站 1955 年建成。1962 年后，在银川市城区街道主杆拉线安装喇叭。至 1981 年入户喇叭达 4800 只，街道低音喇叭箱 166 个，大队设放大站，初步形成了从市站到公社再到大队的有线广播。1956 年 6 月，开始自办节目，每天播出新闻节目 25 分钟，文艺节目 95 分钟。

石嘴山市广播站的前身是惠农县广播站，1959 年惠农县撤销，惠农县广播站更名为石嘴山市广播站，1960 年 1 月开播。1978 年，全市所有公社、大队和生产队都通了广播，入户喇叭 11350 只，入户率达 91%，后有线广播喇叭数量大幅度下降。③

青铜峡市广播站的前身是宁塑县广播站，1956 年 7 月建成播音。1960 年 8 月 15 日，宁塑县撤县改市，更名为青铜峡市广播站。1970 年，建成市站到

① 宁夏通志编纂委员会. 宁夏通志（十九文化卷下）［M］. 北京：方志出版社，2009：769-770.

② 宁夏通志编纂委员会. 宁夏通志（十九文化卷下）［M］. 北京：方志出版社，2009：821.

③ 宁夏通志编纂委员会. 宁夏通志（十九文化卷下）［M］. 北京：方志出版社，2009：826.

各公社、农林场、大队和生产队的有线广播网络，入户喇叭1.2万只。

（三）十六座县级广播站的新闻传播实践

1949年至1979年，宁夏共有16座县级广播站。具体包括：灵武县广播站、西吉县广播站、中宁县广播站、中卫县广播站、同心县广播站、固原县广播站、隆德县广播站、平罗县广播站、盐池县广播站、泾源县广播站、海原县广播站、贺兰县广播站、惠农县广播站、永宁县广播站、陶乐县广播站，以及银川郊区广播站。

灵武县广播站1955年7月播音。初始阶段，县站到公社是利用邮电局的农村电话线路，通电话时不能听广播，通广播时不能通电话。1983年，建成县站到乡、镇和村的有线广播专用线路网络，入户喇叭1万只。西吉县广播站1956年3月播音，建站初期靠一部手摇发电机供电，播音范围仅在县城。1980年，全县23个公社都建立了放大站。1986年，全县有65.8%的行政村通了广播，有39.2%的农户安装了小喇叭19232只。[①]

中宁县广播站1956年4月在原来的收音站的基础上建成，当年县到乡利用电话线路传送节目，全县共安装舌簧喇叭404只。1966年后全县架设专用广播线路传输节目。1980年，全县各乡、镇、村都设有有线广播，2.16万户通了广播，入户率为73%。中卫县广播站1956年5月1日播音，1971年，喇叭入户率达62.9%，形成了初具规模的有线广播网络。同心县广播站1956年7月1日播音，初始只有县站附近的城关区和个别乡通过电话线拉广播，播音时不能通电话。1983年，各个公社、大队均通了有线广播，入户喇叭达16870只，入户率为40.6%。

固原县广播站1956年7月1日播音。1969年至1976年9月，有35个公社先后建立广播放大站，大队均通了广播。1983年，全县37个乡中有36个乡通了广播，入户喇叭达21187只。隆德县广播站1956年7月1日开播。20世纪60年代末全县21个乡镇陆续建立放大站，802个生产队通了广播，入户喇叭2.1万只。1980年，入户喇叭28021只，入户率达85.47%。平罗县广播

---

① 宁夏通志编纂委员会. 宁夏通志（十九文化卷下）［M］. 北京：方志出版社，2009：825.

站 1956 年 7 月 1 日播音。1960 年，全县各公社、大队、生产队均通了广播，有小喇叭 1188 只。盐池县广播站 1956 年 7 月 6 日播音。1985 年，广播站自制并购买水泥杆，使全县各公社、大队均通了有线广播，入户喇叭达 4609 只。

泾源县广播站 1956 年 8 月 1 日播音。1972 年，先后建成 6 个公社放大站，实现了社、队通广播。1983 年，全县 61 个行政村通广播，入户喇叭 7778 只。海原县广播站 1956 年 12 月播音。1983 年，全县 20 个公社建成了有线广播放大站，在 162 个大队中有 99 个大队通了有线广播，占 61%，入户喇叭 11077 只。贺兰县广播站 1957 年 2 月建成。1973 年，安装入户喇叭达 2 万只，入户率为 80%，1979 年出现丢杆、短线现象后，入户喇叭数量急剧下降。

惠农县广播站 1957 年 4 月建成，13 个乡中的 6 个乡借邮电局的电话线通广播。永宁县广播站 1958 年 6 月 1 日播音。1980 年，该站建成由县城到各公社、大队的有线广播网络，入户喇叭达 18400 只，入户率达 73.5%。陶乐县广播站 1959 年播音。建站初期利用邮电线路通广播。1983 年底，全县 4 个公社、1 个农场都建有有线广播放大站，入户喇叭 2680 只，入户率 84%。① 银川郊区广播站 1974 年 4 月建成。1974 年，入户喇叭 1.06 万只，入户率达 80%，是郊区有线广播发展最好的时期。②

表 2-3　1949—1979 年宁夏有线广播电台、广播站成立情况一览表

名称	开播时间	级别
宁夏人民广播电台	1951 年 7 月 1 日	省级
银川市广播站	1955 年	市级
吴忠市广播站	1957 年 4 月	市级
石嘴山市广播站	1960 年 1 月	市级
青铜峡市广播站	1960 年 8 月 15 日	市级
灵武县广播站	1955 年 7 月	县级

---

① 宁夏通志编纂委员会. 宁夏通志（十九文化卷下）［M］. 北京：方志出版社，2009：827.

② 宁夏通志编纂委员会. 宁夏通志（十九文化卷下）［M］. 北京：方志出版社，2009：820.

续表

名称	开播时间	级别
西吉县广播站	1956 年 3 月	县级
中宁县广播站	1956 年 4 月	县级
中卫县广播站	1956 年 5 月 1 日	县级
同心县广播站	1956 年 7 月 1 日	县级
固原县广播站	1956 年 7 月 1 日	县级
隆德县广播站	1956 年 7 月 1 日	县级
平罗县广播站	1956 年 7 月 1 日	县级
盐池县广播站	1956 年 7 月 6 日	县级
泾源县广播站	1956 年 8 月 1 日	县级
海原县广播站	1956 年 12 月	县级
贺兰县广播站	1957 年 2 月	县级
惠农县广播站	1957 年 4 月	县级
永宁县广播站	1958 年 6 月 1 日	县级
陶乐县广播站	1959 年	县级
银川郊区广播站	1974 年 4 月	县级

　　整体而言，20 世纪 50 年代宁夏的市、县广播站创办之时主要是转播上级电台节目。20 世纪 60 年代初，宁夏大多数广播站都开播本地新闻，有时还办不固定的专题节目。1966 年至 1976 年，宁夏广播站自办节目停办。除此以外，宁夏广播站大都开办了综合性新闻节目，每天播出 2 次，每次 5~10 分钟。也大都开办了综合性节目，节目会穿插一些教育性、知识性的内容。宁夏广播站播出的文艺节目主要是播送革命歌曲、小说联播和戏曲等。① 1966年至 1976 年，文艺节目大部分被禁播。同时宁夏各市、县还创办了最早的服务性节目《天气预报》。麦克卢汉认为："天气预报有助于增加广播使人联系的固有力量。天气是使所有人都卷入的媒介。它是电台的首要节目，它像喷

---

　　① 宁夏通志编纂委员会．宁夏通志（十九文化卷下）［M］．北京：方志出版社，2009：828-829.

泉一样把听觉空间或生存空间淋在我们身上。"①

1951年至1979年，宁夏广播节目内容中，文艺性节目占有的比重相对较高。文艺性节目作为一种新媒介推广的补偿性策略，能保障广播最大范围的渗透率。新闻节目在宁夏广播节目内容中所占的比重也较高。新闻节目的发展也最引人注目。早期宁夏广播新闻的内容主要来源于报纸和通讯社。《新闻报纸摘要》节目一度是各地广播电台转播的金牌广播节目。广播促进了报纸内容的二次传播，也因集中性的收听优势和便利性的特点受到听众的欢迎。但宁夏广播发展的早期都遇到了原创内容不足和对广播这一媒介属性挖掘不足等问题。

1951年至1979年，宁夏广播电台也经历了曲折与反复，不仅电台本身不断停办、复播，节目本身以及播出时间也历经数次调整。宁夏广播节目形态、栏目的动荡、反复均反映出当时政令的不一性和频繁变动性。

三、电视新闻传播实践

电视这种图像式的感知系统和信息传播媒介与广播的共同之处是：都消除了信息传播的时间差异和空间差异，使序列性让位于同步性。两者的不同之处是：广播仅靠声音传播，电视是靠声音、文字和图像传播。显然，照片、图像、图片和电子媒介的结合悄然改变着原有的符号环境。电视和印刷术和广播相比，"图像的中心地位削弱了对于信息、新闻，甚至在一定程度上对于现实的传统定义……图像和文字相比，它们的功能不同，抽象程度不同，反映模式也不同。"② 对于印刷文化来说，电视的"看"取代了"读"；对于广播文化来说，"看"取代了"听"。不过1949年至1979年，中国的电视对原有媒介环境的改变并不明显。电视本身还处于探索实践当中。但电视媒介实践逐渐改变着原有的媒介环境，并在1979年后变得不可阻挡。按照麦克卢汉的理解，广播是一种热媒介，要求的参与度低；电视是一种冷媒介，要求的参与度高，具有包容性。从这个意义上讲，电视这一媒介作为一种崭新的物

① ［加］麦克卢汉. 理解媒介：论人的延伸 ［M］. 何道宽，译. 南京：译林出版社，2015：340.

② ［美］波兹曼. 娱乐至死 ［M］. 章艳，译. 北京：中信出版社，2015：91.

态形式，一亮相就给人类社会带来了前所未有的传媒体验，也渗透到日常生活的方方面面。不过，此时的电视刚刚登上历史舞台，与报纸、广播相比，它由于技术的制约作用仍显得力量非常单薄。

宁夏历史上第一座电视台——宁夏电视台创办于 1970 年。1970 年 10 月 1 日，宁夏电视台开始试播黑白电视节目，1971 年 1 月 1 日正式播出。从全国范围来看，1971 年，中国重建和新建了江苏、浙江、四川、安徽、福建、山东、湖北、河北、内蒙古、江西、河南、湖南、广西、贵州、云南、甘肃、青海、新疆 18 家电视台。全国共有电视台 32 座。其中中央级 1 座，省级 27 座，省辖市级 4 座。除了北京和西藏以外，中国各省、自治区、直辖市都有了电视台。这表明和报纸、广播的发展壮大一样，电视在地方空间的发展也是在政府主导下，具有统一性的特征。电视新闻传播实践也一样追求政治上的同一性和舆论的同一律。同时，地方意识和地方特色的追求也伴随着地方电视的传播实践，但地方新闻报道处于边缘地位。

1959 年中国已开始研制彩色电视。1960 年彩色电视实验已取得实效，但由于经济困难而被迫中止，1970 年才重新开始。① 这时刚创办的宁夏电视台还只能播出黑白电视节目，使用的是一台 0.5 千瓦的发射机和一套双讯闭路电视教学设备，电视信号仅覆盖银川市。内容除了播出由北京电视台提供的重大新闻片与新闻图片外，主要播出电影片。专为电视制作的故事片和电视剧在 1980 年以后才开始出现。电影片每周播出 2 次，每次 2 小时左右。

1970 年至 1979 年宁夏电视节目主要有以下三类节目：新闻宣传类节目、文艺宣传类节目和服务性节目。

新闻宣传类节目。这类节目包括两种，一种是新闻类节目，一种是宣传报道类节目。新闻类节目如《宁夏新闻》，每周一次，每次播出 5 分钟。1973 年由 5 分钟调整为 10 分钟。1979 年调整为 15 分钟。电视新闻类节目的制作与播出拓宽了人们获取信息的渠道，也摆脱了新闻纪录片形式的非直接性，提高了人们的观看兴趣。但电视新闻类节目占的比重较小。宣传报道类节目是指宁夏电视台宣传报道"两报一刊"的节目。宣传报道类节目在电视总体节目中所占比重较大。它宣传宁夏广大干部群众活学活用毛主席著作、落实

---

① 方汉奇. 中国新闻传播史［M］. 3 版. 北京：中国人民大学出版社，2014：297.

毛主席最新指示，宣传三结合、抓革命、促生产、促工作、促战备以及农业学大寨、全国学解放军等活动。① 就全国来看，这一时期都出现了 1949 年以来中国新闻史上罕见的"千报一面""千台同声"的局面。② 这种"千报一面""千台同声"的现象严重损害了传媒行业对媒介自身发展规律的探索与实践，也使地方空间的实践和创新严重受挫。

文艺宣传类节目。这类节目主要是指 1970 年至 1976 年，宁夏电视台反复播放的《红灯记》《智取威虎山》等 8 个"样板戏"和《地道战》《地雷战》等少数电影等类似的节目。同时，文艺宣传类节目还包括电视转播舞台演出实况以及录制播出的戏曲等节目。1975 年，宁夏有了黑白电视转播车后，电视开始转播少量舞台演出实况。1979 年引进彩色录像设备后，宁夏有了制作电视文艺节目的技术，开始先后录制播出秦腔剧目、道情戏、花儿歌舞剧、京剧以及歌舞团、乐团、歌唱家等到宁夏的演出情况等。

服务性节目。1970 年至 1979 年，宁夏电视台也开办了服务类的节目。电视服务类的节目加强了电视与观众的固有联系。开办之初宁夏电视台创办了《天气预报》。每天一次，每次播出 5 分钟。1979 年开办了《为您服务》，不定期播出，每次 10 分钟。

1972 年至 1976 年，宁夏电视台新闻节目先后播出了《吴忠古城大队学大寨》《杨明渠》《海原关桥学大寨兴修水利》《沙海战歌》《山乡知识青年》《党代表马金花》《兰宜公路广大职工批林批孔》《卷秧》等报道。从理论上来讲，具有贴近性和地域性的新闻报道，事关当地，事关身边熟悉的人和地方，更能吸引人们的关注，也是地方电视台应有的角色定位。但整体而言，1972 年至 1976 年，宁夏电视传媒的实践还主要是地方电视台对国家宣传指令的各种配合，这种情况一直延续到 1977 年。

1978 年底至 1979 年，宁夏电视节目内容和以往有了明显的不同。1978 年 12 月，宁夏电视台的新闻节目和新闻性专题节目开始宣传十一届三中全会的路线、方针、政策和党的四项基本原则，宣传报道宁夏经济体制改革和农

---

① 宁夏通志编纂委员会. 宁夏通志（十九文化卷下）［M］. 北京：方志出版社，2009：847.

② 方汉奇. 中国新闻传播史［M］. 3 版. 北京：中国人民大学出版社，2014：293-295.

村联产承包责任制。具体节目有《贺兰县在我区率先实现联产承包责任制》《灵武县新华桥龙二大队在农村经济政策放宽以后出现的新景象》等。节目内容已有较大调整，但是新闻节目制作播出的"路径依赖"已经形成并惯性延续开来，即地方电视台新闻传播的首要任务是同步宣传或配合宣传国家的各种政策、方针、指导思想和重大事件等。

1979 年，宁夏电视台记者用 16 毫米电影胶片拍摄《同心同德保卫四化》，片长约 30 分钟。制成电影在区展览馆连续放映 21 天，并在全区部分区县巡回放映①，得到了群众的好评。1979 年后，宁夏电视的覆盖率开始攀升。但和宁夏的报刊一样，宁夏电视的普及率也是城市远远高于乡村。截至 1975 年底，全国共有黑白、彩色电视机 46.3 万台，其中城市占 68%，农村占 32%。全国已有 26 个省、自治区、直辖市使用微波干线收转北京电视台的节目，并向北京回传部分节目（西藏、新疆、内蒙古除外），初步形成了全国电视传播网。1976 年，全国共有电视台 39 座，1 千瓦以上的电视转播台 144 座，人口覆盖率 36%，将近 3 亿人口居住的地方可以看到电视。其中，北京、上海、天津、辽宁、河北等省市电视覆盖率超过 50%。此时宁夏电视的覆盖率还没有过半。但宁夏也可以通过国家微波干线接收到北京电视台彩色电视节目的传输。1979 年，中央电视台每天仅播出 2~3 个小时的节目，地方台则以转播中央台节目为主，自办节目能力很差，不仅量少，时效性也多滞后，甚至难有当天的新闻。②

总之，1970 年才开始创办的宁夏电视台在这一时期发展比较缓慢。播出主要以黑白色调为主，不得不采用直播的形式。因为缺乏录像机，电视新闻主要是用电影胶片拍成，拍摄的新闻要一周以后播出，时效性大打折扣。主要靠播出电影片来填充时间。这一时期电视机还是一种奢侈品，还未成为规模意义上的大众传播工具并得到普及。宁夏的电视发展和同一时期遍布这一区域的广播覆盖网相比，还处于崛起阶段。

---

① 宁夏通志编纂委员会. 宁夏通志（十九文化卷下）[M]. 北京：方志出版社，2009：848.

② 谢鼎新. 中国广播电视研究的演变 [M]. 合肥：合肥工业大学出版社，2014：106.

第三节 广播传播网络占主导的宁夏三元大众 传播网络结构剖析

1949 年至 1979 年，宁夏大众传播网络从之前由报刊、广播支撑的二元结构，演进到由报纸、广播、电视支撑的三元结构，其中的力量对比、内在关系发生了明显偏移。由报纸、广播、电视组成的三元结构的宁夏大众传播网络结构中，由省级、市级、县级广播台、广播站构建而成的广播传播网络牢牢占据了这一时期宁夏大众传播网络的核心位置，其力量对比、覆盖范围远超同时期由省级党报、市级党报以及周刊报、县报等构建而成的报纸传播网络，也远超处于刚刚起步阶段、力量十分弱小的电视传播网络。即 1949 年至 1979 年的宁夏大众传播网络和 1926 年至 1949 年的传播网络相比，广播传播网络取代了报纸传播网络成了该内部结构中的绝对主导力量。

一、宁夏大众传播网络的结构性特征（1949—1979）

1949 年至 1979 年，宁夏大众传播网络结构依然具有发展的不稳定和发展的不平衡的特征。行政力量成为主宰大众传播网络的核心力量。大众传媒新闻实践的同一性特征明显。宁夏大众传播网络的结构性特征部分地呈现和建构了当时国家和地方的社会结构特征、社会形态和社会关系，和上一时期相比，宁夏大众传媒的新闻传播实践更加具有地方意义上的开拓性和创新性。媒体制度和媒介技术的发展、演变对这一时期的宁夏大众传播网络结构产生了较大的影响，媒介自身演进的逻辑已经崭露头角。

（一）大众传播网络自身具有不稳定性

1949 年至 1979 年，宁夏的报纸、广播经历了反复和曲折发展，停刊、复刊、停播、复播成为常态，且报纸版面和节目内容不断被调整，这就使这一时期宁夏的大众传播网络呈现出脆弱性和不稳定性的特征。具体表现为以下三个方面。

第一，一些报纸创刊后又相继停刊，这影响了宁夏大众传播网络的稳定性。1949 年后，宁夏相继出现了《宁夏电讯报》《新闻简报》《宁夏农民》《固原报》，以及固原、西吉、海原三县创办的县报，逐步形成了相对齐备的大众传播网络。但这些报纸在创刊不久后又纷纷停办，这就削弱了宁夏大众传播网络的稳定性。

第二，省级党报《宁夏日报》也历经波折和反复，削弱了宁夏大众传播网络的稳定性。《宁夏日报》在 1949 年至 1976 年经历了停刊和复刊波动，出版时期也不固定。原本《宁夏日报》于 1949 年 11 月 11 日创刊，每日出版。1951 年 4 月 1 日改为三日刊。1952 年 4 月 10 日由三日刊又改为日刊，但星期日不出版，每周出六期。1954 年 8 月 31 日，《宁夏日报》终刊。1958 年 3 月，又第二次创刊。《宁夏日报》的发行量也不稳定，这也使宁夏大众传播网络的覆盖面难以固定。1959 年《宁夏日报》平均发行量为 32779 份，1960 年发行量为 34271 份，最高时还达到了 36535 份。1961 年至 1965 年发行量为 23351 份。1966 年发行量达到 47682 份。1972 年为 51260 份。1974 年发行量为 61112 份。1976 年上升为 75362 份。1977 年至 1980 年发行量保持在 6 万多份。另外，1966 年至 1976 年《宁夏日报》的所有权、使用权不断地被夺取，报头、刊号不断被窜改，这加重了宁夏大众传播网络的不稳定性。

第三，宁夏人民广播电台也历经多次停播、复播，节目内容、播出时间、时长也被不断地调整。宁夏人民广播电台 1951 年 7 月 1 日播音，1954 年 11 月被撤销，改为银川人民广播电台，1955 年 2 月 14 日停播，成为甘肃人民广播电台银川转播台。1956 年银川转播台停播，成为银川市广播站。1958 年 10 月 1 日，宁夏人民广播电台恢复试播，10 月 15 日正式播出。1951 年至 1979 年，宁夏人民广播电台的栏目、播出时间以及时长都很少固定，不断地进行调整，受政治性、指令性影响十分明显。这些频繁变动使 1949 年至 1979 年宁夏广播大众传播网络结构十分不稳定。

（二）广播传播网络占据着核心位置

1949 年至 1979 年，宁夏广播传播网络开始成长为宁夏大众传播网络中的核心成员，以党报为主要支撑，以地市级、县级党报为重要支撑的宁夏报纸传播网络成为宁夏三元结构大众传播网络中的重要成员，以省级电视台为唯一支撑的宁夏电视传播网络也成为宁夏三元大众传播网络中的一员。也就是说，1949 年至 1979 年，宁夏三元大众传播网络结构中，广播传播网络、报纸传播网络、电视传播网络在其中的力量对比和坐标位置是不一致的，网络结构内部的发展具有不均衡性。这种内部发展的不平衡性表现为以下两个方面。

一方面，宏观来看，宁夏大众传播网络结构中，广播传播网络一枝独秀，独占鳌头，覆盖面最广，成为内部结构中的中坚力量；报纸和电视的传播网络的覆盖面都比较有限，因此它们都处于相对弱势的地位。它们的覆盖面主要限于城市，并且在城市的覆盖率也不高。而广播传播网络的覆盖面几乎涵盖了宁夏所有的城镇乡村。以下数据支撑了这一观点。1959 年至 1980 年，《宁夏日报》年平均发行量粗略地估算为 43948 份。它的主要印刷、发行地点均是在银川。当时的交通、运输条件较为落后，因此《宁夏日报》覆盖及扩散的空间范围都比较有限。而同时期宁夏广播传播网络的覆盖面已达到 65%以上。1960 年至 1978 年，吴忠市喇叭入户率达到 78%。1960 年至 1978 年，石嘴山市喇叭入户率达到 91%。1960 年至 1970 年，青铜峡市入户喇叭数达到1.2 万只。1962 年至 1981 年，银川市城区入户喇叭数达到 4800 只。1983 年灵武县入户喇叭 1 万只。1986 年，西吉县 65.8%的行政村接通广播，39.2%的农户共安装喇叭 19232 只。1980 年，中宁县广播入户率达到 73%。1971年，中卫县喇叭入户率为 62.9%。1983 年，同心县喇叭入户率达到 40.6%。1983 年，固原县 37 个乡中有 36 个乡接通了广播，喇叭入户数为 21187 只。1980 年，隆德县喇叭入户率为 85.47%。1983 年，泾源县入户喇叭 7778 只。1983 年，海原县喇叭入户率为 61%。1973 年，贺兰县喇叭入户率达到 80%。1980 年，永宁县喇叭入户率为 73.5%。1983 年，陶乐县喇叭入户率为 84%。1974 年，银川市郊区喇叭入户率为 80%。以上市级广播站以及县级广播站入户喇叭数均已说明 1949 年至 1979 年宁夏广播传播网络的强普及率和高渗透性，也表明宁夏广播传播网络在宁夏大众传播结构中占有绝对的核心力量位置。

另一方面，报纸传播网络结构内部的力量对比也存在着明显的不平衡性。在由省级党报、市级党报以及周刊报、县报等构建而成的报纸传播网络结构中，省级党报一枝独大，占据着绝对核心位置，稳定性最强，影响力最大，而市级党报以及周刊报、县报等力量比较弱小，影响力有限，稳定性也更差一些。1949年至1979年，《宁夏日报》虽历经波折、反复，但后续还是一直在宁夏这一空间内存续下来，并持续地发挥着作用。其他市级党报以及周刊报、县报在历经波折、反复后几乎都消亡了，它们对报纸传播网络结构的支撑作用十分有限。这就表明，报纸传播网络结构中的力量对比明显不同，其内部发展的不平衡性明显。

（三）传播网络中媒体属性一致，媒体内容具有同一性和同构性

1949年至1979年，宁夏三元大众传播网络结构中的大众媒体，都是由同一政党领导下的同一政府创办，即都是在中国共产党的领导下开展新闻传播实践。因此宁夏传媒的所有权、使用权、工作流程、制度安排、新闻报道的形式等都具有同一性和同构性。同时，宁夏大众传媒在媒体内容呈现方面也体现出同一性和同构性特征。下面通过对同一时间段内《宁夏日报》和宁夏人民广播电台的媒体内容做横向间对比来加以说明。

1951年至1954年，《宁夏日报》主要是对党和国家政治、经济等工作内容进行正面宣传，集中报道了剿匪反霸、土地改革、"三反五反"、农业合作社运动、生产建设、民族团结、抗美援朝等各种大事件。同一时期，宁夏人民广播电台集中播出了宣传土地改革、抗美援朝、"三反五反"以及增产制约等运动内容。

1958年至1966年，《宁夏日报》主要宣传报道社会主义建设总路线、政策方针、建设成就和先进人物等。同时，还宣传了高指标、浮夸风、"共产风"、以阶级斗争为纲等"左"的错误思想。同一时期，宁夏人民广播电台集中播出了宁夏贯彻社会主义总路线情况，宣传报道人民公社、大炼钢铁、兴修水利等情况，宣传集体经济、农业生产，以及先进模范人物和先进事迹等。主要报道是围绕着中央工作统一部署展开。"突出报道重点建设成就""宣传先进人物、先进经验"是这一时期报纸、广播新闻报道的共同特色。

1966年至1976年，宁夏报纸、广播、电视内容呈现上的同一性和同构性特征表现得更为明显。不仅"千报一面""千台一面"，甚至是"报台一面"。

报纸、广播、电视刊登或播出的内容大多是"两报一刊"的内容。它们主要宣传报道宁夏广大干部群众活学活用毛主席著作、落实毛主席最新指示情况，宣传报道宁夏各地三结合、抓革命、促生产、促工作、促战备以及农业学大寨、全国学解放军等活动情况，报纸、广播、电视上的内容和基调几乎完全一致。

应该辩证地看待 1949 年至 1979 年宁夏大众传媒内容上的同一性和同构性特征。大众传媒内容上同一同构的优势在于：可控性强，能体现出集中性优势，也能制造出同一的媒介环境和舆论。同时，在新闻信息较为短缺、稀有的情况下，在不同媒介属性尚未得到充分挖掘和应用的背景下，不同媒体在内容呈现上表现出同一性和同构性，有利于信息的有效传播与民众的有效接收。但多种媒体在内容上长期呈现同一性和同构性的不足也十分明显。它遮蔽了真实环境中的非同一性和非同构性，不能全面、准确地反映和建构现实社会和真实的社会生活，也很难反映和建构个体性的生活情态和心理情态。宏大叙事、英雄主义取向以及纯然的正面宣传报道，通常会遮蔽日常生活的常规化情境和现实中的假、恶、丑，也可能会使思辨、反思、自省乃至不同的声音被淹没，并不利于社会的长远发展。对传媒行业发展而言，不同媒体在内容呈现上同一和同构的追求和取向，会抑制媒体自主性的探索和实践。不同媒体的发展空间和发展活力也会被严重压缩，从而导致行业发展缓慢。另外，行业的公信力和权威性也会受到质疑。

（四）行政力量起着主导性作用

1949 年至 1979 年，行政力量在宁夏三元大众传播网络的生成与构建的过程中始终发挥着主导性的作用。换句话说，如果没有行政力量的主导和主推作用，宁夏三元大众传播网络就难以成形。行政力量的主导性作用具体表现为：

1949 年至 1979 年，我国从国家到地方的媒体体制的形成和确立是在政府主导下完成的。政府主导是以行政权力配置资源，按照行政规制即中央、省、地市、县等层级自上而下地创办报纸、电台、电视台。所有的报纸、电台、电视台均由国家出资。这些媒体的所有权、使用权、控制权也都属于国家。

媒体的具体权限则隶属于相应的各级党政机关。媒体要接受党政机关的直接领导。媒体自身的自主决定权较小，以政治宣传为首要任务。1949年至1979年，宁夏形成的包括省级党报、地市级党报、县级报纸在内的报纸传播网络，省、市、县、乡、镇、村全覆盖的广播传播网络，以及以省级电视台为唯一支撑点的电视传播网络，均是在中央和地方同一性工作安排、部署下形成的产物。这样的制度安排和大众传播网络的结构架构并非地方性单一行为，而是全国性普遍行为，即我国不同的地方性空间内都充盈着国家统一性的制度安排和工作部署。也就是说，政府主导着这具有同一性的制度安排。

需要辩证看待的是，国家和地方的行政力量在大众传媒中的使用也要注重科学性和平衡性，也应有度地开展，并因地制宜，也应进行充分的论证和民主协商，并在法制的框架内进行。如果国家和地方的行政力量走向极端化并无限扩大化，必将损害大众媒体的经济属性、社会属性、文化属性等其他属性，对大众媒体的长远发展也是极为有害的。

（五）部分反映和建构了国家形象、地方形象和宁夏的多民族关系

1949年至1979年，宁夏大众传媒实践活动依然在一定程度上反映、建构和形塑了当时的国家形象和地方空间形象。和以往相比有所突破的是，宁夏大众传媒的新闻传播实践还在一定程度上反映、建构了宁夏多民族关系。不过这种反映和建构的力量还很单薄，只能说反映出这时期宁夏大众传播网络在对宁夏这一地方空间内多民族社会关系建构的一种尝试。

1949年至1979年，宁夏的报纸、广播、电视在日常的新闻传播实践中，都在一定程度上反映和建构了当时中国的国家形象和宁夏这一地方的空间形象，并且对国家形象的反映和建构是浓墨重彩的。反映和建构国家形象的新闻报道在宁夏整体性的新闻报道中所占的比重比较高。这体现为以下三个方面。

1. 报纸传播实践一定程度上反映和建构了国家形象和地方形象

1949年至1954年，《宁夏日报》主要对党和国家政治、经济等诸项事业开展进行了集中性报道和正面宣传，也对地方政府及地方官员进行了报道。地方新闻报道的角度主要是地方对国家诸项事业开展的政治性指令的一种唱

和和回应，是一种执行情况的反馈和展示，报纸报道和反映的地方实践都和中央保持着高度一致，均是在国家统一部署和集中指导下进行的。这构建、形塑、反映出来的国家形象体现出一种社会高度一体化的情态。1958年宁夏回族自治区成立之后，《宁夏日报》重点宣传社会主义建设总路线、方针政策、建设成就、先进人物等，开始把宣传党的民族政策作为经常性的任务。有资料显示，1969年至1972年，《宁夏日报》的头版多刊登国内时政新闻，本地新闻较少，1972年头版才逐渐编排了宁夏本土的新闻。[①] 显然，宁夏地方媒体实践的过程是国家形象塑造的过程，也是国家声音传播的过程。这一媒体呈现的内容也凸显了国家权力和国家威望。同时，地方形象的形塑在媒体实践内容中也有所反映。

2. 广播传播实践也在一定程度上反映和建构了国家形象和地方形象

1951年至1954年，宁夏省人民广播电台主要宣传土地改革、抗美援朝、"三反五反"以及增产节约活动，主要围绕党和政府的工作宣传党的方针政策。1958年，宁夏人民广播电台成立后，主要宣传宁夏回族自治区贯彻建设社会主义总路线的情况，宣传人民公社、大炼钢铁、兴修水利等情况。从节目设置来看，除转播中央台的《新闻和报纸摘要》《全国新闻联播》《国际时事》《新闻节目》外，宁夏人民广播电台还开办了《新闻和宁夏日报摘要》《对农村广播》《对职工广播》等自办节目。其中《新闻和宁夏日报摘要》的节目内容选摘自《宁夏日报》，故上述《宁夏日报》在媒介形象建构中存在的特点也同样在宁夏广播电台的实践中呈现出来。从节目设置比例和具体传播的内容来看，宁夏广播新闻传播实践中，国际新闻、国家新闻所占的比例较大，且反复出现。其中《新闻和宁夏日报摘要》中国家新闻信息所占比重较大。《对农村广播》和《对职工广播》中，除了安排本地新闻外，同样安排了国内外新闻。1966年至1976年，宁夏广播电台自办节目停播，全天转播中央人民广播电台第一套节目。地方新闻开始芳踪难觅，地方空间形象建构也无从谈起。后来宁夏广播电台才逐步恢复了《全区各地广播站联播》《新闻》《对农村广播》《对职工广播》等节目。

---

① 陈玲. 自治区党报的民族文化报道——以宁夏日报为例 [D]. 西安：陕西师范大学，2010：24.

3. 电视传播实践更多地反映和建构了国家形象

宁夏电视台创办于 1970 年。它宣传报道的内容主要是"两报一刊"的内容。就全国来看，当时的地方电视台都出现了中华人民共和国成立以来也是中国新闻史上罕见的"千报一面""千台同声"的局面。这种"千报一面""千台同声"的现象一定程度上反映和建构了国家形象，也导致地方空间形象同质且模糊，几乎隐匿不见。

1949 年至 1979 年，宁夏的大众传媒还出现了民族新闻的报道。这是近代史上宁夏大众传媒少见的就宁夏多民族同存共生的社会关系的报道。1969 年至 1972 年，《宁夏日报》民族文化内容的报道有 1 篇。[①]

总之，1949 年至 1979 年，宁夏大众传媒实践活动中，有关国家的整体性报道较多，有关地方的新闻报道相对较少。有关民族新闻的报道也已经零星出现，但还未像 1979 年后那样常态化。也就是说，这一时期，宁夏大众传播网络比较成功地反映和建构了国家整体形象和社会高度一体化的情态，也在一定程度上反映和建构了地方空间形象，以及空间内的多民族关系。

二、媒体制度对宁夏大众传播网络的支撑作用

1949 年至 1979 年，宁夏三元结构的大众传播网络的生成与构建离不开特定时空范畴内的制度支撑，这种制度支撑作用表现在以下两个方面。其一是中央"四级办广播"的制度安排保障了 1949 年至 1979 年广播这一新兴媒介在宁夏的最大普及率和高渗透率，也使宁夏大众传播网络结构中最明显的结构性要素凸显出来。其二是通讯员制度的创新与发展保障了"全党办报""群众办报"，也使新闻信息得到了进一步的创新与扩散。

（一）"四级办广播"制度保障了广播传播网络成为总网络中的核心

依据国家"四级办广播"的制度要求，1951 年至 1979 年，宁夏这一地方空间逐渐建立了省级广播电台、市级广播站、县级广播站，广播的线路铺设

---

① 陈玲原文表述为，"这一时期的民族文化内容报道为零"，但文中随后出现"唯一涉及回族的报道还是回族社员学文化读懂毛泽东思想、写批判大字报的报道"。故本文认为，她查阅到了这一时期有关民族新闻的 1 篇报道。

也逐渐地从市、县、乡、镇一路延展到村。截至 1958 年，宁夏 20 个县、市先后建起了有线广播站，全区 253 个乡，547 个农业生产合作社（后改为大队），3853 个生产队均接通了有线广播。1973 年后，宁夏广播网又进入大发展时期。即便是偏远地区，广播线路一时无法接通的地区，也建起了小片广播网。1975 年，宁夏建有小片广播网 3600 多个，入户喇叭 2 万多只。也就是说，我国统一部署的制度安排保障了这一时期广播传播网络的覆盖，使全国和地方新闻信息传播畅通起来。

（二）通讯员制度的确立与发展有力地支撑了大众传播网络的构建

通讯员制度的确立与实施部分地解决了稿源不足问题，扩大了新闻信息的写作队伍，使通讯员自身也成为新闻信息传播的中间环节之一，并发挥了辅助传播的作用。更重要的是，通讯员制度促进了"全党办报""群众办报"，它有力地推动了大众传播网络的构建，也在客观上扩大了宁夏大众传播网络的覆盖面和影响力。

通讯员制度最早是一种广泛的社会动员机制，后成为党报加强省委领导和基层干部发声表态的机制之一。20 世纪 50 年代初期，宁夏开始执行的通讯员制度具有一定创新意义。1950 年初，宁夏日报社在各县设立了通讯干事。6 月普遍建读报组，大力发展通讯员。据统计，1950 年 9 月 6 日至 15 日，宁夏日报社共有通讯员 700 多名，每月平均来稿 500 多篇。1953 年，宁夏日报社有通讯员 1400 多名，每月平均来稿近 2000 篇。1958 年《宁夏日报》二次创刊初期，平均每月收到通讯员来稿 2000 篇左右。1959 年 1 月到 1960 年 6 月平均每月收稿 3122 篇，平均每天收稿 100 篇左右。1971 年至 1972 年，《宁夏日报》和各地、市、县共举办通讯员学习班 40 多期，参加学习班的通讯员有 1000 多人次。[①] 1953 年 3 月，创办党报面向通讯员群体的《宁夏日报通讯》，是 32 开，每月 1 期。1954 年，《宁夏日报通讯》停刊，1958 年复刊。1966 年至 1976 年停刊。1978 年 1 月又复刊。

1958 年，宁夏各地各部门都成立了以党委书记为首的通讯写作小组。

---

① 宁夏通志编纂委员会．宁夏通志（十九文化卷下）［M］．北京：方志出版社，2009：1106-1112.

1962 年，宁夏在各县市均配备一名通讯干事，他的任务是组织通讯读报工作。通讯干事的编制在报社，由各县市委宣传部负责领导和管理，由报社负责业务指导。宁夏广播电台也于 1958 年后逐步在各县市各行各业普遍建立通讯组。1959 年 6 月举办了第一期广播站编采人员学习班，对各市县广播站人员进行培训。之后宁夏经常举办各行各业人员参加的学习班。20 世纪 50 年代初以后，宁夏相继编印了《收音与通讯》《广播通讯》《广播通讯员》《宁夏广播》等面向通讯员的业务刊物，不定期地印发《报道提示》来提高通讯员的新闻写作水平。宁夏通过培训、发展壮大通讯员队伍，不仅解决了稿源问题，也为社会培养了人才。①

20 世纪 50 年代后期，宁夏各市、县广播站开始通过各种途径和形式发展通讯员，建立各地区的通讯网。各市、县广播站的通讯员队伍基本上由下列人员组成：一是乡（镇）广播放大站的编辑、播音员；二是市、县直属机关各部门、各系统有写作能力、热爱广播的人；三是聘请一些有见解、有文字修养的人做骨干通讯员。各市、县一般有通讯员 100~200 人。② 到 20 世纪 60 年代初期，通讯员制度日趋健全。1970 年创办的宁夏电视台，初期未设相应机构，通讯工作由新闻组兼管。到 1977 年还没有正式通讯员，由一些观众提供少量的口播新闻稿和新闻图片。1978 年至 1981 年，宁夏电视台聘请了 4 名通讯员，由他们向电视台提供本单位和当地新闻。

20 世纪 50 年代初期，宁夏通讯员制度的创办和实践是中国共产党党报办报经验和办报制度的一种平移，对中国共产党党报发展史而言，是一种跨地域与空间的制度性平移。对宁夏这一地方空间而言是首创，具有创新意义。通讯员制度及实践非地方首创而是具有国家特色。中国最早的通讯员制度由《申报》创办。《申报》在 1872 年创刊不久后，在杭州设置了第一个外埠通讯员。徐宝璜在《新闻学》中已专门设一节论述"通信员与其通信法"。1925 年 6 月 25 日，中共六届二中全会宣传工作会议时开始提出："训练工农通信

---

① 宁夏通志编纂委员会. 宁夏通志（十九文化卷下）［M］. 北京：方志出版社，2009：787.

② 宁夏通志编纂委员会. 宁夏通志（十九文化卷下）［M］. 北京：方志出版社，2009：830.

员是组织党报的重要条件之一。"① 即从 20 世纪 20 年代后期一直到 20 世纪 40 年代，中国共产党的文件和报纸中，不断出现提及发展通讯员工作的内容，并不断开展具体的媒体实践，在实践中不断地进行探索。

目前很难看到 1958 年以前宁夏通讯员的人员组成情况。但 1958 年后，宁夏各地各部门均成立了以党委书记为首的通讯写作小组，这与中央保持着高度一致。从全国来看，1958 年全党办报运动进一步开展，普遍建立了党委通讯组（写作组、报道组），不少省、地市、县都建立起党委通讯组。它一般由各级党委书记挂帅，吸收各方面负责人参加，经常给党报写评论和报道。党委通讯组还建立通讯员网，具体工作多由党委宣传部负责。② 各级党委写作组（通讯组）建立后，出现的新问题是，报纸编辑部还要不要直接地与广大工农通讯员和写作积极分子（非党委写作组成员）进行更广泛的联系？当时，各报对这个问题的看法不一。③ 也就是说，最早的通讯员队伍是由基层干部、学校教员、学生和识字能写的普通群众组成。1958 年后，通讯员队伍中的"工农"成分开始下降，党委成员逐渐成为通讯员的主力。这表明党委在不断加强对党报的领导。

通讯员制度被认为是中国共产党"全党办报""群众办报"的实现路径之一，也被认为是"群众路线"的实现路径之一。"全党办报"的重点是"全党"在"办报"。黄旦认为，"全党办报"的含义可归纳为一句话：党的报刊必须由党中央及各级组织主办、掌管并传递党的声音。从这个意义上讲，宁夏通讯员制度的创办保障了"全党办报"。这一制度本身也是一种广泛的社会动员机制，吸取了一些有文字表达能力的基层群众进入到新闻信息的写作与传播中来。宁夏通讯员制度的确立解决了媒体部分稿源不足的问题，为社会培养了人才。同时也是"群众路线"的一种体现。通讯员本身也成为新闻信息传播的中间环节之一，也发挥了辅助传播的作用。通讯员制度的成立与发展和通讯员队伍的形成都有力地支撑了大众传播网络的构建。并且以党委

---

① 辛姣依. 延安时期通讯员队伍建设的历史语境与现实启示研究［D］. 西安：陕西师范大学，2015：7

② 方汉奇. 中国新闻事业通史（第三卷）［M］. 北京：中国人民大学出版社，1999：229-230.

③ 方汉奇. 中国新闻事业通史（第三卷）［M］. 北京：中国人民大学出版社，1999：294.

书记为首的通讯写作小组的成立，使党报的主导权进一步得到了巩固和强化。

三、媒体基础设施、媒介技术对宁夏大众传播网络的制约与支撑

1949 年至 1979 年，宁夏印刷技术、广播技术、电视技术的发展并不均衡。其中宁夏印刷业和印刷技术的缓慢发展与更新对宁夏报刊的发展提供了一定支撑作用。广播基础设施的发展和技术的扩散应用对宁夏这一偏远于中央的地方空间产生了强大而深刻的影响，不仅使中央和地方的媒介应用趋于同步和一致，更为广播传播网络占据大众传播网络结构中主导力量位置起到了巨大的支撑作用。而电视技术的缓慢发展严重制约了宁夏电视节目制作，电视技术的制约作用这时期表现得非常明显。

（一）宁夏印刷业及印刷技术的发展对大众传播网络的支撑作用

1949 年至 1979 年，宁夏印刷厂、印刷工艺以及排版技术的更新发展有力地支撑了宁夏纸媒的发展。这时期宁夏除了国营印刷厂发展较快之外，个体经营、公私合营的印刷厂也获得了一定程度的发展；政府机构、学校、企业也纷纷成立印刷厂；印刷工艺经历了从石印到铅印再到胶印的不断演进；铅活字排版技术、铜芯制版、烫金工艺、装订技术的自动化都在不断地被普及应用。

1. 宁夏印刷业的整体发展为大众传播网络构建提供了有力的物质基础

1949 年至 1958 年，宁夏除了国营印刷厂外，还出现了个体经营的印刷合作小组和公私合营的印刷厂。同时还涌现出一定数量的县级印刷厂。印刷企业的数量在不断攀升。截至 1958 年 7 月，宁夏县级印刷厂有 14 家，其中各市、县的印刷工艺由石印向铅印过渡。① 截至 1979 年，宁夏全区市、县属印刷企业由 1958 年的 14 家增加到 35 家②，印刷工艺由铅印向胶印过渡。具体发展情况如下。

民国时期的宁夏省印刷局于 1949 年 9 月 25 日被接管。到 1949 年 11 月上旬，

---

① 宁夏通志编纂委员会 . 宁夏通志（十九文化卷下）［M］. 北京：方志出版社，2009：1148-1149.

② 根据《宁夏通志》的相关数据综合统计而成.

设备有 1 台铸字机，2 台手摇式对开铅印平台印刷机，3 台圆盘印刷机，1 台对开石印机，4 台 4 开石印机，1 台切纸机，1 台打洞机，1 台烫金机。① 并于 1949 年 11 月 11 日改名为宁夏日报社印刷厂。1952 年初，宁夏日报社印刷厂购置了 18 台圆盘机。1953 年购置了全开印刷机和对开印刷机，以电为动力，将印刷机从手动脚踏变为电动。1954 年，购置了三色圆盘机，解决了铅印套色问题。

1953 年，银川市成立了 2 家印刷厂——东街印刷厂、西街印刷厂。吴忠县成立石印合作小组，有石印机 1 台、石头 3 块、手动切纸机 1 台，采取入股集资的方式运营。盐池县也开办了集体印刷合作小组，设备有清朝末年从日本进口的 3 块印石、1 台石印机、1 台脚踏式圆盘印刷机、1 台手动切纸机。1954 年 4 月，灵武县组成了 3 人印刷合作小组。1954 年，固原文化书局、德玉祥书局、仁义书局三家从事铅印石印，承担着固原县及周边地区的业务。7 月，隆德县成立由 6 人组成的地方报社印刷厂，为石印印刷。银川市东、西街印刷厂合并，成立银川市印刷合作社。平罗县成立了两个个体经营的石印局，到 1956 年 1 月，这两个石印局合并组成了一个 8 人组的印刷生产合作小组。1955 年，宁塑县、惠农县、中卫县也成立了印刷小组，从事石印印刷；1955 年 2 月，灵武县成立私人印刷小组；1955 年 8 月，吴忠市成立了吴忠市印刷合作小组；1955 年 10 月，固原县印刷厂成立，系公私合营制，由文化书局、德玉祥书局、仁义书局合并而成。1956 年，同心县成立了新生石印局，1957 年改名为同心县印刷门市部。盐池县将个体创办的印刷小组划归盐池县电厂，从集体合作变成了地方国营。1957 年 12 月，隆德县地方国营报社印刷厂购进了 1 台半自动 4 开印刷机和 1 台半自动圆盘印刷机，铅印代替了石印。泾源县印刷厂成立，有 802 型圆盘印刷机 3 台。1958 年后，宁夏原有的市、县的印刷社纷纷改名，由之前的印刷社、印刷所全部改为印刷厂，设备不断增加，新的印刷厂不断成立，学校、企业也纷纷成立印刷厂。

1972 年，宁夏大学印刷厂、大武口印刷厂、西吉县印刷厂成立。1974 年，银川市四中成立了校办印刷厂。1976 年，陶乐县印刷厂、石嘴山第三中学印刷厂成立。1978 年 10 月，宁夏农垦系统成立印刷厂。1979 年 6 月，宁夏科技印刷

---

① 宁夏通志编纂委员会 . 宁夏通志（十九文化卷下）［M］. 北京：方志出版社，2009：1148.

厂成立，12月银川市郊区供销社印刷厂成立。和1949年前相比，宁夏印刷设备出现大规模提升，这为宁夏报刊的发展提供了基本的物质基础和物质保障。

2. 宁夏印刷技术的发展有力地促进了大众传播网络的构建

民国时期的铅活字排版技术一直延续到20世纪90年代。"由于铅活字可以直接排版印刷，方便灵活，又有适当的耐印性，1995年该工艺仍在宁夏广泛应用。"[①] 20世纪50年代初，宁夏开始运用纸型铅版技术，以适应书报刊快速大量印刷的需要。1951年，宁夏日报印刷厂引进了铜芯版设备。1953年这一工艺开始应用，解决了图版制版问题。胶印方面，宁夏日报印刷厂1958年建立了胶印车间，有两台手摇式单色胶印机，但这两台胶印机是手动续纸，每小时最多能印2500张。1964年，宁夏日报印刷厂购置了01单色胶印机、03双色胶印机、05双色胶印机、08单色胶印机。1971年起，银川市彩色印刷厂、灵武县印刷厂、永宁县印刷厂、吴忠市印刷包装广告公司都上了胶印生产线。[②] 其他方面，凹版技术在宁夏20世纪60年代就开始使用。烫金工艺始于民国，中华人民共和国成立后在全区得到普遍应用。装订技术的自动化程度也在提升。

印刷术作为人类文明史不可分割的一部分，使社会发生了翻天覆地的变化。通过机械手段将同一作品不计其数地复制，社会获取知识的途径因而由有限变为无限。印刷术开创了现代文明。可以毫不夸张地说，它对人类的重要性绝对不亚于内燃机。[③] 从这个意义上讲，1949年至1979年宁夏印刷技艺的不断发展，这使它对大众传媒发展的制约作用明显变弱，并呈现出相当大的支撑作用。

（二）广播基础设施的普及及技术的发展极大地促进了广播传播网络的普及

1949年至1979年，宁夏大众传播网络最突出的特征之一是广播大众传播

---

① 宁夏通志编纂委员会．宁夏通志（十九文化卷下）［M］．北京：方志出版社，2009：1160.

② 宁夏通志编纂委员会．宁夏通志（十九文化卷下）［M］．北京：方志出版社，2009：1163-1164.

③ ［新西兰］费希尔．阅读的历史［M］．李瑞林等，译．北京：商务印书馆，2009：196.

网络占据着核心力量位置。广播大众传播网络核心力量的确立，除却上述国家统一制度安排外，广播基础设施的发展及技术的更新也为广播传播网络的构建及生成提供了主要的支撑。广播基础设施的发展初步体现出渠道为王的媒介技术优势。也就是说，广播接收设备的扩充以及广播站广播台建设是广播得以普及的前提。

电台给人提供了第一次大规模的电子内爆的经验，这首先得益于接收设备的普及。遍布的接收渠道保障了大规模电子内爆的实现。广播实现大规模发展的首要条件是接收渠道的建立和畅通。这是电子媒介固有的本质属性之一。技术的底架作用和渠道的依赖性，衍生了渠道为王这一信息流通路径的前置和决定性功能。具体结合宁夏广播接收设备及接收渠道的普及情况予以说明。1950 年 10 月，宁夏省政府将政务院配发的 5024 型干电池收音机，分发到永宁、惠农、宁朔、银川等市县，这首先保障了各市县基本具备了接收条件。1951 年 7 月，宁夏所辖 17 个市、县、旗和当时隶属甘肃省管理的固原县、西吉县、隆德县、泾源县全设立了收音站。1951 年 12 月宁夏全省收音站发展到 26 个。截至 1955 年底，原宁夏境内和固原地区的收音站发展到 150 个。收音机、收音站的成立为方便地接收信息提供了基本的技术条件。此后广播技术条件不断地普及和提升。

到 20 世纪 50 年代中后期，宁夏各地收音站被广播站、乡镇放大站取代，一些企事业单位的收音站也被广播室取代。截至 1958 年，宁夏 20 个县、市都先后成立有线广播站。广播站成立以后不断增添设备，架设专杆专线通往各辖区的乡镇农家。县城里主要路口大多都设置高音喇叭，城郊农村则以社队为集体设置高音喇叭。随后各县广播站与邮政部门合作，利用电话线路或电话广播两线一杆挂的办法，架设乡镇以下的广播线，使广播线不断由县城向乡镇社队延伸。

1957 年，宁夏各县大多数公社都建立了公社放大站。1958 年，全区 253 个乡，547 个农业生产合作社（后改为大队），3853 个生产队接通有线广播，分别占乡的 74%、大队的 34%、生产队的 52%，喇叭总数 9000 多只。1960 年，全区喇叭总数发展到 1.5 万多只，其中平罗县 100% 的公社、90% 的大队、67% 的生产队都通了广播。[①] 1965 年，全区喇叭总数猛增到 34958 只，贺

---

① 宁夏通志编纂委员会.宁夏通志（十九文化卷下）[M].北京：方志出版社，2009：982.

兰、石嘴山、吴忠、永宁、中卫五市、县的大队全部通了有线广播，青铜峡县 90%以上的大队通了广播。陶乐县所有的大队通了广播。1968 年，银川 100%的大队和 90%以上的生产队通了广播，吴忠广播专线 65.82 千米，杆数共 1097 根。1970 年，固原县 35 个公社全部建有放大站并开通载波，入户喇叭 1.7 万只，线路 2180 千米 1974 年，银川入户喇叭 10600 多只，杆线总长 300 千米。①

1973 年后，宁夏广播网又进入一个大发展时期：翻建或新建了播音室和技术用房，制造、购买了水泥电杆，更新和架设公社以下广播专线。偏远地区，广播线路一时无法连通的地方，就以生产队或自然村为单位自建小片广播网，主要设备由晶体管收扩机、传输线路和用户喇叭组成。1975 年，宁夏建立的小片广播网 3600 多个，入户喇叭 2 万多只。广播的普及率一路攀升，到 1979 年宁夏农村入户喇叭达 342401 只，入户率达到 65.2%，成为有线广播网发展的最好年份。即 20 世纪 70 年代末 80 年代初，宁夏广播发展达到巅峰。

1949 年至 1979 年，宁夏基础设施的不断铺设、更新，以及技术先行的扩散效用，促成了广播的高渗透率和高覆盖面。宁夏广播覆盖网络发展是城乡二元结构并重，并突出发展农村广播网。② 它历经收音站—广播站/放大站/收音室—有线广播网—无线广播电台等的演变，广播网一路延展到宁夏大大小小几乎所有的城镇和乡村。历经高音喇叭、小喇叭、音箱等户外广播设备等的普及，大多数人收听广播成为现实。广播成为当时的人们媒介应用的首选。与报刊主要面向城市和精英的偏向不同，1949 年至 1979 年我国的广播呈现出了真正意义上的普适性。它消解了城乡二元结构的差异，消解了时空的差异，直接面向当地大多数的普通群体。相对农村广播网发展的波澜壮阔而言，城市广播电台本身的技术的演化的影响力就显得平常很多，但也同样促进了广

---

① 宁夏通志编纂委员会．宁夏通志（十九文化卷下）［M］．北京：方志出版社，2009：983.

② 1956 年 1 月，中共中央颁发《1956 年到 1967 年全国农业发展纲要（草案）》，规定：从 1956 年起，按照各地情况，分别在七年或者十二年内，基本普及农村广播网。自此，全国各地掀起农村广播网建设的热潮。1974 年 8 月，中央广播局颁发"农村有线广播"第一个法规性文件《农村有线广播技术标准和技术管理规程（试行）》，足见对农村广播发展的重视与推行。

播的发展。从全国来看，这一时期有线广播收音网在全国各地主要是农村地区普遍建立。这充分表明，没有技术先行就没有普及率，没有渠道到达就没有内容达到。中国广播初期阶段的发展展现出渠道为王的巨大魔力，充分体现了媒介基础设备以及媒介技术对传播网络的巨大支撑作用。

（三）电视技术的缓慢发展起到了明显的制约作用

1949 年至 1979 年，我国电视技术的缓慢发展严重制约了电视节目的制作和播出，也使内容时效性大打折扣。这一时期，宁夏电视节目以黑白色为主，因条件所限不得不以直播为主，录像机尚未使用。1970 年开始，宁夏播音员出图像预报节目，使用的是教学用的单管摄像机。前期拍摄新闻用的是 16 毫米胶片摄影机，后期靠手工洗印胶片，过程繁复，费用昂贵，拍摄的新闻要一周以后才能与观众见面。最初的电视电影就是将移动式放映机的光束投射到一片毛玻璃上，再用黑白摄像机（电教级）从毛玻璃上取像，完成光电转换。1975 年，宁夏购置了黑白电视电影设备，使电影转换成电视信息的质量提高。同时开始使用黑白电视转播车，车上装有微波发信机，现场信号可立即送回到台里发射出去。1977 年，宁夏配有三讯道黑白电视播出设备，索尼家用黑白录像机 EV-320CE 两台和单镜头彩色摄像机 DXC-1200 一套。1979 年，随着摄像机、录像机的广泛应用，宁夏电视节目制作方式和播出方式才发生了质的变化。

总之，印刷技术、广播技术对报刊、广播的推动作用在它们的早期发展中非常明显，但在它们的发展后期作用已经不再明显，故后面的章节不再论述。这一时期，电视仍处于发展初期，电视技术的制约作用依然很大，这将在后面的章节继续阐述。

1949 年至 1979 年，宁夏大众传播网络突破之前由报刊、广播构建生成的二元结构，演变到由报纸、广播、电视构建生成的三元结构，其中的力量对比、内在关系发生了明显的偏移：由以报纸为主导的力量优胜，偏移到以广播为主导的力量优胜，电视的强大力量还未显现出来，还只发挥着微弱的作用。广播依靠基础设施的普及以及强大的渠道网络，迅速地实现了前所未有的渗透和覆盖。和 1949 年前的大众传播网络相比，这一时期，宁夏这一地方空间内的大众传媒活动的政治性、策略性、创新性的特质依然明显。虽然1966年至1976年宁夏的大众媒体遭遇了各种曲折、反复和震荡，却更确认和强化了大众传媒的工具化特征。大众传媒活动实践本身记录、反映、建构了这一空间内的社会形态，呈现出社会形态自身的发展轨迹。传媒总是带有它所属的社会和政治结构的形态和色彩，尤其是反映了一种调节个人与社会关系的社会控制体制。① 这一时期宁夏的大众传媒，尤其是党报的通讯员制度的创建虽是地方空间内的首次，却是全国这一空间内党报实践经验的平移和推广。这一时期通讯员制度实现了组成人员由知识分子向党委成员的迁移和固化，从而使加强党的领导成为党报党刊的鲜明主题。

1949年至1979年，宁夏大众传媒实践的意义和价值在于：这一时空内中国共产党主办的报刊、电台、电视台的传媒实践均具有首创价值。在新闻业务方面，党报短暂性地开展了批评性报道和舆论监督，这与国民党主办的传媒迥然不同，体现了中国共产党主办的媒体的鲜明特色。虽然这一创新性实践因时代背景被迫终止，但在党报上开展批评性报道和舆论监督仍具有首创精神和现实意义，值得提倡并应该延续。同时，"突出报道成就，宣传先进人物、先进经验"也是这一时期大众传媒实践的一种创新，但需要辩证地看待和谨慎应用。另外，宁夏实行的通讯员制度也具有创新意义和实践价值。通讯员制度是实现"群众办报""全党办报"的路径之一，它有力地支撑了宁夏大众传播网络的构建，也在客观上扩大了宁夏大众传播网络的覆盖面和影响力。

---

① ［美］哈林，［意］曼奇尼. 比较媒介体制：媒介与政治的三种模式［M］. 陈娟，展江，等译. 北京：中国人民大学出版社，2012：8.

第三章　电视传播网络占主导的宁夏多元大众传播网络构建（1979—2003）

1979 年至 2003 年，我国社会正在经历深刻的社会转型。它是农业社会向工业社会的转型，向"以经济建设为中心"的社会转型，从计划经济体制占主导地位的社会向以市场经济为主导地位的社会转型，也是一个从同质性社会向异质性多样化社会的转型，从封闭型社会向开放型社会进而融入全球一体化格局的转型。同时，也是从伦理型社会向制度型、法治型社会的转型，从传统社会向现代社会的转型。① 身处社会转型这样的大时代背景下，宁夏大众传媒以及大众传播网络结构也经历着巨大的转型与变化。1979 年至 2003 年，宁夏大众传播网络结构越发丰盈、厚重，充满了多元性。报纸、广播、电视各自形成了传播网络。报纸传播网络方面，形成了以《宁夏日报》为代表的，以党报为首的，以都市报、专业报、行业报等为有益补充的，多元化的报纸传播网络。报业传播网络结构虽不断地被重构，但党报仍占据着主导力量位置。2000 年以后，党报传播网络遭遇了以《新消息报》为代表的都市报的强有力竞争和冲击，报纸传播网络中的力量对比发生了明显的变化。广播传播网络方面，形成了省、市、县三级覆盖的本土广播传播网络体系，连同中央级广播网络一起，共同形成了四级混合覆盖的强大的广播传播网络。广播传播网络内部的组成要素和力量对比也发生了明显变化：有线广播网络开始衰亡，无线广播获得了长足的发展。这一时期广播数量不断增加，技术依然在迅速发展，但广播传播网络在这一时段的宁夏大众传播网络结构中已不复具有上一时段内的主导优势。它的主导优势已被电视传播网络取代。电

---

① 吕尚彬. 中国大陆报纸转型 [M]. 上海：上海交通大学出版社，2009：2.

视传播网络开始占据这一时段宁夏大众传播结构中的核心力量位置。其中，有线电视的发展不仅成为无线电视的延伸和补充，更为电视台、站带来了稳定的经济收益。加之电视技术的推动带来的较好的收看体验，使这一时期电视发展一时风光无二，独占鳌头。1979 年至 2003 年，互联网的发展态势已势不可挡，但宁夏专业新闻网站才刚刚出现，还不能对现有传统媒体形成挑战。

第一节　宁夏大众传媒实践（1979—2003）

1979 年至 2003 年，宁夏报纸、广播、电视传播的内容都发生了整体性的迁移。新闻报道的内容重点全部迁移到"以经济建设为中心"的宣传、报道上来。"突出典型、报道成就""通讯员制度"等 1949 年后确立的报道理念和制度形式延续至今，路径依赖的特征明显，但并没有实现新的突破。媒体内容中，社会新闻、民生新闻、本地新闻的比例都在攀升。媒体在强调政治属性的同时，也开始遵从并实践商业属性。媒体商业属性的被激活和释放使媒体开始面向市场，新闻报道内容更丰富、更多元，并开始在娱乐性和服务性方面胜出。媒体间为了阅读率、收听率、收视率而开始展开竞争。报纸方面，内容开始丰富多样，宣传、报道形式也多元化，深度报道、专题报道、人物通讯、消息、评论等体裁形式都在实践探索和发展中。广播方面，逐步加大了时事新闻、经济新闻、社会新闻、交通新闻以及休闲、娱乐、文艺等内容的宣传力度，栏目设置及内容处于不断地调试和改革中。电视方面，开始探索突发性新闻报道、舆论监督等节目形式。20 世纪 70 年代，宁夏电视台的新闻报道主要是正面报道，舆论监督是薄弱环节。20 世纪 80 年代后不断加大舆论监督报道工作，一直延续到 20 世纪 90 年代。现今舆论监督类节目已渐至衰亡。同时，电视的娱乐性追求越发猛烈，娱乐化也驱动着电视向火热化发展。

一、以党报为首、以其他报纸为补充的主要报纸的新闻传播实践

1979 年至 2003 年，宁夏面向大多数群体、公开发行、以传播公共信息为主的报纸共 10 份，其中党报有 6 份。主要包括：《宁夏日报》《银川晚报》《石嘴山日报》《吴忠日报》《固原日报》《华兴时报》。特别予以说明的是，这一时期的《银川晚报》名为晚报，实为银川市委机关报，身兼二职。它首先是党报，其次才是晚报。它既要坚持党报性质，发挥好党报的喉舌作用，又要体现晚报风格，发挥好晚报自身的优势。它与日报的关系是补充而不是竞争。省会城市的晚报是弥补省委机关日报的不足。① 这里将《银川晚报》划入党报行列。都市报有 2 份，主要包括《新消息报》《现代生活报》。生活报 1 份，是《广播电视报》。法制报即专业性报纸 1 份，是《法治新报》。这一时期党报作为党的事业的重要组成部分之一，作为党和政府的"代言人"及宣传和舆论引导工具，在扩大党和政府的影响，促进党的建设以及党领导的各项事业的发展方面发挥了巨大的、积极的作用②，并形成了鲜明的特色。党报在这一时期占据主导地位。同时，以《新消息报》的诞生为标志的都市报的崛起，开启了宁夏地方空间内的媒介竞争。都市报的崛起冲击了党报的主导优势，这使吸引受众的注意力成为报纸运营的法则之一。

（一）《宁夏日报》的新闻传播实践

1979 年至 2003 年，《宁夏日报》的新闻传播实践发生了明显变化：内容与之前相比有了明显区别，加大了经济新闻报道力度，增加了社会新闻和热点新闻，突出短新闻和系列新闻报道。报纸的版面意识增强，一版得到重视，成为"新闻版""要闻版"。同时突出二版、三版改革，强化报纸的服务功能和可读性。报纸要求"新闻报道必须切合本地实际，要体现民族特色和地区特点"③。涌现了一批如《西海固不再等待》《葫芦河畔漫新歌》《改革春潮涌"萧关"》《农民谷建国凭借"旱"码头弄牛泛商舟》《六盘山农民泼墨大写奔牛图》《三千"候鸟"栖息"旱码头"》《有场无市亟待解决》等经济

---

① 李琳. 民族地区晚报发展研究［D］. 北京：中央民族大学，2007：6.

② 鲍海波，王敏芝. 新时期党报核心竞争力的散点透视［M］. 西安：世界图书出版公司，2013：1.

③ 宁夏通志编纂委员会. 宁夏通志（十九文化卷下）［M］. 北京：方志出版社，2009：1102.

报道和具有民族特色、地区特色的报道。① 同时，"突出典型、正面报道"的做法也得到延续，通讯员制度也得到了传承。

1992 年 7 月 4 日，《宁夏日报·周末版》见刊。1995 年 6 月末改刊为《宁夏日报·西部周末》。这是在新的历史条件下面对新创刊的各类报纸的冲击，宁夏党报为保住读者市场和广告收入，适应市场经济需要而进行的改革，也是顺应党报发展潮流之举。20 世纪 90 年代初，全国报纸创办"周末版"进入了一个高潮。②《宁夏日报》文艺副刊开始复刊。1979 年至 2002 年，《宁夏日报》发行量和广告收入一直独占鳌头。2003 年《宁夏日报》开始被《新消息报》赶超，发行量及广告收入开始下降。1979 年《宁夏日报》再次恢复刊登商业广告后，广告逐年增加。1980 年实现利润 17.1 万元。1981 年至1983 年，发行量 5.3 万份。1984 年至 1995 年，发行量为 6.1 万至 6.9 万份，其中 1988 年曾达到 7.2 万多份，广告利润首次突破百万元。1996 年至 1997 年，发行量 5.8 万份左右，这两年的广告利润达到 960 万元。1998 年起，《宁夏日报》实行自办发行，自订自投，当年发行量比上年增长 4%③，即 6 万份。截至 1999 年底，《宁夏日报》的发行量 6.28 万份，年度营业额为 2613万元。④ 至 2000 年，广告经营收入达到 2042 万元。

表 3-1　1977—2000 年《宁夏日报》的发行量与广告收入

名称	类别	年份						
		1977—1980	1981—1983	1984—1995	1996—1997	1998	1999	2000
宁夏日报	发行量（万份）	6.00	5.30	6.10~6.90	5.80	6.00	6.28	6.28
	广告收入（万元）	1979 年:5.26 1980 年:17.10	不详	1992 年: 380.00	960.00	不详	2613.00	2042.00

---

① 宁夏通志编纂委员会．宁夏通志（十九文化卷下）［M］．北京：方志出版社，2009：1103.

② 宋亮．当代都市报研究［M］．北京：中国书籍出版社，2013：2.

③ 宁夏通志编纂委员会．宁夏通志（十九文化卷下）［M］．北京：方志出版社，2009：1312-1313.

④ 李世举．宁夏传媒业发展面临的挑战与对策［J］．宁夏大学学报（人文社会科学版），2003（2）：123.

（二）《银川晚报》的新闻传播实践

《银川晚报》名为晚报实为党报，自 1988 年 7 月 1 日创刊起至 2011 年底，一直是银川市委机关报，2012 年定位为都市报。从全国来看，当时晚报分为三类：一类是"传统晚报"，被视为"日报的补充"，以向读者提供文教娱乐消遣为主要目的。一类是"机关晚报"，提供娱乐消遣，又作为党和政府的宣传喉舌。一类是"新型晚报"，这类晚报强调自身是报道同市民衣食住行、日常生活密切相关的且实用性强的各类新闻和信息的新型报纸。[①] 这一时期《银川晚报》属于"机关晚报"，既作为党和政府的宣传喉舌，又提供文教娱乐消遣。从机关报的日报到通俗报的晚报，反映了报业体制和报纸功能的变化，而不仅是报纸出版和读者阅读时间的变化。机关报大多是公费阅读，读者一般是利用上班时间在单位阅读，因为是接受党的宣传和指导，所以读报不是私人行为而是工作的一部分。晚报的阅读时间被安排在读者的私人时间里，因此晚报是属于私人生活的。[②] 这就要求晚报要有一些软性化的新闻信息，而不能一味全是"硬新闻"。这类"机关晚报"是基于这一时期报业体制的些微变化和报纸功能的悄然转化而应运而生的。基于既是党报又是晚报（兼文教娱乐功能）的双重属性的界定，这一时期的晚报在具体的传媒实践中，在两种属性之间游移、摇摆，定位模糊，读者定位也不清晰。虽一时弥补了日报之不足，一时填充了大众文化极度缺乏的空缺，但终难持续与长久，且缺乏市场竞争力。这也很好地解释了这一时期《银川晚报》发行量、广告收入都偏低的现实。它采取分叠出版的方法，也较生动地演绎了它身处党报和晚报双重属性制约下的两难境地。

2000 年前后，《银川晚报》采取分叠出版。A 叠主要是时政新闻，B 叠包括社会新闻、国内国际新闻和副刊。为了既体现晚报属性，又体现党报属性，《银川晚报》在零售时，为吸引读者关注就 B 叠在上，进入行政机关时就 A 叠在上。这个阶段《银川晚报》力求向市民百姓读者贴近，B 叠的报纸定位

---

① 宋亮. 当代都市报研究［M］. 北京：中国书籍出版社，2013：8.

② 孙玮. 现代中国的大众版书写——都市报的生成、发展与转折［M］. 上海：复旦大学出版社，2006：31.

和策划都向都市报方向靠拢。① 《银川晚报》最初发行量为 7000 份，最初年广告收入为 3 万元。创刊时 4 开 8 版，第二年增至 4 开 16 版。1992 年，创办了星期天刊，是最早的专刊。1994 年，实行晚报早出，开始自办发行，发行量达到 2 万份。2000 年，《银川晚报》从 8 版增加到 24 版，内容包括时政、国内国际新闻、社会新闻和副刊，广告收入达 379 万元。同一年，宁夏日报广告收入达到 2042 万元。2002 年 11 月 1 日，《银川晚报》改版，周三、五 4 开 32 版，分 A、B、C、D 四叠出版；周一、二、四 24 版，分 A、B、C 三叠出版；周六为 16 版。

（三）《石嘴山日报》《吴忠日报》《固原日报》《法治新报》《宁夏广播电视报》的新闻传播实践

《石嘴山日报》1988 年 1 月成立。当时石嘴山报社为县级事业单位。它历经多次改版，1990 年提出"以栏（目）带报"的编排思路，栏目达到 60 个，后又持续增加。2000 年后，《石嘴山日报》取消了沿用多年的每天"正报+周刊"形式，增设"每日新闻·身边""每日新闻·互动"等 20 个版面。②

《吴忠日报》的前身《银南报》1990 年 12 月 5 日创刊，4 版，周二报。1998 年 1 月 1 日起，改为周三报，至年底广告专版收入达到 57 万元。创刊之初指导思想为：坚持党报立场，树立群众观点，突出银南精神。办报方针是：指导工作，服务生活，精纳荟萃，精益求精。1998 年更名为《吴忠日报》。更名后办报思想调整为：办一张让党委和政府满意，群众欢迎，订户不感到后悔的报纸。办报方针调整为：坚持党报原则，突出晚报特色，面向千家万户，追求雅俗共赏。③ 1999 年，每周出版 5 期。2000 年 6 月 30 日起，由 4 开版小报改为对开版大报。它比较突出的是典型报道。《吴忠日报》重视典型报道，从重视荒漠的冒广到李玉芬，再到白春兰，从舍己救人的薛向阳、马俊、

———————————

① 张涛. 银川晚报和新消息报比较 [D]. 西安：陕西师范大学，2014：9.

② 王金建，戎炜. 日报晚报化新闻本土化——西部地区党报的发展实践 [J]. 中国记者，2012（3）：106.

③ 宁夏通志编纂委员会. 宁夏通志（十九文化卷下）[M]. 北京：方志出版社，2009：1117-1118.

何国江、徐新宁、何金忠、杨建军、胡志席，到勤政廉洁的审计干部杨百兴和农村党支部书记马吉仓，《吴忠日报》大力宣传，不惜人力、物力和版面。① 也有部分舆论监督的报道。

《固原日报》的前身《固原报》于 1985 年 4 月 5 日复刊。创办伊始，通过邮局赠送发行半年。赠送发行时，报纸发行量最多达到 1.5 万份。该报曾于 1958 年创刊，后停刊。此次复刊伊始为小报，周三刊，4 版。一版为要闻版，二版为经济、科技版，三版为政文版，四版为副刊版。1990 年底，广告收入 6000 多元。1995 年改为周五刊。1999 年 11 月 9 日，更名为《固原日报》，由小报改为对开报。栏目特色比较明显的是三、四版，即政文版和副刊版。《固原日报》比较重视深度报道和典型人物、典型经验报道。

《法治新报》的前身是《宁夏法制报》，由宁夏回族自治区司法厅 1982 年 3 月创办。1985 年 1 月面向全国公开发行。以"报道法制新闻、普及法律知识、提供法律咨询、增强法律意识、推进法制建设"为办报宗旨。1995 年为对开 4 版周报，1998 年改为对开 4 版周二报。2000 年创办"法制周末"专刊，由周二报改为周三报，报纸发行量为 1 万余份。2003 年广告收入 40 万元。2005 年 10 月报纸发行彩版。2006 年 3 月 14 日扩为周五报，广告收入达到 400 多万元。②

《宁夏广播电视报》1984 年创刊，对开 4 版，周报。以宣传党的广播电视方针政策、传播广播电视信息、介绍广播电视节目的预告与内容、活跃人民群众文化生活为办报宗旨。伴随着电视机的普及，在 20 世纪 80 年代末至 90 年代初，它曾创下宁夏报纸发行的最好成绩，最高年发行量为 37 万份。1996 年后订阅数大降。

（四）最具市场竞争力的报纸《新消息报》的新闻传播实践

1979 年至 2003 年，宁夏最具市场竞争力的报纸《新消息报》的崛起成为这一阶段最大的新闻事件。《新消息报》是宁夏日报社创办的唯一的一份省级

---

① 宁夏通志编纂委员会. 宁夏通志（十九文化卷下）［M］. 北京：方志出版社，2009：1119.

② 朱昌平. 宁夏新闻出版史存［M］. 银川：宁夏人民出版社，2008：94-95.

都市报，1999 年 1 月试刊，2000 年 1 月正式创刊。定位是"咱老百姓自己的报纸"。宗旨是"时时关注百姓事，天天报道新消息"。《新消息报》创办伊始便尝试走市场化之路，探索自负盈亏模式。1999 年广告收入仅为 20 多万元。彼时《宁夏日报》年度营业额为 2613 万元。2002 年《新消息报》市场化运作深入，主打社会新闻、民生新闻，广告收入达到 1400 万元。2003 年成长为宁夏发行量最大的报纸，广告收入达到 2268 万元，出版版数、广告收入、覆盖面等均居报业之首。2004 年获利近 1000 万元，利润率近 30%，人均创利 10 多万元，在宁夏报业内少见。[①]

《新消息报》的诞生与发展主要源于银川市城市现代化进程的加快。一般意义而言，都市报的诞生与发展都离不开城市现代化的进程，离不开市民阶层的形成，离不开商品经济的流通与繁荣。即都市报的诞生与发展需要具有现代化特征的城市来提供它所需要的读者市场、新闻市场和广告市场。1979 年至 2003 年，《新消息报》的诞生与迅猛发展和同期银川市城市化进程的加快产生了同构关系。城市化是指随着工业化发展和科技进步，乡村分散的人口、劳动力和非农业经济活动不断地进行空间上的聚集而逐渐转化为城市经济要素的过程。它主要表现为城镇数量和城镇人口比重的增长。[②] 银川市城镇数量及城镇人口在 1979 年后不断增长，至 2010 年后达到一个高峰。1938 年，宁夏全省人口为 60056 人，其中省会城市银川人口为 32382 人。1949 年宁夏解放和省人民政府成立后，宁夏全省达到 74.2921 万人。1951 年，银川市总人口 20.81 万。1958 年宁夏回族自治区成立时，银川市人口达到 25 万。[③] 到 1959 年，银川市人口已猛增到 37.23 万人。移民的到来使银川市的城市发展日益加速，形成了回汉混杂居住的城市居住形态。[④] 2010 年，银川市总人口达 199.31 万人。数据表明，银川市的人口一直在呈快速聚集之势。

人口年均增长率的变化能更好地用来分析当地人口聚集情况。就总人口

① 张涛. 银川晚报和新消息报比较 [D]. 西安：陕西师范大学，2014：9.

② 吴定勇，王钰. 城市化及其在中国的百年进程 [J]. 西南民族大学学报（人文社科版），2004（10）：346.

③ 银川专区的成立与撤销 [M] // 于小龙，唐志军编. 百年银川（1908—2008）. 银川：宁夏人民出版社，2008：237.

④ 银川市地方志编纂委员会办公室银川移民史研究课题组. 银川移民史研究 [M]. 银川：黄河出版传媒集团宁夏人民出版社，2015：109.

而言，银川市人口年均增长率不断攀升，尤其是 2005 年至 2010 年，其人口年均增长率攀升至历史最高水平。① 快速聚集的人口中非农业人口比重不断上升。数据显示，2003 年后银川市非农业人口比重上升，已位于宁夏首位。② 不仅城市人口猛增，非农业人口比重上升，银川的行政区划也在不断扩大。2002 年，银川市整合规划了原城区、郊区、新城以及贺兰丰登乡，新成立了三区，即兴庆区、金凤区、西夏区。至 2019 年，银川市辖区已扩展为三区、两县、一市。"城市社区规模扩大的自然趋势是增加各种功能的强度和速度。无论是言语、工艺、货币和交换的功能，其强度和速度都有所增加。"③ 而传播就是界定人与人之间的传递关系和交换关系。它是一切社会交往的实质。只要人们相互之间产生关系，只要传播实践借助一定的技术形式和表现手段，只要有传播效果，只要存在决定传播导向的传播制度，传播就在很大程度上决定了使人们之间的社会关系更加紧密和复杂的可能性。④ 显然，城市现代化与都市报两者之间是一种同构关系。

城市化不仅仅是指城市行政区划的扩大和人口的增长，它是一个以人为中心的系统转化过程，其实质是"人化"，具体地讲是城乡一体化，是生产力要素优化配置，是资源的重组，它强调人的现代化和城乡的可持续发展。城市化不应仅指人口和第二、第三产业向城市的集中，而应该指人口的非农化和农村生活方式向城市生活方式的转变过程。⑤ 也就是说，一方面，生产力要素优化配置和资源重组的过程是城市现代化的过程。信息本身也是一种资源。从经济角度看，伴随着世界工业社会型经济向全球化知识经济的渐次发展，信息已取代传统的其他资源成为战略性资源。信息既可以作为物质生产和再生产的手段而成为配置性资源，也参与社会时空的组织而成为权威性资源。⑥

---

① 冯丽媛. 银川平原城镇区域人口时空涨落与环境变迁的拟合研究 [D]. 西安：西北大学，2013：30.
② 冯丽媛. 银川平原城镇区域人口时空涨落与环境变迁的拟合研究 [D]. 西安：西北大学，2013：30.
③ [加] 麦克卢汉. 理解媒介：论人的延伸 [M]. 何道宽，译. 南京：译林出版社，2015：119.
④ 陈卫星. 传播的观念 [M]. 北京：人民出版社，2008：1.
⑤ 吴定勇，王钰. 城市化及其在中国的百年进程 [J]. 西南民族大学学报（人文社科版），2004（10）：346.
⑥ 陈卫星. 传播的观念 [M]. 北京：人民出版社，2008：4.

因此，信息传播是城市化进程的应有之意。另一方面，"人化"的过程是一种人口的"非农化"过程，是一种生产方式的转变过程，也是城市文明形成的过程。这一过程必然需要文化媒介的介入和深度参与，因为传播与文化实践、社会心理和教育内容等方面的变化相伴随。

综上，1979 年至 2003 年，银川城市化进程与以《新消息报》为代表的都市报的崛起与发展产生了共振。银川市城市化进程的明显加快，使城市非农业人口的比例不断攀升，初步形成了现代社会的市民阶层，为《新消息报》的诞生提供了庞大的读者市场、新闻市场。2010 年，银川地区生产总值达到 1549.02 亿元，占宁夏全区 73.69%。[①] 地区生产总值的攀升以及城市化进程本身意味着基础设施的现代化，便利的交通和道路的延伸为商品的流通和信息传播均提供了广阔的广告市场，使都市报获得了存在的空间和发展动力。传播媒介本身是社会生活的黏合剂，这应验了控制论创始人维纳曾经的一则判断：社会传播是社会这个建筑物得以黏合在一起的混凝土。[②] 以都市报为代表的报业体系，整体地维系了地方空间内的同一性和多样性。因为银川市城市现代化的进程迟缓，这也部分地解释了为何宁夏的都市报比全国范围内的都市报热潮来得稍晚。

（五）《华兴时报》《现代生活报》的新闻传播实践

1979 年至 2003 年，宁夏创办的报纸还有《华兴时报》和《现代生活报》。《华兴时报》2003 年 11 月 3 日正式出版。它的前身是《宁夏政协报》，1998 年 1 月 1 日创办，4 开 4 版小报，每月逢 1 日、15 日出版发行。它是宁夏政协机关报，是宁夏政协联合各民主党派、工商联共同创办的具有统战特色的报纸。办报方针为"立足统战、面向社会"，以宣传党的统一战线政策、方针和共产党领导的多党合作制度、政治协商制度，以及"一国两制"的科学构想等为主要职责。2003 年 6 月改由宁夏政协主管，宁夏日报社与宁夏政协办公厅联合主办。2003 年 11 月 3 日正式出版发行，开始每周 3 期，每期

---

① 冯丽媛．银川平原城镇区域人口时空涨落与环境变迁的拟合研究［D］．西安：西北大学，2013：2.

② 陈卫星．传播的观念［M］．北京：人民出版社，2008：4-5.

12~16 个版面。2005 年 10 月起，《华兴时报》改为周一至周五出版，定位为社会时政新闻类报纸，并对 12 个版面不断进行改革。

《现代生活报》2003 年 12 月 19 日出版，办报宗旨是"融入都市生活，倾听市民声音"，定位为"宁夏唯一的市民生活类报纸"。

表 3-2 1979—2003 年宁夏主要报纸一览表

报纸名称	成立时期	报纸性质	备注
《宁夏日报》	1958 年 8 月 1 日复刊	宁夏省委机关报	1949 年 11 月 11 日首次创刊，1954 年 8 月 31 日终刊
《银川晚报》	1988 年 7 月 1 日	银川市委机关报	既具党性属性，也具晚报属性
《石嘴山日报》	1988 年 1 月	石嘴山市委机关报	初为县级报纸
《吴忠日报》原《银南报》	1980 年 12 月 5 日	吴忠市委机关报	
《固原日报》原《固原报》	1985 年 4 月 5 日	固原市委机关报	
《法治新报》原《宁夏法制报》	1982 年 3 月	初为宁夏司法厅创办的专业性报纸，后归宁夏日报社主管主办	
《广播电视报》	1984 年 7 月	家庭生活报宁夏广播电视厅主办	
《新消息报》	2000 年 1 月	省级都市报	
《华兴时报》原《宁夏政协报》	1988 年 1 月 1 日	初为宁夏政协机关报，2005 年定位为社会时政新闻类报纸	初为宁夏政协机关报，后由宁夏政协主管，宁夏日报社与宁夏政协办公厅联合主办
《现代生活报》	2003 年 12 月 19 日	都市生活类报纸	宁夏日报报业集团创办

二、宁夏无线广播的新闻传播实践

1983 年后，宁夏无线广播和有线广播并举，各市、县无线电台和调频与有线兼容的广播电台站在原广播站的基础上陆续建成。到 2000 年，宁夏共有行政区域性电台（站）22 座，其中省级无线电台 1 座，地市级无线电台 3 座，县市区级无线有线电台 6 座，有线与调频兼容的电台（站）12 座。① 广播技术的更迭、电视媒体的崛起等因素导致了有线广播网络的衰亡：1979 年至 2003 年涵盖农村有线广播网和城市有线广播网的有线广播网络开始衰退。其中农村有线广播网络的衰退最为明显。自 20 世纪 50 年代各县成立广播站开始到 20 世纪 60 年代，农村有线广播网逐步形成了以农村为主体，由社队到农户的具有一定规模的覆盖网络。20 世纪 70 年代至 80 年代初，伴随着技术的改进，农村有线广播网建立起了县到乡镇的完善独立的传输系统。同时采用载波技术和自动化遥控技术，逐步向多功能、多通道方向转化。农村有线广播网这时达到了它辉煌发展的鼎盛时期。1979 年，宁夏农村入户喇叭达 342401 只，入户率达到 65.2%，成为有线广播网发展的最好年份。② 但盛极即衰。进入 20 世纪 80 年代后，农村有线广播网还在惯性地发展。至 1984 年，宁夏 271 个乡中有 241 个乡建立了广播放大站，2317 个村建立了广播室，入户喇叭 23 万只，普及率 41%。共有扩大机 351 台，总功率 154 千瓦。公社以上广播专线 949 杆公里，生产队到公社干部专线 10551 杆公里，共有广播电杆近 20 万根。③ 但终究难掩发展颓势，至 1997 年入户喇叭降到 8 万多只，入户率仅 12.49%。④ 这一过程也伴随着城市有线广播网络的衰落。概括而言，1979 年至 2003 年，宁夏地方性空间内有线广播开始衰亡，无线广播得到了长足的发展。具体而言，这一时期，宁夏广播无线网络涵盖省级广播电台 1 座，地市级广播电台 3 座和县（市）级广播电台 6 座。

（一）宁夏人民广播电台的新闻传播实践

1979 年至 2003 年，宁夏人民广播电台建成了立体声调频广播，终结了只有一套节目的历史，并建成新闻频率、经济频率、健康生活频率、交通音乐

---

① 宁夏通志编纂委员会．宁夏通志（十九文化卷下）［M］．北京：方志出版社，2009：750.

② 宁夏通志编纂委员会．宁夏通志（十九文化卷下）［M］．北京：方志出版社，2009：756.

③ 宁夏通志编纂委员会．宁夏通志（十九文化卷下）［M］．北京：方志出版社，2009：984.

④ 宁夏通志编纂委员会．宁夏通志（十九文化卷下）［M］．北京：方志出版社，2009：985.

频率这 4 个频率，开始向数字化发展过渡。具体表现为：1986 年 12 月 26 日，宁夏人民广播电台立体声调频广播正式播出，结束了只有一套节目的历史。它开始使用 STUDER269 调音台、STUDER PR99 录音机，以放录音节目为主，并转播中央人民广播电台部分节目。1994 年 2 月 18 日，宁夏经济广播开播，采用主持人形式，集采、编、播、控为一体，以直播为主，开通了热线电话，使用 2 台英国声艺牌 16 路调音台、4 台索尼公司 CD 唱机和 4 台卡座磁带录音机、2 部热线电话桥接器、2 部延时器、8 只话筒。2000 年以后，宁夏人民广播电台对节目进行大调整，建成 4 个频率——新闻频率、经济频率、健康生活频率、交通音乐频率。播音设备不断更新，开始从模拟向数字化过渡。

（二）三座地市级广播电台的新闻传播实践

吴忠人民广播电台 1984 年 12 月 31 日播出。节目初始设置有新闻性节目、教育性节目、文艺性节目、服务性节目等，后处于不断地调整和改革中。石嘴山人民广播电台 1986 年 1 月 1 日播音，是宁夏第一家调频广播电台①，分早、中、晚播音，共 7 小时 35 分钟。银川人民广播电台 1986 年 7 月 1 日播出，市辖人口覆盖率 100%。节目内容不断调整和改革，1995 年将板块节目变为直播形式，于 7 月 1 日正式直播。建台初期每天播出 7 小时，到 2000 年增至 12 小时 30 分钟。②

（三）六座县（市）级广播电台新闻传播实践

1979 年至 2003 年，宁夏各县（市）级广播电台开始由使用有线广播设备向使用无线调频广播过渡。各县（市）级广播电台都转播中央人民广播电台的《新闻和报纸摘要》和宁夏人民广播电台的《全区广播电台站联播》，并都有自办节目。

贺兰人民广播电台于 1986 年 8 月 1 日在贺兰县广播站的基础上建立，除播出自办的节目外，同时转播中央人民广播电台和宁夏人民广播电台的新闻

---

① 宁夏人民广播电台立体声调频广播 1985 年 9 月 14 日试播，1986 年 12 月 26 日正式播出，迟于石嘴山人民广播电台。

② 宁夏通志编纂委员会．宁夏通志（十九文化卷下）［M］．北京：方志出版社，2009：800-801．

节目。初始时，各乡镇都配置了接收机和扩大机接收和传输，但乡镇到各村基本上还是沿用有线传输方式。2000 年，全县乡镇都通了无线调频广播。中卫人民广播电台于 1986 年 12 月 2 日开播，覆盖半径 35 千米，县内人口覆盖率 92%，乡镇广播站可通过有线和无线两条途径接收县台节目。青铜峡人民广播电台于 1988 年 12 月 31 日播音，1999 年由调幅变为调频，有效覆盖半径30 千米以上。平罗人民广播电台于 1994 年 9 月 15 日播音，有效覆盖半径 50千米。永宁人民广播电台于 1989 年 4 月 1 日播音。固原人民广播电台于 1992年 2 月 23 日播音，广播节目采用有线传输和无线发射两种方式。1997 年 10月，300 瓦调频发射机安装调试开播，使固原县的广播覆盖率达 77.7%。

1979 年至 2003 年，宁夏广播面对电视强有力的竞争，不断进行调整，开始寻找电视无法全面覆盖的听众群体，也开始寻找更适合广播传播的场所。广播在不断地实践探索中逐渐将自己打造成了具有流动性和伴随性的"伴随媒体"。在一轮接一轮的新媒体的冲击中，广播仍然具有不可替代性。

表 3-3　1979—2003 年宁夏无线广播电台一览表

名称	开播时间	级别
宁夏人民广播电台	1951 年 7 月 1 日	省级
吴忠人民广播电台	1984 年 12 月 31 日	市级
石嘴山人民广播电台	1986 年 1 月 1 日	市级
银川人民广播电台	1986 年 7 月 1 日	市级
贺兰人民广播电台	1986 年 8 月 1 日	县级
中卫人民广播电台	1986 年 12 月 2 日	县级
青铜峡人民广播电台	1988 年 12 月 31 日	县级
永宁人民广播电台	1989 年 4 月 1 日	县级
固原人民广播电台	1992 年 2 月 23 日	县级
平罗人民广播电台	1994 年 9 月 15 日	县级

三、宁夏无线、有线电视的新闻传播实践

1979 年至 2003 年，宁夏电视开始有突破性发展，电视台、站数量猛增，电视覆盖率不断上升。至 1997 年底，电视人口覆盖率达到 81.6%。[1] 其中，有线电视的发展不仅成为无线电视的延伸和补充，更为电视台、站带来了稳定的经济收益。加之电视技术的推动带来的较好的收看体验，使这一时期电视发展一时风光无二，独占鳌头。这是国家"四级办电视"政策的直接体现。宁夏 1970 年建起第一座电视台，到 2000 年底，共建有 26 座行政区域性电视台（站）。其中，省级无线电视台 2 座，分别是宁夏电视台、宁夏教育电视台；市级电视台 5 座，分别是银川电视台、石嘴山电视台、中卫电视台、吴忠电视台、青铜峡电视台；省级有线电视台 1 座，是指宁夏有线广播电视台；县（市）级有线电视台、站 17 座，分别是银川有线电视台、固原有线电视台、吴忠有线电视台、平罗有线电视台、永宁有线电视台，以及同心县、灵武县、惠农县、盐池县、中宁县、陶乐县、中卫县、西吉县、海原县、泾源县、彭阳县、隆德县有线电视站。另外，还有 53 座企业社区有线电视站（其中 1 座为企业社区电视台）。[2] 因企业社区有线电视站不面对大多数受众群体，故不在本书研究范畴之内。本书对企业社区有线电视站只做数据统计之用，不展开论述。

（一）两座省级无线电视台的新闻传播实践

1979 年至 2003 年，宁夏电视开始逐渐突破电视技术发展的局限。在设备条件得到保障的前提下，在技术强有力的推动下，宁夏电视新闻传播实践迎来了跳跃式发展。宁夏电视台 1979 年添置了彩色录像设备，发射功率扩大到 7.5 千瓦。1980 年增加一台 10 千瓦彩色发射机，用八频道播出自办彩色节目。1981 年 1 月，正式开辟四、八两个频道，四频道专门转播中央电视台第一套节目，八频道为自办节目，开始每周 2 次，每次 3 小时左右，后来增加

---

① 宁夏国史编审委员会宁夏国史学会.当代宁夏史通鉴［M］.北京：当代中国出版社，2004：358.

② 宁夏通志编纂委员会.宁夏通志（十九文化卷下）［M］.北京：方志出版社，2009：769.

为每周 3 次。1984 年后，宁夏电视台拥有了彩色电视播出设备和彩色电视录制设备，淘汰了黑白设备和电视电影设备。1985 年后，自办频道实现每天播出。1992 年 5 月，建立以美国草谷公司 GAG-MASTER-21 播出切换台为中心的播控系统，具有半自动播出功能和调音功能，国产调音设备被淘汰。1997 年，宁夏电视台公共频道实现用计算机程序控制的全自动播出，使电视播出手段发生了根本性改变，结束了手动播出的历史。1998 年 9 月，宁夏卫视频道开播。至此，宁夏电视台拥有两套自办频道，每天播出时间达 34 小时。节目有新闻、社教、体育、服务、文艺、广告六大类，自办栏目 15 个。①

　　宁夏卫视频道开播后，宁夏电视节目形态开始多元化，文艺性节目逐渐增多，尤其是自制电视剧不断增多。1980 年至 1983 年，宁夏电视台共拍摄制作了 13 部 20 集单本剧电视剧。1980 年至 2000 年，宁夏电视台共制作播出电视单本剧 42 部 71 集。1984 年至 2000 年，开始电视连续剧创作与播出，共拍摄播出电视连续剧 14 部 191 集。②。1980 年至 2000 年，拍摄、播出短剧（小品）47 集。1985 年至 1999 年，宁夏电视台播出译制片 32 部。③ 从全国来看，我国 1978 年开始出现自制的电视剧。中央台 1979 年播出了 19 部各地制作的电视剧，此后电视剧开始成倍地增长。1982 年后，一长一短两极发展的系列短剧、小品和电视连续剧打破了单本剧一枝独秀的局面。④ 电视剧的播出丰富了人们的业余生活，为人们的日常生活提供了独特的娱乐消遣。

　　宁夏教育电视台 1989 年 1 月成立，白天播出宁夏教育节目，晚上转播中央电视台二套节目，通过微波联网播出，覆盖宁夏 72% 的人口地区，成为全国教育电视覆盖率最高的省区。⑤ 2000 年改为有线传输播出，覆盖银川地区。它的自制节目主要是教育新闻和教育专题。1996 年以后不断加强教育专题片的摄制。

① 宁夏通志编纂委员会．宁夏通志（十九文化卷下）［M］．北京：方志出版社，2009：843-979.
② 宁夏通志编纂委员会．宁夏通志（十九文化卷下）［M］．北京：方志出版社，2009：841.
③ 根据《宁夏通志》的相关资料统计而成。
④ 郭镇之．中外广播电视史［M］．2 版．上海：复旦大学出版，2008：198.
⑤ 宁夏通志编纂委员会．宁夏通志（十九文化卷下）［M］．北京：方志出版社，2009：876.

（二）五座县（市）级电视台的新闻传播实践

银川电视台① 1988 年 9 月 23 日开播。它最初使用分米波 18 频道，每天制作播出 15 个小时节目，其中自制节目 1 小时。1989 年至 1999 年，自拍、合拍电视剧 11 部 23 集。1990 年添置一台 10 千瓦分米波发射机，电视播出由单机转为双机。1991 年 7 月建成播控中心。1995 年秋建成 110 米自立式钢管结构微波铁塔。至 2000 年底，银川电视台拥有摄像机 25 台，录像机 22 台，线编辑机 4 套，数字化设备初具规模。石嘴山电视台 1990 年 12 月 25 日开播，至 2000 年有摄像机 7 台，对编机 4 套，1/4 对套机 2 套，非线性编辑机 1 套，大 1/2 编辑机 1 套。全天播出 20 小时，其中自制节目 2 小时。吴忠电视台作为地（市）级电视台于 2000 年 3 月成立，其前身是县（市）级吴忠电视台。县（市）级吴忠电视台 1992 年开播，每周二、五播出，1996 年 7 月改整周播出，全天播出 14 小时，其中自制节目 1 小时 30 分钟。2000 年 3 月地（市）级电视台成立后自制节目增加，同时设置有娱乐节目。中卫电视台是宁夏首家县级电视台，1990 年 1 月 1 日开播，每周六播出一次。1991 年 12 月 26 日改为周三、周六播出。1993 年 1 月改为周二、四、六播出。1998 年改为每周播出五天。2000 年全天播出 18 小时节目，其中自制节目为 1 小时左右。青铜峡电视台 1997 年 2 月 2 日开播，覆盖半径 45 千米。1998 年添置 2 台摄像机，2 台字幕机及其他播控设备。1999 年全天播出 6 小时，自制节目 1 小时。

表 3-4　1979—2003 年宁夏无线电视台一览表

名称	开播时间	级别
宁夏电视台	1971 年 1 月 1 日	省级
宁夏教育电视台	1989 年 1 月	省级
银川电视台	1988 年 9 月 23 日	市级
石嘴山电视台	1990 年 12 月 25 日	市级
中卫电视台	1990 年 1 月 1 日	县级
吴忠电视台	1992 年 9 月 8 日	市级
青铜峡电视台	1997 年 2 月 2 日	县级

① 2009 年更名为银川市广播电视台。

（三）宁夏有线电视的新闻传播实践

有线电视作为一套信号分配系统，由电视接收站将经由天线接收到的电视信号进行放大、分配并通过电缆或光缆输送给各个电视接收机。有线电视在一定范围内由众多用户共用一副或一组天线来接收电视节目，因此也称共用天线电视或闭路电视、电缆电视。有线电视起源于美国，成因有以下两个方面。一是为了克服地形地物对电视信号的干扰，解决边远地区和城市中楼区的接收困难问题；二是为了商业赢利，可以利用有线电视设备开办收费电视。[①] 有线电视作为无线电视的延伸和补充，是一种有效的电视覆盖方式。有线电视台的创建对电视的普及发挥着重要的作用。

1. 一座省级有线电视台的新闻传播实践

宁夏有线广播电视台（简称宁夏有线台）1994年12月建成，用户2.8万户，共转播14套电视节目；1995年，用户4万户，转播电视节目达20套，自办综合频道每天播出8小时；1996年，筹建MMDS系统，向银川地区农村和远离市区的企事业单位传输节目，同年11月，采用微波技术，实现自办节目全区联网，收看宁夏有线台节目的观众从1995年的30万增至百万；1996年底，共有用户7万多户，自建网片区用户入网率达90%；1999年，添置线编辑系统设备及摄、录设备；至2000年12月底，建网片区用户达到8000多户，占总户数95%以上[②]，共转播29套电视节目。2000年6月，新闻节目在宁夏各电视台中第一个实现数字化播出。2000年12月30日，宁夏有线广播电视台全年广告收入突破千万元大关。

2. 十七座县（市）级有线电视台、电视站的新闻传播实践

固原有线电视台的前身是固原有线电视站，1991年12月17日建立，传输8套电视节目，用户3000户。1994年7月19日被批准建立固原有线电视台。1996年底，发展用户过万，播出中央电视台、宁夏电视台、各省区电视台和自办频道18套电视节目。1999年增至20套。至2000年9月，有线电视

---

① 陈卫平．中外广播电视简史［M］．上海：上海外语教育出版社，2006：62.

② 宁夏通志编纂委员会．宁夏通志（十九文化卷下）［M］．北京：方志出版社，2009：899.

用户1.4万户，占总户数的85%以上。全天播出15小时的节目，其中自办节目2小时55分钟。

银川有线电视台1994年2月8日开通信号并试播，传输12套电视节目，有用户5000户。至2000年，有线电视用户7.1万户，占建网片区总户数的95%以上。① 共传输中央、外省市及本地区电视节目23套，有2套自办节目。1992年，永宁县广电局采用邻频传输技术，开播了以县城及周边农村为覆盖范围的有线电视网。1996年永宁有线电视台成立。2000年，传输电视节目32套，县城用户8000户，占县城总户数的85%，自办频道全天播出9小时，自制节目1小时。

灵武县有线电视站1993年7月1日成立。至1994年底，有线电视用户达3470户。2000年，县城用户数达7000多户，农村入户6000多户。自办频道全天播出9小时，自制节目20分钟。同心县有线电视站1992年4月开播，传输18套电视节目，电视用户1100多户。2000年，传输节目增加到24套，用户发展到5700多户，是县城总户数的85.6%。自办节目频道全天播出18小时，自办节目2小时10分钟。平罗有线电视台1995年1月建成，2000年，用户8500户，占县城总户数的80%，传输电视节目25套。自办频道全天播出7小时，自制节目1小时。

惠农县有线电视站1993年4月成立，传输8套电视节目，用户610户。2000年，用户达3000户，占县城总户数的95%以上，能收看25套电视节目。全天播出5小时，自制节目30分钟，星期六、星期日播出10小时。1993年1月15日吴忠有线电视第一期工程开工，用户2500户，传输12套电视节目；1995年12月2日，吴忠市有线电视台（后为利通区有线电视台）被批准成立。1999年，用数字卫星接收机取代模拟接收机，传转26套电视节目，用户达2万户，占总户数的24%。

盐池县有线电视站1993年1月13日成立，传输12套电视节目，用户1600户。2000年，用户达4000户，是县城总户数的70%，县城网络覆盖率100%，传输24套电视节目，24小时播出。自办频道全天播出5小时，自办

---

① 宁夏通志编纂委员会．宁夏通志（十九文化卷下）［M］．北京：方志出版社，2009：904.

节目 1 小时 45 分钟。中宁县有线电视台 1993 年 5 月 1 日开通，用户 1600 多户，传输 9 套电视节目。1994 年至 2000 年，全县 8 个乡镇 31 个行政村先后开通有线电视，用户 11343 多户，其中县城网 8000 多户，可收看 24 套电视节目，网络覆盖率 100%，入户率达 73%，农村网 3000 多户，网络覆盖率 5%。

陶乐县有线电视站 1994 年 8 月开播，用户 1340 户，转播 12 套电视节目。1997 年，陶乐县建设乡镇农村小前端有线电视网络，建成县城到各乡的光缆传输系统，农村有线电视得到普及，用户达到 3600 多户，其中县城用户 1600户，县城入户率 98%，农村入户率达到 58%。全天播出 15 小时，自制节目 15分钟。中卫县有线电视站 1994 年成立，传输 16 套电视节目，自办一套节目，用户 4600 户，有线网络覆盖整个城区。1999 年，用户发展到 1.1 万户，是县城总户数的 40%，传输 30 套电视节目。自办频道全天播出 18 小时，自制节目每天 20 分钟。

西吉县有线电视站 1994 年 3 月成立，6 月 1 日自办节目开播。1994 年底，建成 3 套卫星地面站，传输 12 套电视节目，用户 1870 户。1998 年，传输电视节目达 19 套，用户达 3400 户，是县城总户数的 34%。全天播出 2 小时 20分钟，自办节目 1 小时 10 分钟。海原县有线电视站 1994 年 3 月成立，7 月 1日自办节目开播。2000 年，传输 23 套电视节目，用户 4500 户，是县城总户数的 80%。自办频道播出 10 小时，自办节目 50 分钟。

泾源县有线电视站 1994 年 7 月完成一期工程，传输 12 套节目。1999 年12 月，传输 20 套节目，用户 1800 户，是县城总户数的 75%，全天播出 4 小时，自制节目 30 分钟。彭阳县有线电视站 1994 年 7 月 13 日成立，年底用户达 1218 户。1998 年 8 月，县城用户可收看 19 套节目，用户达 2800 户，是县城总户数的 90%。自办频道全天播出 9 小时，自办节目 1 小时。隆德县有线电视站 1994 年 10 月 1 日开播，传输 12 套节目，自办 1 套节目，用户 2500户。2000 年，传输 16 套节目，用户 3500 户，占县城总户数的 77.79%。自办节目频道全天播出 7 个半小时。

有线电视台的建设扩大了中央和省级电视节目的覆盖面，使人们能接收到更多的电视频道，体验到更佳的电视效果。同时有线电视台的发展加快了电视的普及，也为电视台的发展带来了可观的经济效益。不过有线电视台对广播的发展造成了冲击。

表 3-5 1979—2003 年宁夏有线电视台(站)一览表

站名	建立日期	自办频道	转播节目套数		收看户数	
			建台初	2000 年	建台初	2000 年
宁夏有线电视台	1994 年	2 套	14 套	29 套	1000 户	80000 户
银川有线电视台	1994 年	2 套	12 套	23 套	5000 户	71000 户
固原有线电视台	1991 年	1 套	8 套	20 套	300 户	14000 户
同心县有线电视站	1992 年	1 套	18 套	24 套	1100 户	5700 户
灵武县有线电视站	1993 年	1 套	12 套	22 套	1500 户	7000 户
惠农县有线电视站	1993 年	无	18 套	26 套	610 户	3000 户
吴忠市有线电视台	1993 年	1 套	12 套	26 套	2500 户	20000 户
盐池县有线电视站	1993 年	1 套	12 套	24 套	1600 户	4000 户
中宁县有线电视站	1993 年	无	9 套	24 套	1600 户	8000 户
陶乐县有线电视站	1994 年	无	12 套	20 套	1300 户	1600 户
中卫县有线电视站	1994 年	1 套	16 套	30 套	600 户	1100 户
西吉县有线电视站	1994 年	无	12 套	19 套	1870 户	3400 户
海原县有线电视站	1994 年	1 套	10 套	23 套	1000 户	4500 户
泾源县有线电视站	1994 年	无	12 套	20 套	800 户	1800 户
彭阳县有线电视站	1994 年	1 套	12 套	19 套	650 户	2800 户
平罗有线电视台	1995 年	1 套	12 套	25 套	2700 户	8500 户
隆德县有线电视站	1995 年	1 套	12 套	16 套	2500 户	3500 户
永宁有线电视台	1996 年	1 套	12 套	22 套	2000 户	8000 户

注:表中宁夏有线电视台为省级电视台,银川有线电视台为市级电视台,固原有线电视台及以下均为县市级有线电视台、站。

四、宁夏新媒体的新闻传播实践 (1998—2003)

新媒体是相对于旧媒体也就是传统媒体而言。本书将报纸、杂志、广播、电视统称为传统媒体,将门户网站、新闻网站、社区、论坛等称为新媒体。本书所指的宁夏新媒体主要是指宁夏传统媒体的网络应用和新闻网站的新闻传播实践。1998 年至 2003 年,宁夏新媒体的新闻传播实践主要是指传统媒体如报纸、广播、电视台等开展的互联网实践与探索，如早期的报纸、广播、电视等的电子版、网络版等。

宁夏新媒体的简要发展历程如下。

1998年是宁夏传统媒体开启网络新闻传播之年，也是宁夏大众传媒互联网应用的开端之年。《银川晚报》首先开启了宁夏传统媒体的互联网应用，《宁夏日报》和《新消息报》等随后也加入了互联网探索之旅。1998年10月，银川晚报社与中国记者协会合作，以租用空间的方式在互联网上制作了"银川晚报电子版"，这是宁夏传统媒体首次在互联网上制作和播出新闻信息。2001年10月，银川晚报社自主研发、制作了"银川晚报（网页）新闻发布系统"，增设了读者社区互动栏目，最早一周更新一次，或两三天更新一次，后每天更新。1999年7月，宁夏日报社开通"宁夏日报电子版"，开始将报纸内容复制到互联网上。2001年2月，"宁夏日报电子版"升级为"宁夏日报网络版"。1999年，《新消息报》也建立了电子版；2000年，《新消息报》创办了网页。2001年，建立了网络版，以宣传报社为主，还提供一些旧报内容查询。1999年，新华网、人民网相继开通了"新华网宁夏频道"和"人民网宁夏频道"。宁夏电视台1999年12月31日开通了"宁夏电视台国际网"，2000年10月1日在宁夏电视台国际网基础上开通了"中国西部信息网"。2003年4月，银川新闻网创办。2003年8月18日，宁夏新闻网创办。此后，宁夏新媒体发展开启了新篇章。

2003年银川新闻网、宁夏新闻网的创办标志着宁夏新媒体的新闻传播实践发生了形态上的巨变。新闻网站的出现开启了宁夏新媒体的新征程。宁夏新闻网站的出现扭转了宁夏传统媒体只发布电子版的单一的信息发布状态，也改变了以往将传统媒体的内容照搬照抄的做法。专业性新闻网站开始注重挖掘网络媒介的属性，开始尝试对原有的传统媒体的内容进行深度加工，开始尝试多媒介运用，尝试吸引网络用户们的关注。新闻网站的出现标志着传统媒体的互联网应用发生了形态上的新变化，也标志着新媒体的本质属性开始显露。

整体而言，宁夏新媒体的新闻传播实践几乎和全国互联网应用同步，但是宁夏市县级媒体的互联网发展要滞后一些。至2003年，宁夏市县级新闻媒体基本尚未开展网上传播，个别媒体仅能凭借电话线拨号上网查询新闻信息资料，收发邮件，绝大部分新闻媒体尚没有明显的强烈的网络应用的意识。①

从全国来看，1997 年，人民日报、新华社等相继创建了网络版。到 1999年底，已有 700 余家新闻媒体建有独立域名的网站。彭兰认为，中国媒体曾出现过两次上网高潮，第一次发生在 1996 年至 1998 年，第二次发生在 1998年至 2000 年。2003 年被视为网络媒体发展的分水岭。这一年网络经济复苏并迅猛发展。但是 2003 年，宁夏网民数量占全区总人口的比例不超过 5.8%，网民数量为 33.3 万，还属于数量上的"小众"群体。2003 年以后宁夏网民数量开始呈现逐年递增态势。2004 年，中国互联网信息中心发布的第十三次中国互联网络发展状况调查显示，2003 年宁夏网民数 33.3 万，占全国网民比例0.4%，占全区人口比例 5.8%；新疆网民数 117.8 万，占全国网民比例1.5%，占全区人口比例 6.2%；内蒙古网民数 74.9 万，占全国网民比例 1%，占全区人口比例 3.1%；西藏网民数 86 万，占全国网民比例 0.1%，占全区人口比例 3.2%；广西网民数 228.6 万，占全国网民比例 2.9%，占全区人口比例 4.7%。② 总体而言，就民族区域自治地区而言，这一时期互联网应用都处于起步阶段。

1998 年至 2003 年，宁夏新媒体还处于初始发展阶段，具有以下三个特征。

第一，规模小，影响力有限。网站基本上不具备独立运营能力。新闻网站运行的主要目的是扩大传统媒体的影响力。

第二，仅限于报纸、广播、电视内容的简单重复。网上新闻没有经过再加工，信息总量很少，更新也不及时，页面设计也很简单。网站（页）的频道、栏目的设置、分类沿袭传统媒体的分类和设置方式，并不适合网络传播。

3. 交互性服务功能基本没有开发，不能体现网络作为新传播媒介的特点和优势。③ 1998 年至 2003 年的宁夏新媒体还处于传统媒体的互联网初始应用阶段，新闻信息的发布大体是复制粘贴模式，即把传统媒体内容照搬照抄放

---

① 杨学农. 宁夏新闻宣传工作应用互联网的现状 [J]. 共产党人，2003（5）：29.
② 第 13 次互联网统计报告：我国上网用户人数 [R/OL]. 网易网，2004-01-15.
③ 杨学农. 宁夏新闻宣传工作应用互联网的现状 [J]. 共产党人，2003（5）：29.

到网页上，形成传统媒体的电子版。这种互联网应用并没有对传统媒体形成很大的冲击和影响，受众黏性也不高，还属于小众传播范畴。当然这也是当时全国范围内很多地方性新媒体应用初期阶段都存在的普遍性问题。

第二节　宁夏多元大众传播网络结构
逐层呈现（1979—2003）

1979 年至 2003 年，宁夏形成了由报纸传播网络、广播传播网络、电视传播网络和新媒体传播网络等共同组建而成的多元大众传播网络。其中，报纸传播网络形成了以党报为首，以都市报、专业报、行业报等为有益补充的报业传播网络结构，党报传播网络在其中占据着核心力量位置；广播传播网络主要包括省、市、县三级覆盖的本土广播传播网络体系和中央级广播传播网络，无线广播传播网络在其中占据着主导地位；电视传播网络形成了由有线电视传播网络占主导的传播格局。这一时期宁夏多元大众传播网络结构中，电视传播网络开始占据着网络内部的核心力量地位，新媒体传播网络还处于起步阶段。

一、多元报纸传播网络

1979 年至 2003 年，宁夏报纸传播网络结构不断发生着变化。1980 年至 2000 年，宁夏形成了以党报为首，以都市报、专业报、行业报等为有益补充的报业传播网络结构。2000 年至 2003 年，伴随着都市报的崛起和飞速发展，宁夏形成了以一党报一都市报为主的发展格局。2003 年对这一时期的报业传播网络结构来说是个拐点，都市报定位的《新消息报》成为宁夏发行量最大、广告收入最多的报纸。中国新闻研究中心调查显示，2003 年，在宁夏报纸影响力和公信力排行中，《银川晚报》"影响力最大""公信力最强"，《新消息报》"最具成长型"①。《新消息报》和《银川晚报》的快速发展共同形成了对宁夏党报的挑战。同一时期，党报龙头老大《宁夏日报》影响力开始下滑。

---

① 李琳．民族地区晚报发展研究［D］．北京：中央民族大学，2007：23.

这一时期，宁夏报纸数量增加，生活报、专业报、行业报、都市报等渐次涌现。但和一些省区发展不同步的是，宁夏真正意义上的晚报还不曾产生，刚诞生不久的都市报还处在发展的上升期。宁夏一党报一都市报的主要市场格局才初始形成，竞争态势还不猛烈。整体而言，报纸传播网络迎来了发展黄金期，发行量和广告收入都有了质的飞跃。相比 1949 年至 1979 年，1979 年至 2003 年的宁夏报纸传播网络结构被重构，党报传播系统仍占据着主导力量，但新生不久的都市报，连同这一时期渐次涌现的生活报、行业报等一起组建的都市报传播网络，开始成为党报传播网络的合作者，也开始成为党报传播网络的强大对手，使党报传播网络的发展开始受到一定冲击。

（一）党报传播网络占据报纸传播网络的核心，尚未遭遇强有力的挑战

党报一般意义上是指政党的机关报，是宣传、报道政党的纲领、路线、方针、政策的重要工具。在中国特指中国共产党各级组织的机关报，也被称为党的舆论宣传主阵地，是党的"喉舌耳目"①。党报的历史地位决定着它具有独特优势：政治优势、政策资源优势、信息资源优势、人力资源优势以及品牌优势。政治优势是指党报作为党和政府的"代言人"，是党和政府信息的权威发布平台，它拥有的新闻信息的价值具有其他报纸无法比拟的权威性和重要性。政策资源优势是党报天生之优势，这种优势或体现在新闻生产资料的供给上，或体现在新闻人才的配备上，或体现在报纸的征订、售卖以及广告经营等方面。信息资源优势是指党报享有独家的信息来源渠道和信息获取的便利性，在信息的采集、流通方面得天独厚。新闻人力资源优势是指党报先天性地凝聚了一大批优秀的办报人才，并在长期的办报实践中形成了党报的优良传统和历史经验，如通讯员制度，如"报道典型、突出先进"的宣传方法等，这些都使党报既具有高起点，又具有可持续发展的基础。品牌优势是指，党报在漫长的办报历史中，因信息资源的唯一性、渠道的权威性，以及观点、立场的鲜明性和指导性，从而形成了独特的品牌资源和一定的竞争优势。这很好地解释了这一时期党报传播网络在宁夏大众传播网络中占据核

---

① 鲍海波，王敏芝. 新时期党报核心竞争力的散点透视［M］. 西安：世界图书出版公司，2013：2.

心力量位置的原因。这一时期，《宁夏日报》在包括《宁夏日报》《银川晚报》《石嘴山日报》《吴忠日报》《固原日报》等在内的党报传播网络中占据着核心力量位置。

《宁夏日报》已历经 50 多年的实践发展。它经历了艰难的起步和曲折发展。在改革开放及社会主义市场经济体制确立之后的这段时期内，《宁夏日报》在充分发挥上述党报种种优势的基础上，在宁夏这一地方空间内已形成了明显的品牌优势。同时，这一时期以《宁夏日报》为首的党报传播系统也拥有着核心竞争力。所谓核心竞争力，是指报纸在经营和发展中胜过竞争对手的核心资源和能力。①除却资源优势外，《宁夏日报》这一时期的广告收入，从 1979 年的 5.26 万元，一路飙升到 2000 年的 2042 万元，拥有着绝对优势。同一时期，其他报纸的广告收入还很微薄。2000 年，《银川晚报》广告收入 379 万元，只占《宁夏日报》广告收入的 17%；《吴忠日报》1998 年广告专版收入仅 57 万元。

《宁夏日报》在 1979 年至 2003 年的报纸传播网络结构中占据主导地位，有以下三个成因。

第一，除却党报优势资源这一最大的红利外，还源于《宁夏日报》在市场竞争条件下未遭遇强有力的市场竞争。《宁夏日报》最初在党报系统内部挟首府之便利和省报之威，一直没有遭遇到竞争。在党报系统之外，也未遭遇晚报、都市报等其他市场型报纸的挑战。直到 2003 年后才开始遭受着来自晚报和都市报的猛烈冲击。

第二，《宁夏日报》一直坚守党性原则，这为它在报纸传播网络结构中占据核心力量位置打下了坚实的基础。作为党委机关报，《宁夏日报》坚守新闻事业的党性原则，宣传报道权威可信，舆论导向正确有力，品牌价值不断凸显，并坚守和传承党报一以贯之的优良传统。延安时期确定的通讯员制度还延续发展。1985 年至 1987 年，《宁夏日报》平均每月通讯员来稿 3660 多篇，平均每天来稿 118 篇。1994 年 5 月，《宁夏日报》还重新制定了《通讯员稿件处理暂行规定》，确保通讯员制度有序有效进行。通讯员制度的延续和发展

---

① 鲍海波，王敏芝．新时期党报核心竞争力的散点透视［M］．西安：世界图书出版公司，2013：8.

保障了"全党办报""群众办报"的实施。

《宁夏日报》在坚持正确的舆论导向方面表现不俗。它重视通过"评论"来阐明观点，表明立场，指导工作。《宁夏日报》创刊之初，社论发稿量较多。1958 年 8 月，发表社论 16 篇，平均每两天发 1 篇，有时一天发 2 篇。当然这一时期全国各地都已出现新闻工作"大跃进"，这一时期出现如此多的社论也同新闻工作"大跃进"相关。1979 年 5 月，《宁夏日报》共发表本地评论 11 篇，其中"读者论坛"3 篇，短评 6 篇，评论员文章和思想评论各 1 篇；共转载评论 14 篇，其中转载《人民日报》社论 6 篇，转载《人民日报》评论员文章 5 篇，转载《光明日报》评论员文章 1 篇，转载《解放军报》评论员文章 2 篇。20 世纪 80 年代以后，《宁夏日报》经常在不同版面针对不同工作，发表本报评论员文章、短评、编者按、编后等，配发社论、评论，每年在 50~60 篇。1980 年，在一版开辟了"谈心会"；1986 年，开辟了"塞上论坛"。一直到 2000 年时，"塞上论坛"一直是宁夏日报的重点栏目，受到广大读者的重视和喜爱。①

《宁夏日报》在理论宣传方面以及维护和巩固党的领导方面都发挥着不可替代的作用。1959 年 2 月，《宁夏日报》创办了《学理论》专刊，后于 20 世纪 60 年代初改名为"学习"专栏。1984 年 4 月又将"学习"专栏改为"理论与实践"专版。每周出刊一期，每期一个版。1984 年《宁夏日报》新开辟了"学习《经济体制改革的决定》"栏目。1987 年至 1988 年，开辟了"社会主义初级阶段理论学习笔谈""十三大文件学习问答"栏目。1989 年，开辟了"学习邓小平同志重要讲话"栏目。1997 年，开辟了"认真学习贯彻十五大精神"和"学习十五大精神笔谈"栏目。《宁夏日报》凭借着不断的理论宣传、舆论引导、优良传统的传承等方式，始终坚守着新闻事业的党性原则，在维护和巩固党对地方的领导方面发挥着不可替代的作用。

第三，《宁夏日报》在新闻专业性方面也拥有着一定的竞争力。1984 年起，《宁夏日报》开始突出短新闻，改进会议报道和领导人活动报道，逐渐加大社会新闻、民生新闻的报道力度，开始注重报纸的可读性。同时，《宁夏日

---

① 宁夏通志编纂委员会. 宁夏通志（十九文化卷下）［M］. 北京：方志出版社，2009：1110.

报》的版面意识开始增强：一版得到重视，成为"新闻版""要闻版"，并进行二版、三版改革。它还开始重视新闻报道的重要性、显著性、时效性、地域性和接近性。经过不断的探索、实践，《宁夏日报》的时效性得到增强，区域性得到显现。它作为地方党报开始与中央党报的功能定位有了一定的区别。1949年至1979年期间，宁夏日报作为地方党报的职责并不清晰。它往往更关注和回应国家层面的宣传报道，对本地区的宣传报道关注度不够。特别是1966年至1976年，各地报纸80%以上的版面都用来刊载新华社电讯和《人民日报》等中央级报刊的文章，由本地记者采写的稿件少之又少，主要是经验总结之类的文章，根本没有源自生活本身的鲜活的新闻报道，因此也无法向读者传递真实的信息。报道大多没有时效，只能称作"旧闻"①。1980年后，《宁夏日报》认识到，要转变观念，新闻报道必须切合本地实际，要体现民族特色和地区特点②，因此涌现了一大批具有民族特色、地区特色的报道。中央党报应以国家和党的建设为指导进行定位，地方党报应区别于中央党报，定位于相关区域。③ 只有定位于相关区域，遵从新闻专业的"地域性"和"接近性"要求，才能吸引当地读者的关注，进一步提高核心竞争力。《宁夏日报》这一时期不断进行新闻专业方面的实践和探索。1979年至2003年，《宁夏日报》还强化了报纸的服务性，文艺副刊也得以复刊，这都增强了报纸的可读性和思想性。

综上，坐拥得天独厚之政治优势、政策资源优势、信息资源优势、人力资源优势以及品牌优势的《宁夏日报》，在市场竞争条件下暂时未遭遇强有力的竞争，开始占据着报纸传播网络的核心位置。它坚守党性原则，积极进行新闻专业探索，与中央党报的功能定位有了明显区别，还使报纸的本地化、可读性、服务性都有所提升。不过，《宁夏日报》在具体实践中也存在着很多问题。这些问题在遭遇强有力的竞争后越发明显起来，并起到了一定的制约作用，导致党报后继发展无力，将主要依靠行政补贴来参与市场竞争。《宁夏

---

① 方汉奇. 中国新闻传播史［M］. 3版. 北京：中国人民大学出版社，2014：295.
② 宁夏通志编纂委员会. 宁夏通志（十九文化卷下）［M］. 北京：方志出版社，2009：1102.
③ 鲍海波，王敏芝. 新时期党报核心竞争力的散点透视［M］. 西安：世界图书出版公司，2013：32.

日报》具体存在的问题将在后面的章节予以专门论述。

（二）都市报传播网络的发展使报纸传播网络更加强劲，更具竞争性

在中国报业发展史上，最早使用"都市报"这一称谓的是 1993 年 8 月创办的《贵州都市报》和陕西日报社 1994 年 1 月创办的《三秦都市报》。最早赋予都市报典型特征的是 1995 年 1 月由四川日报社创办的《华西都市报》。初期都市报多在东、中部，至 1999 年，西部地区如新疆、青海等省区也开始创办都市报，都市报群开始形成。①《新消息报》1999 年 1 月开始试刊，2000年 1 月正式创刊，处于都市报创办热潮的后期。因《新消息报》刚一诞生就恰逢都市报发展的黄金时期，因此很快就具备了都市报的基本特征。《华西都市报》的创办者席文举将都市报的特征概括为：定位是市民生活报，主要读者群体是市民；以新闻为主要内容，突出硬新闻，但强调与市民生活相关的实用性信息；变生产报道为消费报道，传播面对群体从决策机关和生产机构转变为消费个体；报纸的经营和管理以市场为导向。② 都市类报纸主要读者对象以城市居民为主。它秉承以市场为导向、以读者和客户为中心的办报观念，采用市场化的管理运行机制，注重可读性、服务性，它是寻求经济利益最大化的综合性报纸。③

《新消息报》的定位是"咱老百姓自己的报纸"，宗旨是"时时关注百姓事，天天报道新消息"，市民取向十分明显。《新消息报》创刊伊始即面向市场，积极探索自负盈亏模式。2002 年起市场化程度加深。彻底的市场化被认为是都市报的本质。不过《新消息报》作为《宁夏日报》的子报，受媒介体制的管辖，并没有实现完全、彻底的市场化，也在不同程度上享受政府补贴。《新消息报》的诞生及迅猛发展，一举打破了宁夏由党报垄断多年的报业市场格局，飞快地在报纸传播网络中占据了重要位置，带来了报业结构的竞争，激活了本地略显沉闷、单一的市场结构。

---

① 宋亮．当代都市报研究［M］．北京：中国书籍出版社，2013：5.
② 孙玮．现代中国的大众书写——都市报的生成、发展与转折［M］．上海：复旦大学出版社，2006：31-32.
③ 刘劲松．嬗变与重构：转型期都市类报纸发展路径研究［M］．北京：中国传媒大学出版社，2014：7.

更重要的是《新消息报》培育了一批新型的读者，他们近似于真正意义上的大众。"在计划经济时代，大众从来没有成为报纸的目标受众群。"[1] 因为计划经济时期，报纸传播网络结构主要是以党报为主导。党报的"目标受众"主要是党政机关的领导干部，一般党务、政务工作人员，社会各界中的高级知识分子，以及各企事业单位中身居领导岗位的人员等。[2] 这类目标读者是社会成员中的极少数人。进入 20 世纪 80 年代后期，宁夏这一地方空间内身兼党报和晚报双重属性的《银川晚报》，作为日报之补充，但也作为文娱消遣的补充，开始部分地培育出了一部分真正意义上的读者群体。但《银川晚报》因受双重属性的限定，它的目标读者还不够清晰。响亮地以都市报的定位亮相的《新消息报》，其鲜明的市场取向和读者定位，真正地吸引了读者的眼光，也培育出了一批真正意义上的受众群体。这批受众群体的成长与壮大使大众传播活动得以进入寻常人家的日常生活中。从这个意义上讲，以《新消息报》为代表的宁夏都市报传播网络的初始形成，丰富和支撑了宁夏报纸传播网络结构，使大众传播网络结构内部充满了竞争性和多元性。

二、无线广播传播网络占主导地位的广播传播网络

1979 年至 2003 年，宁夏广播传播网络不断发展，形成了省、市、县三级覆盖的本土广播传播网络体系，连同中央级广播网络一起，共同形成了四级混合覆盖的广播传播网络。这一时期支撑广播传播网络的广播的数量在增加，技术依然在发展，但广播传播网络在宁夏大众传播网络整体结构中已不复具有 1949 年至 1979 年的主导优势地位。它的主导优势已被电视传播网络取代。并且宁夏广播传播网络内部结构中，它的组成要素和力量对比也发生了明显变化：覆盖农村有线广播和城市有线广播的有线广播网络开始衰退，无线广播传播网络开始占据广播传播网络结构中的主导力量位置。宁夏城乡有线广播传播网络发展渐次凋零是以下四个因素所致。

① 孙玮. 现代中国的大众书写——都市报的生成、发展与转折 [M]. 上海：复旦大学出版社，2006：31-32.

② 鲍海波，王敏芝. 新时期党报核心竞争力的散点透视 [M]. 西安：世界图书出版公司，2013：33.

（一）广播技术的更迭发展起到了明显的撬动作用

20 世纪 80 年代后期，调频广播开始出现。它秉持电声指标更好、音质更优美、抗干扰能力更强等技术上的优势，开始争夺、碾压有线广播的生存空间。20 世纪 90 年代，宁夏各地（市）县广播电台已纷纷建起小功率调频广播，调频广播成为宁夏广播的主要覆盖手段。调频广播的出现是广播发展的一个重要进程。无线电广播利用电磁波传送信息，根据调制方式划分为调幅广播、调频广播等。调幅广播使用的无线电频段比较窄，它依赖振幅改变来传送信号，易受到干扰而改变振幅，使音质走样。调频广播靠频率改变来传送信息，它的频带比调幅广播宽，不易受到介质影响而改变频率，因此音质较好，再现的声音丰富、逼真、优美[①]，这种广播技术的更迭导致了宁夏调频广播的兴起和宁夏无线广播的逐渐凋零。

（二）有线广播接收渠道渐次失灵导致无线广播传播网络力量开始削弱

有以下三个因素导致宁夏有线广播接收渠道开始不畅并失灵，这直接导致宁夏无线广播传播网络的力量被削弱，整体性发展也严重受阻。

1. 城市现代化发展进程中的线路拆迁、改造导致部分有线广播接收渠道消失

1979 年至 2003 年，随着我国现代化进程的加快，宁夏的各大城市也在自身现代化发展过程中不断进行线路拆迁和改造，因此曾经道路两旁两线一杆的挂杆高音喇叭、低音喇叭、音箱等不断被拆除，这导致宁夏的部分有线广播接收渠道直接消失了。如 1986 年银川市有线线路拆除，银川市的有线广播就直接停办了。

2. 农村有线广播线路的被毁坏也导致宁夏部分有线广播终端失灵

1979 年至 2003 年，宁夏农村有线广播的线路出现了瘫痪，或被人为破坏，或被自然灾害侵害等，这导致部分有线广播终端开始失灵，导致宁夏广播传播渠道也无法更好地发挥作用。

1980 年前后，隆德、彭阳有些村队广播杆倒线落，甚至陷于瘫痪状态。

---

① 陈卫平．中外广播电视简史［M］．上海：上海外语教育出版社，2006：45．

1980 年，固原县从公社到生产队 60% 的广播专线遭到破坏。1981 年，西吉县路仅存 156 千米，喇叭由 1971 年的 1.48 万只下降到 5157 只，入户率由 38.4% 下降到 10.3%。青铜峡县从 1992 年到 1995 年广播干线被盗严重，1996 年时已到几乎难以维护的地步。自然灾害对线路的侵害表现为：1992 年隆德县广播杆线遭山洪暴发冲击和人为破坏，不时中断。彭阳县 1989 年 1 月和 1991 年 3 月两次严重雾凇灾害造成杆线遭到破坏。1993 年 2 月 18 日至 20 日严重雾凇大灾后，宁夏 12 个乡镇广播中断，此后乡至村队广播线路大多中断。

3. 电话的兴盛和发展也带来了有线广播线路的中断

宁夏有线广播发展的初期阶段，线路建设与邮电线路"同杆同线"，后利用电话线或电话广播两线挂一杆的方法得以发展起来。早期宁夏经常出现"播音时不能打电话""打电话时不能播音"的情况。至 20 世纪 90 年代中后期，随着电话的兴盛，借用电话线路的有线广播开始中断，这致使宁夏广播的接收渠道直接消亡。1994 年 7 月，固原地区农村程控电话开通，借用电话线路的有线广播全部中断，入户率下滑到 14.2% 和 19.8%。

(三) 电视的发展对无线广播传播网络形成了冲击

1979 年至 2003 年，宁夏已渐次建成 26 座电视台（站），电视覆盖率不断攀升。1996 年，收看宁夏有线台的观众已从 1995 年的 30 万增至百万。至 1996 年底，宁夏有线台自建网片区入网率达 90%。其中固原有线电视台至 1996 年底发展用户过万。1997 年，陶乐县有线电视站，县城入户率 98%，农村入户率达到 58%。电视具有视、观、听等综合的感官体验，还具有强大的技术优势。它的观看体验要强于广播单纯的听觉体验。随着电视覆盖率的攀升，电视自然会冲击到广播尤其是有线广播的发展。这是媒介演化的规律，新媒介对旧媒介的冲击总是看上去势不可挡。

(四) 县镇政府主导作用的松弛加剧了有线广播的衰亡

在宁夏有线广播发展的早期，始终是政府在主导着它的发展。政府自上而下推动的集中性组织行为——集中性地铺设线路、安装接收设备，集中性地组织接收等共同地促进了宁夏有线广播的发展，就连有线广播的内容也多是集中性地供给。但当政府不再主导或主导松懈时，宁夏有线广播的发展便出现了明显的消退。1986 年底，盐池县将乡镇放大站行政管理权下放到乡镇政府后，乡镇政府放松了线路管理，至 1998 年底，全县入户喇叭仅剩 300 多只，比 1972 年减少了 70% 以上。1989 年，中宁县将权力下放到乡镇管理后，中宁县的有线广播数量急剧下滑，导致广播通响率不到 10%。1992 年，泾源县将乡镇广播站下放到乡镇管理后，喇叭入户率从 1991 年的 36% 下降到 1993 年的 9.3%。① 有线广播的兴盛与衰落与县乡镇地方政府的松弛管理直接关联，即地方空间的传播实践始终充斥着政治性和策略性特征。宁夏有线广播的普及和发展是由政府自上而下的垂直式指导与管理推动的，一旦基层管理单位放松管理，这一曾被作为集中性接收工具的大众传媒难免出现了大规模的发展衰落。

综上，在广播技术更迭作用的推动下，在有线广播接收渠道的不断失效过程中，在新媒介电视的强大冲击中，在县镇政府的松弛管理下，至 20 世纪 90 年代，宁夏有线广播逐年衰落的趋势已经难以扭转。1997 年，入户喇叭降到 8 万多只，入户率仅 12.49%。各县有线广播站在 20 世纪 90 年代后期也先后停办。也就是说，宁夏广播传播网络结构中有线广播传播网络已不复具有在整体性结构中的主导力量位置，渐次退至边缘的位置乃至消亡。

三、有线电视传播网络占主导地位的电视传播网络

1979 年至 2003 年，宁夏电视传播网络结构中，后续发展的有线电视传播网络逐渐展现出了较强的传播优势，成了电视传播网络结构中的核心力量，即宁夏形成了有线电视传播网络占主导的电视传播网络。有线电视传播网络与无线电视传播网络相比，有以下四个方面的优势。其一，有线电视是凭借埋于地下的电缆连通用户并传输节目，不受地形和建筑物影响，也较少受到空中电波影响，故图像清晰度较高；其二，可供选择的频道多，用户享有更多的自主选择权；其三，广播转化为窄播，内容多样化且针对性、区别性强，

---

① 宁夏通志编纂委员会．宁夏通志（十九文化卷下）［M］．北京：方志出版社，2009：984.

能面对不同用户提供多样化的节目内容；其四，能够开展双向服务，电视观众可以参与，能够反馈。① 基于以上优点，有线电视传播网络在较短的时间内获得了较快的发展。这体现出较强的技术发展的逻辑和媒介自身演进的趋势，也源于国家"四级办电视"制度的有力支撑。

（一）有线电视传播网络逐渐占据了电视传播网络结构中的核心位置

从数量对比来看，1979 年至 2003 年，宁夏建有省级无线电视台 2 座，县市级无线电视台 5 座。后续建有省级有线电视台 1 座，县市级有线电视台 17 座，企业社区有线电视站 53 座，数量上有线电视台占据了绝对优势。

从覆盖范围来看，这一时期，宁夏建起了区级有线电视台（网），地市级、县级有线网，以及企业社区有线电视网，建起了区级电视发射台，地市级、县级电视发射系统，小功率电视差转、转播站（室），以及调频电视传播台。1998 年至 2000 年，宁夏实施了广播电视"村村通"工程，在技术上确保了电视信号的传输。截至 2007 年，宁夏先后实施了 917 个行政村"村村通"工程，220 个 50 户以上自然村"村村通"工程，电视人口覆盖率达到 93.47%。②

从用户使用率来看，1996 年，收看宁夏有线广播电视台的用户达到百万。2000 年建网片区用户达到 8000 多户，占总户数 95% 以上。2000 年银川有线电视台有线电视用户达到 7.1 万户，占建网片区总户数 95% 以上。固原有线电视台 2000 年 9 月有线电视用户达到 1.4 万户，占总户数 85% 以上。永宁有线电视台至 2000 年县城用户 8000 户，占县城总户数 85%。灵武县有线电视站 2000 年县城用户数达 7000 多户，农村入户 6000 多户。同心县有线电视站 2000 年发展用户 5700 多户，是县城总户数的 85.6%。平罗有线电视台 2000 年用户 8500 户，占县城总户数 80%。惠农县有线电视站 2000 年用户达 3000 户，占县城总户数 95% 以上。盐池县有线电视站 2000 年用户达 4000 户，占县城总户数 70%，县城网络覆盖率 100%。中宁县有线电视台 1994 年至 2000

---

① 张昆. 中外新闻传播史 ［M］. 北京：高等教育出版社，2017：259.
② 黄会清. 宁夏实现 50 户以上自然村全部通广播电视 ［N］. 经理日报，2007－02－05（1）.

年全县 8 个乡镇 31 个行政村先后开通有线电视，用户 11343 多户，其中县城网 8000 多户，网络覆盖率 100%，入户率达 73%，农村网 3000 多户，网络覆盖率 5%。陶乐县有线电视站 1999 年发展用户 1.1 万户，占县城总户数的 40%。西吉县有线电视台 1998 年用户达 3400 户，占县城总户数的 34%。海原县有线电视站 2000 年用户达到 4500 户，是县城总户数的 80%。泾源县有线电视站 1999 年用户达到 1800 户，占县城总户数的 75%。彭阳县有线电视站 1998 年 8 月用户为 2800 户，占县城总户数的 90%。隆德县有线电视站 2000 年用户达到 3500 户，是县城总户数的 77.79%。1979 年至 2003 年，宁夏从城市到县镇农村，有线电视的覆盖率和影响力都已十分强大。

（二）电视技术的底架作用和驱动作用开始明显

1949 年至 1979 年，电视技术的缓慢发展严重制约了电视的新闻传播实践。当时宁夏电视台的电视节目主要是以黑白色为主，前期拍摄主要使用胶片摄影机，后期依赖手工洗印胶片，拍摄、制作的新闻信息要 7 天以后才能播出，电视节目的观赏性和时效性都大受影响。1979 年，宁夏电视台购买了彩色录像设备。1980 年添置了彩色发射机后，开始播出彩色节目。1984 年淘汰了黑白设备和电视电影设备，开始使用彩色电视播出设备和彩色电视录制设备。1997 年宁夏电视台公共频道采用计算机程序控制的全自动播出，终结了手动播出的历史，使电视播出手段发生了巨变。此后宁夏电视节目日益丰富和多元。1996 年，宁夏有线广播电视台采用微波技术实现了自办节目全区联网，使收看观众增至百万。

概括而言，1979 年至 2003 年，电视技术开始迅猛发展，历经从黑白电视到彩色电视，从微波传输到卫星传输，以及有线电视的数字化、网络化发展。各级电视台（站）的发展，都伴随着电视设备、机器的匹配和更迭，均体现出技术的底架作用对电视早中期发展所起到的强有力的驱动作用。技术的发展也给电视带来了越来越优化的观看体验和越来越多元的选择空间。20 世纪 90 年代以后，宁夏电视台建成数字化新闻中心和自动化硬盘播出的播控中心，进入数字化、网络化发展的新阶段。这一时期，凭借电视技术的突飞猛进，以及电视进入千家万户，宁夏历史上第二次大规模电子内爆得以实现。即电视实现大规模发展的首要条件，和广播一样，是接收渠道的建立和畅通。这凸显了渠道为王这一信息流通路径的前置和决定性作用。渠道为王的前置和决定性作用，以及技术的底架作用和驱动作用，同样适用于后一时期互联网的发展与普及。即电子媒介的本质属性之一就体现为技术的底架作用。这种底架作用越明显，就越能促进大众传播网络的构建与生成。

（三）电视的新闻性和娱乐性使电视传播网络更具吸引力和渗透性

人类对信息的渴求和获取从来不曾中断过。信息能够减少不确定性。信息一方面将社会实践和寻常生活中的涌现的事物（即资料）转换成抽象、自主、可认知的事物，即将内容置于形式中产生秩序和意义；另一方面，这种秩序和意义本身就是一种告知和形塑，即信息的形成意味着自我形塑，将自身放入某种载体中并获得意义。[①] 从这个意义上讲，国家层面和个体层面都需要信息的生产与流通。我国早期的电视实践特别重视并不断挖掘电视信息传播的属性。

1979 年至 2003 年，宁夏电视台除了转播中央电视台的新闻联播以外，还突出重点，紧紧围绕党和国家的中心工作进行正面宣传，同时逐年加大对地方新闻的宣传、报道力度。突发性新闻报道、舆论监督等节目制作形态也有所实践。20 世纪 70 年代，宁夏电视台的新闻报道主要是正面报道。20 世纪 80 年代后开始不断加大新闻舆论监督宣传报道力度。1989 年 4 月，宁夏电视台开办了《大家》栏目，旨在谈论群众关心的热点、焦点问题。90 年代新闻舆论监督工作不断拓展，创办了《宁夏博览》《今晚半小时》《特别报道》等节目。有些报道引起了自治区有关部门的重视，许多问题得到了解决。[②] 电视新闻报道不仅仅是信息的流通与传播，还能促进反应—行为一体化，这也是我国早期电视实践中新闻性得以不断凸显的原因之一。

---

① 　陈卫星. 传播的观念［M］. 北京：人民出版社，2008：20.

② 　宁夏通志编纂委员会. 宁夏通志（十九文化卷下）［M］. 北京：方志出版社，2009：852.

1979 年至 2003 年，宁夏电视新闻传播实践还体现出了对娱乐性①的追求。宁夏电视台创办之初主要是转播北京电视台的节目。北京电视台创办之初，电影和戏剧转播在电视节目中占有较大的比重。开办之初，北京电视台播放电影的时间占全部节目时间的 75%，戏剧转播占 15%。到了 1959 年底，故事影片占 50%，戏剧转播占 30%，余下的 20% 是纪录影片、科教影片、《新闻简讯》和小型演播室节目。对那一时期的观众来说，电视主要是娱乐工具，他们主要奔"正片"而来，观赏压轴的故事影片和戏剧转播。② 宁夏电视台自 1979 年引进彩色录像设备后，开始制作播出秦腔剧目、道情剧、花儿歌舞剧、京剧，以及歌舞团、乐团、歌唱家等到宁夏的演出情况等。1980 年，宁夏开始制作播出单剧本电视剧，后开始制作播出电视连续剧、短剧、小品、译制片等。1984 年起，开始在"十一"、春节等节庆日录制播出大型综艺节目。这一时期，宁夏电视台除制作各种文艺栏目外，还制作播出了体育专题片（1975 年宁夏电视台首次进行赛事录播）。这一时期播放的影片、电视剧、文艺节目、体育专题片、体育赛事等都属宽泛意义上的娱乐范畴。

有学者认为，从美国、英国等欧美国家的电视实践来看，电视从诞生那天起就是为了娱乐。尽管电视后来有了其他的功能，但是与生俱来的、亲和力极强的娱乐性占据着主导。③ 这位学者提出了这样的一个问题：除了娱乐功能，电视还有没有其他功能？电视的本性是什么？他的观点是：电视传播之初，人们看重的是它的娱乐功能，但是随着电视新闻的发展，人们开始认识到电视不仅仅是"娱乐工具"，更是一种"新闻通讯工具"，一种"政治工具"。④ 从美国、英国等欧美国家早期的电视实践来看，美国、英国早期的电视节目也和中国的电视节目一样，有新闻类节目、娱乐类节目、服务类节目以及其他类型的节目。中外电视节目类型相似，实质相差较大，所占比重也不相同。但不能就此作出高下优劣之分。从这个意义上讲，很难说清电视的

---

① 这里"娱乐性"的使用范畴更宽泛一些，电视台播出的系列短剧、小品、戏剧节目、电影、文艺节目、电视剧、体育赛事、体育专题片等均被视为娱乐性节目，都具有娱乐消遣功能。

② 郭镇之．中外广播电视史［M］．上海：复旦出版社，2008：176．

③ 陈卫平．中外广播电视简史［M］．上海：上海外语教育出版社，2006：88-89．

④ 陈卫平．中外广播电视简史［M］．上海：上海外语教育出版社，2006：105．

本性到底是什么。但毫无疑问的是，电视传播实践和每个国家的媒介体制和政治体制直接相关。宁夏电视的新闻传播实践既制作播出政治宣传类节目，也制作播出娱乐性和服务性节目内容。如果说，电视新闻的发展加速了电视的普及，其最大的意义在于拓展了电视的功能①，那么电视节目的娱乐性则带来了媒介的最大渗透力。麦克卢汉认为，要想保证任何媒介的最大渗透力，必然千篇一律地满足于追求"娱乐性"，以此作为一种中性的策略，娱乐的策略自然会保证任何媒介的最大传播速度，保证任何媒介对心理生活和社会生活的最大影响力。② 从这个意义上讲，宁夏电视新闻传播实践中新闻性节目和娱乐性节目占主导，这不仅使电视传播网络更具吸引力和渗透力，也使电视传播网络逐渐在宁夏大众传播网络结构中占据了核心位置。

四、处于起步阶段的新媒体传播网络

1979 年至 2003 年，宁夏新媒体传播网络处于初始起步阶段。它具有单薄、弱小的发展特征，覆盖面、影响力极为有限。从用户规模、数量上来看，宁夏新媒体传播网络还属于小众传播范畴，网络用户很少。这一时期，宁夏新媒体传播网络对报纸、广播、电视传播网络均不足以产生任何冲击力和影响力。宁夏新媒体传播网络结构主要包括小部分的传统媒体在互联网上设置的电子版和 2003 年创办的银川新闻网、宁夏新闻网。在宁夏新媒体传播网络中，网络媒体传播的内容主要是传统媒体的内容。它传播的目标是延续和扩大传统媒体的影响力和覆盖面。它传播的形式还较为单一和简陋，还属于点对面的传播形态，单向输出性特征明显，互动性较少得到体现。即这一时期，宁夏新媒体传播网络在宁夏大众传播网络结构中还处于边缘的位置，力量弱小。

---

① 陈卫平. 中外广播电视简史［M］. 上海：上海外语教育出版社，2006：89.
② ［加］麦克卢汉. 理解媒介：论人的延伸［M］. 何道宽，译. 南京：译林出版社，2015：348.

第三节　电视传播网络占据主导的多元大众
传播网络结构分析

　　1979 年至 2003 年，宁夏大众传播网络结构中，电视传播网络已超越报纸、广播传播网络，成长为大众传播结构中的主导力量。同时，报纸、广播传播网络仍在强劲发展中且不断扩张，新媒体传播网络才刚刚起步，对以上的大众传播网络都不足以构成威胁。即 1979 年至 2003 年，宁夏多元大众传播网络结构发生了明显变化，由之前广播传播网络占据主导的三元大众传播网络，变化为由电视传播网络占据主导的多元大众传播网络。新媒体传播网络成为宁夏大众传播网络中的新成员。宁夏大众传播网络结构中的力量对比发生了显著变化。整体而言，1979 年至 2003 年，宁夏多元化大众传播网络结构的稳定性显著增加，扩张性更加明显。不再出现大众传媒的消亡以及断裂发展的情况，反而在较短时间内涌现了一大批定位、功能乃至形态不一的大众传媒，传媒种类的丰富性和多样化得到彰显。同时，这一时期，行政力量依然主导着宁夏大众传播网络的构建与生成，但不再表现得明显和强势。传媒的经济属性得到了释放。这一时期，宁夏大众传播网络焕发出勃勃生机。宁夏大众传播网络在反映、建构、形塑国家的社会情态，国家的社会形象，以及宁夏这一地方空间内的社会情态和地方形象方面，发挥了积极、主导的作用。它不仅更好地反映、建构和形塑了统一性的国家形象，还同时加大了对地方空间形象的反映、建构和形塑力度，并明显地增强了对多民族关系的正面反映和建构。

一、宁夏多元大众传播网络的结构性特征

　　相对于 1926 年至 1949 年宁夏单薄、脆弱且极具不稳定性和断裂性的大众传播网络，以及 1949 年至 1979 年宁夏的依然具有不稳定性的大众传播网络，1979 年至 2003 年，宁夏大众传播网络的稳定性显著增强，大众传播网络内部的扩张性也明显增强。但大众传播网络内部发展的不平衡性依然存在，

不同媒体的发展呈现出此消彼长的态势。同时，宁夏大众传播网络的多元性、丰富性、自主性都得到彰显，网络系统的开放性和兼容性也开始体现，行政力量的主导作用不再表现得那么强势和明显。

（一）大众传播网络的稳定性增强，还表现出明显的扩张性

从宏观层面来看，1979 年至 2003 年，宁夏传统媒体开始尝试和探索互联网应用。它们逐渐建立了网络电子版，开始将传统媒体的内容搬到互联网上，试图延续和扩大自身传播网络的影响力。宁夏专业新闻网站的出现进一步拓展和壮大了宁夏大众传播网络的范围。这一时期宁夏大众传播网络表现出较强的稳定性和扩张性。

宁夏大众传播网络的稳定性和扩张性表现为，在形成了报纸传播网络、广播传播网络、电视传播网络的基础上，还形成了新媒体传播网络。原有的三大传播网络都在稳定、连续地发展，并都表现出一定的扩张性。报纸传播网络方面，形成了以党报传播网络为首，以都市报、专业报、行业报为补充的多元报纸传播网络。报纸传播网络中新增了 9 位成员。其中，党报传播网络中新增了 4 位成员，其他 5 位成员共同组成了都市报、专业报、行业报传播网络，共同实现了报纸传播网络的整体扩张。广播传播网络方面，尽管城乡有线广播传播网络渐次凋零，但整体而言，宁夏形成了强大的四级混合覆盖的无线传播网络，一定体现出明显的扩张性。省、市、县无线广播电台达到 10 座，有线与调频兼容的电台（站）达到 12 座，广播发展实现了质的飞跃。电视传播网络方面，也表现出惊人的扩张速度和扩张规模，由仅有的 1 家电视台扩展为先拥有 7 家省、市、县无线电视台，后拥有 18 家省、市、县有线电视台，以及 53 座企业社区有线电视站，覆盖率和影响力均超过广播传播网络和报纸传播网络。电视传播网络成为扩张最为明显的大众传播网络。

（二）大众传播网络内部发展的不平衡依然存在，媒体此消彼长的态势明显

1979 年至 2003 年，宁夏大众传播网络由之前广播传播网络占据主导地位，演变至电视传播网络开始占据主导地位，传播网络结构间的力量对比重新发生了变化，旧的平衡被打破，新的不平衡产生。电视传播网络结构中，

有线电视成为无线电视有益的延伸和补充，并使之经济效益大增。另外，电视媒介属性得到不断应用和充分挖掘，新闻性的内容和娱乐性的内容的并驾齐驱使得电视传播网络逐渐成为这一时期大众传播网络中的主导力量。

报纸传播网络的整体辐射范围和人口覆盖率远远不及广播和电视传播网络。虽然这一时期宁夏以党报为首的整体报业的发展迎来了黄金发展期，它的发行量、广告收入节节攀升，报纸种类也愈发多样，但宁夏报纸传播网络在覆盖率和影响力方面还略显薄弱。原因在于以下四点。第一，报纸媒介独有的属性限定了报纸的面向群体：它要求具备一定文字阅读经验。第二，从普遍意义上讲，报纸主要是城市化、商业化的产物，主要面向城市聚集人群。对农村人口和边远地区的辐射力极为有限。结合宁夏的实际来看。2010 年，宁夏第六次全国人口普查数据显示，居住在宁夏乡村的人口为 3283003 人，占人口总数的 52.1%，即多半人口居住在乡村；居住在城镇的人口为 3018347 人，占人口总数的 47.9%，即城镇人口数低于乡村人口数。宁夏常住人口为 631350 人，其中具有大学（指大专以上）程度的人口仅为 576702 人，仅占人口总数的 9.2%；具有高中（含中专）程度的人口为 784596 人，仅占人口总数的 12.45%。假设具有高中以上文化程度的人口是报纸主要的受众群体，上述两者相加仅占 21.65%，连三分之一都没有达到。其中，具有小学程度的人口为 1879440 人，占 29.8%，已接近三分之一。也就是说，宁夏广大的农村地区、边远地区，以及占大多数的、文化程度偏低的群体都不在报纸传播网络的覆盖范围之内。第三，报纸的渠道铺设最后一公里的问题始终没有解决。宁夏日报 1949 年至 1997 年发行主要靠邮局。宁夏当时的道路发展和邮局建设，前期基础薄弱，后期发展缓慢、曲折，经历了城市与城市之间、城市与乡村之间漫长的现代化发展过程，直至改革开放后才有了更快的发展速度和更多的空间跨越。1997 年宁夏日报开始自办发行以来，主要依靠宁夏各地宣传部门开展订阅发行工作，最后一公里问题并没有得到解决，广大农村、乡镇的投递网络依然不健全。即报纸从来没有覆盖宁夏大多数群体和大多数区域，自然难以和广播、电视传播网络的包围式发展相抗衡。第四，报纸的发展空间还遭到了广播、电视传播网络发展的碾压。广播、电视传播网络凭借着技术优势和渠道渗透，以及电子媒介的固有优势，形成了对报纸发展空间的持续性碾压。这种发展空间的碾压在 1949 年至 1979 年表现为广播传播网络成为宁夏大众传播网络的主导力量，1979 年至 2003 年则表现为电视传播网络成为宁夏大众传播网络的主导力量。

在 1949 年至 1979 年曾经占据主导的广播传播网络，在这一时期，由于技术更迭发展的撬动作用、接收渠道失灵、地方政府管理的松动以及电视的蓬勃发展，不再拥有支配性主导力量，但还是这一时期大众传播结构中的重要组成部分。尽管报纸、广播、新媒体传播网络并没有在宁夏大众传播网络结构中居于主导力量位置，但每一种传播网络系统都在稳定发展并不断地在扩大中。它们之间的此消波长共同构成了宁夏大众传播网络结构的发展变化。

同时，宁夏报纸、广播、电视传播网络内部均出现了发展的不平衡。尤其是宁夏广播、电视传播网络中，媒体此消波长的情况尤为明显。宁夏报纸传播网络结构中，1979 年至 2000 年形成了多元传播网络结构：党报传播网络发展迅猛，占据着报纸传播网络结构中的主导地位。但 2000 年后，以《新消息报》为代表的都市报传播网络开始形成了对党报传播网络的强有力的挑战与竞争。同时，都市报传播网络开启高速发展模式。广播传播网络结构中，盛极一时的有线广播传播网络渐次衰亡，无线传播网络获得了长足的发展。广播技术和设备的不断发展、更新以及节目、内容的不断丰富和多元，都推动和促进着无线广播传播网络占据着这一时期广播传播网络中的主要位置。电视传播网络结构中，携强大技术优势和较好的观看体验，以及能带来更多选择性和一定互动性的有线电视传播网络，以后起之秀的发展态势，逐渐占据了电视传播网络结构中的核心位置。有线电视传播网络在数量发展、覆盖范围，以及用户使用量、使用率方面都处于优胜位置，而无线电视传播网络渐次退到了边缘的位置。这些都较为生动和明显地体现出媒体发展之间此消波长的演进态势和发展不平衡等特征。

（三）大众传播网络的多元性、丰富性、自主性得到增强

1979 年至 2003 年，宁夏大众传播网络充满了多元性、丰富性和自主性。这主要表现为以下两个方面。一方面，传统媒体网页电子版和具有独立域名的新闻网站的建成，体现出传统媒体的主体意识在增强，也客观上促进了宁

夏大众传播网络的多元性的发展。另一方面,宁夏报纸、广播、电视传播网络内部都充满了多元化、丰富性和一定程度上的自主性。宁夏报纸传播网络内部有党报传播网络,有都市报、行业报、专业报等传播网络。它们各自的功能、定位、属性等都有明显不同,发行对象和面对群体也具有明显的区别。广播传播网络内部经历了有线广播传播网络的自然性消退。调频广播电台的出现,携技术优势带来了更丰富、多样的节目内容和更好的收听体验,广播传播网络的丰富性得到增强。宁夏电视传播网络内部的自主性、多元性和丰富性体现得更为充分。宁夏电视传播网络经历了无线电视台的新闻传播实践和有线电视台的新闻传播实践,实现了由黑白电视向彩色电视的升级。它还实现了自办频道零的突破,自办频道在逐渐增多。同时开始了全自动播出,开始从微波传输发展到卫视传输,实现了有线电视数字化、网络化发展,电视节目内容和节目形态也更丰富和多样,电视广告收入也在逐年增多。

(四)行政力量的主导作用更加稳健,网络系统的开放性和兼容性得到体现

1979年至2003年,行政力量依然贯穿在宁夏多元大众传播网络构建与生成的过程中,但行政力量主导的强度和力度不再像1949年至1979年间那么强势且明显。因此大众传播网络系统的开放性和兼容性得到体现。这主要体现为以下三个方面。

1. 新闻传播实践出现了从宣传本位向新闻本位的艰难转身

这是大众传播网络中行政力量的主导作用趋向缓和、柔性的表现之一。新闻与宣传的本质区别在于:新闻是以事实为切入点,以客观性为理念追求,传播信息以消除人们的不确定性;苏俄及中国共产党宣传观念中所使用和认同的宣传概念主要是指通过说服、教育、思想塑造、改造等过程,使人们能够统一思想、凝聚共识。宣传是出于宣传者自身需求,而新闻的出发点是满足受众需要。[①] 宣传一般是按政治性要求直接输出,刚性呈现,新闻则要遵循专业的要求,以重要性、时效性、接近性等操作原则职业化、专业性地呈现。

---

① 李良荣. 艰难的转身:宣传本位到新闻本位——共和国60年新闻媒体 [J]. 国际新闻界, 2009 (9): 6.

在各类宣传中，政党宣传尤其是革命党宣传，更具强烈的政治性，即围绕着夺取政权或维护、巩固政权而展开宣传。凡政党主持的传媒，都以其强烈的政治宣传为基本使命，中国共产党所创办的所有媒体鲜明地体现了这一特点。① 1979 年至 2003 年，宁夏政党媒体的政治性依然强劲，但它整体上的传媒实践已发生了从宣传本位到传播本位的逐渐迁移。即宁夏大众传媒实践中，新闻宣传不再采用简单粗暴的报道形式，而是开始逐渐地采用新闻传播的形式。媒体开始注重新闻传播的职业化、专业化取向，开始具有受众意识，传媒的新闻时效性也因此得到提升。同时，宁夏大众传媒中，经济新闻、民生新闻、社会新闻、地方新闻的报道比例都在攀升。整体而言，1979 年至 2003 年，宁夏大众传播网络虽然还具有政治性和策略性特征，但行政力量介入的强度、力度和程度都有所缓和。宁夏大众传播网络开始更具包容性和多元性。

2. 宁夏大众传媒开始面向市场，并由此获得了更多的经济收入

1979 年至 2003 年，我国国家—地方统一性的事业化管理、企业化经营的体制安排，保障了中国共产党对新闻事业的领导权，同时还确认和释放了大众传媒的经济属性，使大众传媒开始面向市场。我国事业化管理、企业化经营体制安排一定程度上调和了党和媒体、媒体和市场之间的关系，是这一时期大众传播网络结构中行政力量发挥主导作用的体现。同时，1979 年至 2003 年，我国更具规模化的报纸、广播、电视传播系统的垂直化、条块状的管理体制的延续和确立，确保了不同传播网络各自成长为具有相对自主性和相对多元性的主体。这样的制度安排为中国不同传媒的发展都提供了一定的保护，也使传媒业都获得了一定的经济收益和较快发展。另外，国家"四级办电视"的媒体体制安排使党和国家的声音得到了更大范围的传播，这一体制安排在促进政治的同一性方面发挥了较大的作用，也使电视传播网络获得了强有力的制度支撑。电视传播网络由此得以快速发展，并逐渐在大众传播网络中占据了主导性位置。

3. 行政支撑力量在宁夏广播传播网络中不再发挥主导作用

宁夏有线广播发展初期，地方政府的支撑作用十分明显，广播事业发展的行政性、组织性行为特征非常明显。宁夏有线广播发展后期，即广播技术

---

① 李良荣. 艰难的转身：宣传本位到新闻本位——共和国 60 年新闻媒体［J］. 国际新闻界，2009（9）：6.

较为成熟、普及率较高的时期，宁夏有线广播行政支撑力量开始松动。

1982年，针对有线广播发展的衰落，宁夏通过了"宁夏市县广播站主管事业站长对保护好线路的岗位责任制"和"广播站线务员岗位责任制"施行方法，力图扭转有线广播的发展颓势。吴忠广播站无偿为农户安装喇叭，将街道舌簧喇叭更换为音柱；永宁县更新500瓦扩音机，改建机房576平方米，72个大队和生产队建了广播室。1983年，灵武县架设线杆1080根，至1998年广播线路达490杆公里。1990年，惠农县更换设备，架设广播专线239.42杆公里。中宁县整顿、改造、更新线路，1986年广播喇叭入户30063户，入户率75%。1988年，青铜峡县广播喇叭入户率达90%，成为该县有线广播发展的最高潮。因为强大的政府管理保障，至1987年，宁夏农村广播喇叭共计31万只，入户率达52.6%，但已经不能恢复到它发展的最高巅峰——最高时曾达34万多只，入户率达66%以上。[①]尽管如此，至20世纪90年代，还是难以扭转有线广播逐年衰落的趋势。至1997年，宁夏入户喇叭降到8万多只，入户率仅12.49%。面对有线广播逐年衰落的趋势，地方政府虽进行了挽救，但最终没有强制介入，顺应了媒介自身演化的趋势和潮流，任有线广播传播网络逐渐凋零。宁夏各县有线广播站在20世纪90年代后期先后停办，逐渐退出了历史舞台。

（五）经济属性得到释放，资本有力地支撑并促进了大众传播网络的发展

1979年至2003年，我国媒体体制开始向"事业化管理、企业化经营"的模式转型。这一媒体体制释放了大众传媒固有的经济属性。经济资本的进入使大众传播网络得到了巨大的经济支撑，也促进了大众传播网络持续、稳健地发展。大众传媒经济属性的释放和展现，是通过大众传媒进行常态性广告信息传播以及获取广告收入体现出来的，即广告收入开始成为衡量大众传媒影响力的要素之一。

1. 报纸的广告收入情况

《宁夏日报》1979年重新恢复刊登商业广告后，广告收入逐年增加。

---

① 宁夏通志编纂委员会．宁夏通志（十九文化卷下）［M］．北京：方志出版社，2009：984-985.

1980 年收获利润 17.1 万元，1988 年广告利润首次突破百万元，1996 年至 1997 年的年广告利润都达到 960 万元，1999 年年度营业额达到 2613 万元①，2000 年广告经营收入为 2042 万元。《银川晚报》2000 年广告收入达到 378 万元。《吴忠日报》1998 年广告收入达到 57 万元。《宁夏法制报》2003 年广告收入达到 40 万元，2006 年广告收入为 400 多万元。《新消息报》1999 年时广告收入仅为 20 多万元，2002 年已达到 1400 万元，2003 年达到 2268 万元，2004 年获利近 1000 万元。

2. 广播的广告收入情况

1987 年后，宁夏人民广播电台开始开办广告节目。广告节目开始逐渐稳定下来。宁夏人民广播电台开展的广告信息传播实践为：1987 年至 1989 年，宁夏人民广播电台开办《广告》和《广告与音乐》节目，每天 3 次，每次播出 5 分钟。1990 年，开办《广告信息》节目，每天 4 次，每次播出 5 分钟。1994 年至 1999 年，《广告》节目增加到每天 4 次，每次播出 5 分钟。2000 年，《广告》节目每天 7 次，每次播出 5 分钟。② 2000 年后，宁夏人民广播电台广告信息传播开始常态化持续性开展。

3. 电视与新媒体的广告收入情况

电视方面，宁夏电视台 1979 年起开始承办广告业务。但广告时段很短，每天只有一个时段，仅播放 5 分钟。我国电视历史上第一条商品广告，1.5 分钟的《参桂补酒》也于同年的 1 月 28 日出现在上海电视台的屏幕上。1997 年至 1998 年宁夏电视台先后开辟《品牌风暴》和《时空电视购物广场》专题广告，广告收入逐年提高。新媒体方面，1979 年至 2003 年，宁夏新媒体应用刚刚起步，还处于步履蹒跚的阶段，广告还未出现。这也从另一个侧面印证了这一时期的新媒体尚不具有市场价值和市场竞争能力。因为广告是全球大众传媒获取经济收益的一个主要形式，或者说是大众传媒经营的一个基本法则。大众传播过程中出现广告制作并播出是对大众传媒规律的一种积极的探索和有益实践。正如麦克卢汉所言，倚重书本的人往往错误地认为，如果没有广

---

① 李世举．宁夏传媒业发展面临的挑战与对策［J］．宁夏大学学报（人文社会科学版），2003（2）：123．

② 宁夏通志编纂委员会．宁夏通志（十九文化卷下）［M］．北京：方志出版社，2009：769．

告及其广告客户的压力，报纸会办得更好。读者调查揭示的情况使办报人大吃一惊，原来读者浏览时对广告和新闻材料一样满意。[①] 广告内容本身也是一种有效的商业信息。受众通过广告了解商品的功能、属性、价格以及未来的消费趋势，也能满足受众的商品使用与满足心理，以及消费欲望。媒体传播广告信息也是在满足民众的商业信息需求。

广告对大众传媒的发展有极大的促进作用。当广告成为大众传媒的一个重要经济来源之后，它推动了大众传媒的繁荣。商业化的大众传媒要攫取更多的广告利润，必然要最大限度地吸引用户，这不可避免地引起了对阅读率、收听率、收视率的重视，并引起相互之间的竞争。在激烈的市场竞争中，大众传媒自身的活力得以激发，会不断地探索更适合媒介自身发展的规律，并相互借鉴与促进，在内容供给上会不断地推陈出新打造精品，来吸引更多用户的眼球和广告商的青睐。"广告虽然不讨人喜欢，但它为电视节目提供了经费，注入了节目，促进了电视娱乐的繁荣。人们承认，电视屏幕一天比一天丰富了。"[②] 广告的涌现使大众传播网络结构中的内容呈现不再是单一的宣传内容，也具有了商业信息内容，广告也推动了媒体的二次售卖。1979 年至2003 年，我国大众传媒经济属性的释放使经济资本进入到媒体的发展和运营中，它有力地促进并支撑了大众传播网络的构建和整体性的快速发展。

（六）一定程度上反映、形塑和建构出国家形象和地方形象

1979 年至 2003 年，宁夏大众传播网络已具有规模化、系统化、多元化及扩张性等特征，稳定性明显增强。行政力量依然贯穿始终，但它不再强势、明显地发挥作用。同时，由于国家新的媒体体制确认、释放和激活了大众传媒的经济属性，经济资本的进入使大众传播网络更具发展动力。这一时期，宁夏大众传播媒介及其符号系统构建的空间表征整体性地反映、形塑和建构出这一时期国家开放、包容、多元一体、积极探索的正面形象，也反映、形塑和建构宁夏这一充满了活力和竞争，具有一定自主性和开放性，同样积极

---

① ［加］麦克卢汉. 理解媒介：论人的延伸［M］. 何道宽，译. 南京：译林出版社，2015：239.

② 郭镇之. 中外广播电视史［M］. 2 版. 上海：复旦大学出版社，2008：196.

奋进的正面地方空间形象。同时，都市报传播网络的兴起，广告传播的常态化，以及党报周末版的开办，都一定程度上反映、形塑和建构出整体社会经济形态以及个体的生活情态。

二、大众传播网络对宁夏多民族关系和民族团结形象的重大建构

空间意义重大已成共识。自战国以来，宁夏这一地方空间就处于不断地被形塑过程中，逐渐形成了多民族共生这一社会关系。1949 年至 1979 年，宁夏这一地方空间又几经调整，最终形成了民族区域自治这一地方空间。民族区域自治这一地方空间的形成并不单一建立在民族界限划分的基础上，而是源于对行政管理、历史沿革、民族聚居、人文地理、经济地理等因素的考量。其中，多民族共生关系仍然是弥漫其中的主要的社会关系之一。这种社会关系一经形成便一直存在。列斐伏尔（Henri Lefebvre）认为，空间是社会性的，其中弥漫着社会关系，空间不仅被社会支持，也生产社会关系并被社会关系所生产。[①] 从这个意义上讲，大众传媒的新闻传播实践是空间中的生产的组成部分，也是空间自身生产中的重要的一环，又反过来形成对空间的占有，也形成了有关空间的文化、知识、思想以及意识形态等，并被空间所决定。

由此观之，1926 年至 1949 年宁夏的大众传播网络和 1949 年至 1979 年宁夏的大众传播网络，都一定程度上反映、形塑和建构了当时的社会形态和社会主要结构特征，但对始终存续于其中的多民族共生的社会关系的反映、建构和形塑较少。1979 年至 2003 年，宁夏大众传媒新闻传播实践和大众传播网络的突出特征之一，就是在整体性地反映、形塑和建构出这一时期国家正面开放、多元一体、包容、积极探索的形象，以及地方空间内充满了活力和竞争性，具自主性和开放性、多元性和积极奋进的地方形象外，在反映、形塑和建构整体社会经济形态和个体生活情态外，还反映、形塑和建构了宁夏这一地方空间内的多民族关系和民族团结的正面形象。这一时期，宁夏大众传播网络在构建宁夏这一地方空间内民族团结的形象方面，开始了量和质的双重飞跃，实现了大众传播网络与宁夏这一地方空间内民族团结形象的生产性

---

① ［法］列斐伏尔. 空间：社会产物与使用价值［M］//包亚明. 现代性与空间的生产. 上海：上海教育出版社，2003：48.

和同构性关系。这种同构关系主要通过这一时期宁夏大众传媒实践中民族新闻报道比重的攀升和民族新闻报道常态化呈现而体现出来。

1979 年至 2003 年宁夏的大众传媒实践和 1926 年至 1949 年以及 1949 年至 1979 年的宁夏大众传媒实践相比，它在民族新闻报道方面，发生了巨大的变化：1926 年至 1949 年，宁夏大众传媒上极少出现有关民族新闻的报道；1949 年至 1979 年，宁夏大众传媒零星地出现了一点有关民族新闻的报道；1979 年至 2003 年，宁夏大众传媒开始常态化系统化地呈现和报道民族新闻。民族新闻的报道比例在宁夏大众传媒的新闻报道中的比重不断攀升。这表明，1979 年至 2003 年，宁夏大众传媒在反映、建构和形塑宁夏这一地方空间内多民族关系和民族团结形象方面发挥了突出的作用。

（一）报纸传播网络：1980 年后，民族新闻报道的比重开始加大

1984 年初，《宁夏日报》将原不定期刊出的"民族团结"栏目（半版），改为每两周定期刊出一整版。在省报中开创"民族团结"专版，这在全国省报中是首创，体现出《宁夏日报》的创新性。《宁夏日报》"民族团结"专版在宣传报道内容上主要围绕马克思主义民族观和党的民族政策，重点宣传报道民族聚居地区的政治、经济、文化教育等建设成就；报道宁夏乃至全国民族先进人物的先进事迹；报道各个民族亲密团结，改变家乡落后面貌的成就和事迹；介绍全国 55 个民族的基本情况和各民族自治地方的经济建设情况；介绍不同民族的风俗习惯、风土人情等。①

"民族团结"专版设有"民族工作论坛""民族政策问答""团结之花"，以及"兄弟民族""民族区域自治地方介绍""民族风情"等各具民族特色的栏目。②"民族团结"专版的宣传报道还重点放在宁南六盘山区和同心、盐池等贫困县市，突出报道干部群众一起改变乡村落后面貌的突出成绩和先进事迹。"民族团结"专版还突出报道民族干部的培养教育等方面的内容。

十一届三中全会以后，"民族团结"专版连续报道了同心县民族干部、群

---

① 王树禾，时茂清. 把握好民族地区的宣传报道［J］. 中国记者，1993（9）：9.
② 金玉琴. 聚焦民族地区民族报道的有益尝试——论《宁夏日报》"民族团结"专版的特色［J］. 宁夏社会科学，1998（5）：77.

众如何发展商品经济和第三产业脱贫致富的成就和经验。1986 年，"民族团结"集中报道了同心县的历史以及各民族建设发展中的成就。1996 年初，推出了"西部聚焦"栏目，涌现了《民族地区差距到底有多大》《缩小东西部差距的思考》《发挥区域优势，发展民族经济》《民族地区发展与控制人口增长》等新闻稿件。①

宁夏日报"民族团结"专版 1984 年创刊，截止到 2003 年，共刊出 302 期，在全国读者中产生了一定的影响。1998 年被评为全国民族团结进步先进集体，1990 年 10 月受到国家民委表彰。1992 年起，宁夏日报提出，新闻报道必须切合本地实际。

陈玲通过检索宁夏日报报业集团专有的数字资产存储检测系统发现，《宁夏日报》1995 年至 2003 年间，以"民族文化"为检索词的新闻报道的篇数分布如下：1995 年 13 篇，1996 年 47 篇，1997 年 38 篇，1998 年 37 篇，1999 年 38 篇，2000 年 78 篇，2001 年 88 篇，2002 年 56 篇，2003 年 62 篇，总计为 467 篇。和文化报道相比，占比为 2.6%。陈玲的结论是：《宁夏日报》有关"民族文化"的报道比重逐年增加。② 蔡雯、李勤抽取了《宁夏日报》2002 年每季度第一周的报纸做样本分析后发现：《宁夏日报》原创性新闻中，"民族新闻"所占的比例达到 14.8%。③

（二）广播传播网络：1980 年后，民族新闻的报道比例有所增加

1949 年至 1979 年，宁夏广播中有关民族新闻报道所占比重较小，未见开设有专栏。1980 年以后，宁夏广播中民族新闻的报道比例在不断攀升。民族新闻报道在反映、形塑和建构多民族共生关系以及民族团结正面形象方面发挥了重要作用。1983 年，宁夏人民广播电台的录音通讯《"花"开自有育花人》获得全国民族团结一等奖。2000 年 1 月 1 日，宁夏人民广播电台开办了"民族风情园""民族论坛"等栏目，星期二、四、六、日 6：15 至 6：30 播

---

① 金玉琴.聚焦民族地区民族报道的有益尝试——论《宁夏日报》"民族团结"专版的特色［J］.宁夏社会科学，1998（5）：78.

② 陈玲.自治区党报的民族文化报道研究——以《宁夏日报》为例［D］.西安：陕西师范大学，2010：15-16.

③ 蔡雯，李勤.少数民族地区党报新闻资料开发现状与对策［J］.当代传播，2004（2）：6.

出。其他地市、县广播电台在转播宁夏人民广播电台的节目时，也使民族新闻报道得到了二次转播和有效扩散。

（三）电视传播网络：1994年后，开展了民族新闻报道

宁夏的电视在积极反映、形塑和建构民族群体在宁夏的生活情态以及树立民族团结正面形象方面也发挥了重要作用。1994年5月，宁夏电视台创办了《五色土》节目。《五色土》隔周星期三播出，次周同时段播出，每期30分钟。内设"看宁夏"等小栏目。1999年6月，《五色土》节目改为每周播出，每次20分钟，设有"塞上风景线""看宁夏""百姓写真"等小栏目。宁夏电视台除了本地新闻和民族新闻报道中有关于民族群体在宁夏的生活、工作等信息外，还采用其他更多样化的方式一同塑造了宁夏民族大团结的形象。1985年至1986年，宁夏电视台与其他九省区电视台一起合拍了37集电视系列片《万里长征》，宁夏电视台承担了其中《河山揽胜》等的拍摄任务。该电视系列片1987年9月1日在13个省、自治区播出，荣获全国优秀电视社教类节目特别奖。

在有限的地方空间内，在新闻资源有限的条件下，宁夏大众传媒不遗余力地通过民族新闻报道方式以及其他方式，共同反映和塑造了宁夏多民族共生关系和民族团结的正面形象。宁夏的传媒实践有宣传本位的思想观念的烙印，也有新闻专业性的体现。宣传本位思想观念的烙印有主题先行、倾向性明显等特征，但并未脱离信息的范畴。信息的形成意味着自我的形塑，将自身放入某种形式载体中并获得意义。① 信息必须在某种形式中获得意义，人们则必须在这种形式载体的限制下予以了解。这是信息本身所固有的限定。1979年至2003年，在宁夏这一地方空间内，大众传媒秉持相同或类似的媒介立场，通过持续不断的宣传报道，在受众中建立了一种认知和情感秩序，共同构建了宁夏民族团结的正面形象。这一民族团结形象的正面塑造同时也通过新闻专业的职业性操作体现出来。新闻遵循真实性、准确性、客观性等新闻专业准则，呈现的信息总是现实生活的反映。之所以认定宁夏大众传媒及大众传播网络比较成功地反映、形塑和建构了宁夏多民族共生关系和民族团

---

① 陈卫星. 传播的观念［M］. 北京：人民出版社，2008：19-20.

结的正面形象，是因为这一建构本身既来源于社会现实，也非常契合社会现实本身。

三、媒体体制的发展与确立对大众传播网络构建的双重影响

1979 年至 2003 年，我国统一性的媒体体制模式有以下两个类型。一是由 1949 年至 1979 年的完全行政主导模式开始演变为以行政主导为主、以企业化运营为辅的并存模式，即形成了事业化管理、企业化经营的媒体体制。二是国家和地方的报纸、广播、电视分别形成了垂直式管理体系和条块管理格局，即形成了纵向一体的独立式管理模式。这两种媒体体制模式对我国大众传播网络的构建和发展产生了双重影响：一方面在成立之初都极大地推动和促进了大众传媒的快速发展，促进了大众传播网络的丰富和多元，另一方面又在一定程度上制约和束缚了新闻传播实践向纵深发展。当然，每一种媒体体制都植根于特定的历史情境中，并没有任何一种媒介体制堪称完美。①

（一）事业化管理、企业化经营的媒体体制的双重影响

事业化管理、企业化经营的媒体体制是国家沿用之前行政管理在业务层面的管理方式，主要是指传媒的经济来源部分除了一部分来自政府补贴以外，还要依靠大众传媒自身进行企业化运营来自负盈亏。企业化运营是以营利为目的，通过传媒本身的运作来维持生存并从中获利。事业化管理、企业化经营的媒体体制具有实践层面和制度层面的双重创新性。但事业化管理、企业化经营的"事业单位、企业化管理"的双向定位也充满了内在张力。

1. 自下而上的传媒实践推动着这一媒体体制的形成

正如家庭联产承包责任制制定之前，"包产到户"已经在安徽等农村开展起来一样，在全国新闻业确认"事业单位、企业化管理"这一媒体体制之前，各地的传媒实践已经开始这一探索。1979 年 1 月 4 日，《天津日报》率先恢复商业广告。② 1979 年 1 月 28 日，上海《解放日报》在二版、三版刊登了两条

---

① 秦汉．媒介体制：一个亟待梳理的研究领域——专访加利福尼亚大学圣地亚哥分校传播学院教授丹尔·哈林［J］．国际新闻界，2016（2）：73.

② 方汉奇．中国新闻传播史［M］．3 版．北京：中国人民大学出版社，2014：314.

通栏广告。同一天，上海电视台播出了广告。同一年，宁夏电视台播出了广告。如果说以上是媒体自觉行为，这一自觉性还体现为：1979年初，《人民日报》等首都主要报纸要求试行"事业单位、企业化管理"的经营模式，并得到管理部门的批准，随后在全国新闻业推广开来。管理部门批准的背后原因是，国家有限的财力已越来越难以支撑日益扩大的媒体群的发展，实行企业化管理能减轻国家财政压力。改革开放之前，全国广播电视系统的事业经费222万元，1977年已达到3.9亿元①，财政压力之大可见一斑。因此，这一体制创新部分是由于传媒业自下而上的实践推动的结果。

2. 这一媒体体制释放了传媒业的商业属性，使大众传播网络得以强劲发展

"企业化管理"撬动了行政主导下的一元管理格局，使始终充斥在国家—地方空间内的行政力量开始变得宽松，大众传媒商业属性也得以释放和激活。这一媒体体制的创新与成形是改革开放这一大时代背景下的孵化物，也是社会主义市场经济体制确立后的催生物。这一时期，学界对媒体属性的认识也由重大分歧达成基本共识。即李良荣提出的：新闻业既具有意识形态属性，也具有信息产业属性；既要认可新闻业的意识形态属性，即事业性，绝不动摇其党性原则，确保党对传媒业的领导权，也要承认新闻业的信息产业属性，使传媒业能理直气壮地将媒体当成产业来经营，从而走向市场。② 这二元属性的提出是对当时已经展开的新闻传播实践的理论追认，是对"事业单位、企业管理"的理论回应和支撑，调和了党和媒体、媒体和市场的关系，使大众传媒在经营层面跨入市场参与竞争成为可行的。

3. "事业单位、企业化管理"的双向定位充满了内在张力

这种内在张力主要表现为：作为"事业单位"，传媒的所有权、人事权、财务权均属于党政机关，重要的人事任免、投资决策、改版，甚至连报刊的发行定价、版面增减都需由党政领导批准。但它作为事业单位却得不到政府财政拨款，部分仅有的一点财政补贴也是象征性的，主要靠媒体自负盈亏。

---

① 黄勇. 新中国60年广播电视发展道路及发展走向［M］//中广协会史云南广播电视台编. 广播电视历史研究文存. 北京：中国国际广播出版社，2015：192.

② 李良荣，戴苏苏. 新闻改革30年：三次学术讨论引发三次思想解放［J］. 新闻大学，2008（4）：3.

作为"企业化管理"却享受不到企业的权利，不能自主经营与决策，是产业属性却不能实行产业化，实行企业化管理却不能企业化，是独立法人但不能独立行事。这样的内在矛盾从这一媒介体制诞生之日就存在并延续至今。双重属性的提出调整了党和媒体、媒体和市场的关系，却不能关照媒体与社会的关系。即遗漏了传媒业与生俱来的公共属性，以及传媒从业人员必须承担的社会责任。这也给传媒业带来了一系列新问题。① 同时，双重属性的提法还遗漏了传媒业的知识传承属性和公共教育功能。

这一时期，我国的媒介体制远非完美。但是和前一时期的媒体体制相比，已经是巨大的创新与进步。这一体制创新为大众传媒业带来了巨大的发展机遇。在事业化管理、企业化运营的指导下，我国的大众媒体从内容生产到流通，从版面到栏目设置，从广告经营、技术的引入到资金的管理与使用等都不同程度地面向市场。这种相对自由与充满竞争的市场体验，培育了传媒业的市场意识和创新精神，锻造了传媒业的产业品格。与世界上其他国家的传媒业相比，中国传媒业也具备了一定的可比性。丹尼尔·C. 哈林（Daniel C. Hallin）认为：一种优良的媒介体制需要具备以下三个特征：人们能就所处社会的实际情况形成公众意见；社会的不同成员都能以某种方式发出自己的声音；整个社会能够获知外界的思想与信息。② 按照这一标准来看，我国以行政主导为主、以企业化管理为辅的媒体体制还需要进一步完善和创新。

（二）垂直式管理、条块分割的媒体体制的双重影响

1979 年至 2003 年，宁夏大众传媒垂直式管理体系和条块管理格局的确立是对 1949 年至 1979 年媒体体制的延续和再确立。具体而言，宁夏的报纸、广播、电视都严格地对应于各自的行政管理部门，或隶属于自治区级党委，或隶属于地市级党委，或隶属于某个具体行政部门。也就是说，传媒被严格对应于各级行政部门，各级行政部门对它们进行统一的纵向管理。

垂直式管理、条块分割的媒体体制的优势在于，这种行业管理和地域管

---

① 李良荣. 艰难的转身：从宣传本位到新闻本位——共和国 60 年新闻媒体［J］. 国际新闻界，2009（9）：10.

② 秦汉. 媒介体制：一个亟待梳理的研究领域——专访加利福尼亚大学圣地亚哥分校传播学院教授丹尼尔·C. 哈林［J］. 国际新闻界，2016（2）：73.

理的制度安排确保了意识形态安全，也使不同媒介形态的媒体发展获得了相对独立性，使报纸传播系统、广播传播系统、电视传播系统都各自成长为相对独立、相对多元的主体。也就是说，分散性的组织机构避免了高度集中和垄断，条块化、分割式的管理为不同传媒的各自发展提供了诸多的保护。这一时期，传媒业都获得了较高的经济收益和飞速发展。宁夏这一时期的报纸、广播、电视都处于各自不同的发展周期中，各自传播网络内外都充斥着一定程度的竞争。条块状、垂直式的管理体制保障了不同传媒的各自发展进程，避免了不同传媒之间的竞争。

但条块状、垂直式的管理体制的不足在于，行政的条条块块肢解了传媒资源，各地域市场与各行业间行政壁垒森严。[①] 行业间行政壁垒森严的后果是：资源是封闭的，市场是分割的。报纸、广播、电视的管理者和经营者不能资源共享、节约成本，也不能相互进入对方市场，并购、重组等市场行为难以发生。这就使传媒发展难以实现融合，也难以更有效地发挥市场调节作用。这就导致传媒自身的造血能力先天不足，影响了产业的有序竞争和良性发展。1979 年至 2003 年，我国竖井式的管理格局和垂直式分割状的媒体体制的制约作用并不明显，但它已经开始制约着传媒业的发展。它的制约作用在面临新媒介的挑战时就会全面凸显出来。

---

① 肖赞军. 媒介融合背景下中国传媒经营体制改革研究 [J]. 湖南商学院学报，2008 (6)：97.

第四章　面向媒介融合的宁夏全景式大众传播网络构建（2003—2018）

2003 年至 2018 年，宁夏大众传播网络呈现出前所未有、多层次、多类别、多媒介形态、多元力量混杂交织的全景式发展态势。即由 1979 年至 2003 年由报纸、广播、电视、新闻网站构建的大众传播网络，发展到由报纸、广播、电视、新闻网站、手机报、媒体微博、媒体微信等共同组建的庞大的大众传播网络。其中，宁夏手机报、宁夏媒体微博、媒体微信成了这一时期大众传播网络中的新成员，并体现出发展迅速但影响力和传播力有限的特征。这一时期，宁夏大众传播网络内部的力量对比持续地发生着显著的变化。报纸传播网络自 2013 年起，开始遭遇强有力的冲击与挑战，整体经济实力、发行总量不断下滑。都市报的影响力渐次衰退，发展颓势毕现；党报传播网络凭借着地方政府的强势介入和主推、助推才得以维持现状。广播、电视传播网络在这期间仍在发展壮大，并开始集团化、规模化运营，但影响力开始收缩，不再居于大众传播网络中的主导位置。广播传播网络结构内部已出现由"广播"到"窄播"的趋势，受众也从"大众"转为"小众"。电视传播网络的收视率开始不稳定乃至下滑，用户规模大幅萎缩，在吸引和发展新的网络用户方面开始力不从心。由新闻网站和手机报构建的宁夏新媒体传播网络从起步阶段走向成熟，系统性力量不断壮大，却也呈现出迅速发展、壮大又逐渐沉寂的发展态势。由媒体微博、媒体微信等构建的宁夏新新媒体传播网络，在较短的时间内就成长为 2003 年至 2018 年宁夏大众传播网络中的重要一员。但媒体微博传播网络已经呈现出尚未成熟即开始遭遇冷遇的发展态势；尚在成长中的媒体微信传播网络还处于探索阶段，未来发展充满了不确定性。在媒介融合的面向下，2003 年至 2018 年，宁夏大众传播网络呈现出扩张性和收缩性并存、稳定性和不确定性并立的特征；贯穿网络始终的行政力量运行开始呈现出紧随技术发展的逻辑，且行政力量运行的逻辑逐渐增强。同时，宁夏大众传播网络还呈现出多样性和分散性的特征，并在媒介融合的面向下呈现出集中化的发展前景。

第一节　宁夏传统媒体的新闻传播实践（2003—2018）

2003—2018 年，宁夏报纸、广播、电视等传统媒体在经历了各自发展的黄金期和巅峰期后，开始出现经济收入、影响力等方面的下跌和下滑。其中都市报的广告收入、发行量出现断崖式下滑。党报也受到剧烈冲击，但地方政府的主导和助推作用基本保障了党报的发行量和覆盖面。广播出现了明显地从"广播"到"窄播"的趋势，受众也开始从"大众"转为"小众"，广播频率、频道专业化的探索还在不断进行中。电视依然具有强大的覆盖率，但整体性的收视率也在不断下滑，不得不通过多次改版的形式甚至通过跨区域合作的形式来探索生存和发展问题，然而效果均不理想。电视用户缴费率逐年下降，退网用户逐渐增多。电视在争夺网络用户方面滞后而缓慢，明显力不从心。

一、宁夏以党报为首、以都市报为重要支撑的主要报纸的新闻传播实践

2003 年至 2018 年，宁夏报业结构依然发生着明显的变化，形成了两大报业集团——宁夏日报报业集团（2006 年 7 月 26 日成立）和银川日报报业集团（2012 年初成立）。2003 年被称为宁夏报业大变局之年，宁夏日报社在继接收《华兴时报》和《法治新报》① 以后，又接收了自治区原科学技术协会下属的《宁夏科技报》。《宁夏科技报》更名为《新知讯报》后，开始于 2003 年试刊，2004 年 11 月暂停试刊，2005 年 8 月 18 日正式创刊，成为宁夏首份综合类文摘资讯报（于 2019 年 1 月 1 日休刊）。这一时期，宁夏党报体系又增加

———————————

① 2015 年《法治新报》更名为《宁夏法治报》。

了 2 个新成员——《银川日报》和《中卫日报》。新成员的加盟使党报系统依然成为宁夏体系中的核心力量。身兼党报和晚报双重属性的《银川晚报》这时期完全转型为真正意义上的晚报。它和都市报定位的《新消息报》一起构成了对党报的竞争。同时，《银川晚报》也与《新消息报》之间展开了激烈的竞争。尽管宁夏报业结构增添了新成员，但面临的整体性发展现状是：报业内外竞争加剧，整体经济实力、影响力开始下滑。20 世纪末 21 世纪初，宁夏广播电视总台的广告收入已超过宁夏日报报业集团。2013 年，宁夏日报报业集团广告总收入 1.4 亿元，广电总台则达到 2.4 亿元。2013 年，宁夏报业发行总量和广告收入均首次出现负增长，发行同比下降了 1%，广告同比下降了 4%。户外电子屏、楼宇视频等新兴载体的广告份额则成倍增长。在整体竞争性的氛围中，宁夏党报依然延续着通讯员制度特色。但和都市报一样，宁夏党报在传播实践活动中存在的问题也愈发明显。

（一）主要党报的新闻传播实践和存在的问题

2003 年至 2018 年，宁夏党报传播网络增添了两位新成员——《银川日报》《中卫日报》。它的另一位骨干成员《银川晚报》2012 年起开始转型为真正意义上的晚报，成了宽泛意义上的都市报传播网络中的新成员。这一时期，宁夏共有 7 份主要党报：《宁夏日报》《石嘴山日报》《吴忠日报》《固原日报》《银川日报》《中卫日报》《华兴时报》。和 1979 年至 2003 年宁夏的党报体系相比，这一时期的宁夏党报传播网络失去了一位成员，增加了两位新成员。

1. 《宁夏日报》的新闻传播实践及存在的问题

2003 年至 2018 年，《宁夏日报》面临着来自都市报、晚报、广播、电视等传统媒体的竞争，也遭遇到了以新闻网站为代表的新媒体和以微博、微信、短视频等为代表的新新媒体的冲击。它自身在新闻传播实践中的问题也不断凸显。尽管《宁夏日报》采取了多种措施来保发行和巩固覆盖面，但是也一度出现了明显的经济下滑的趋势。不过地方政府的积极介入和主推、助推保障了《宁夏日报》的坚挺地位。2016 年，在市场类报纸遭遇断崖式经济下滑的形势下，《宁夏日报》的订阅发行依然达到 6.5 万份，同比增长 5000 份，广告收入 3696 万元，同比增长 1%。① 同时《宁夏日报》在业务制作上依然精益求精，这一时期获得了报纸版面类一等奖，并推出了一批有关民族团结的新闻报道。

（1）《宁夏日报》的新闻传播实践

《宁夏日报》为应对多种元素的冲击主要采取了以下三种措施来保发行巩固覆盖面。一是 2003 年后《宁夏日报》的发行、征订开始依靠宁夏回族自治区党委的强势介入和推进来加以保障。当时的自治区党委书记陈建国先后五次对党报党刊征订工作作批示，要求确保任务不减，发行量力争有升。自治区党委副书记马文学和党委常委、宣传部部长李东东也多次召开专题会议，亲自督促检查。② 同时，宁夏回族自治区党委还组织区有关厅（局）、知名企业和财贸、金融部门开展以赠订党报党刊为主的文化扶贫活动，要求将党报党刊订阅作为一项必须履行的政治义务，务必完成好。自治区党委在每个征订期都会给各市县下达征订《宁夏日报》的任务，有些县市甚至财政直接买单。③ 二是为了扩大发行，宁夏日报社将 2004 年度《宁夏日报》在同心、固原、盐池等山区八市县的自办发行交邮政办理。这一发行方式的转变使宁夏日报 2004 年发行量比 2003 年增长 30% 以上。三是《宁夏日报》不断通过改版、扩版，实行彩色印刷，增加版块和栏目等形式来吸引更多受众。2008 年金融危机，全国大多数报业都在缩版瘦身，《宁夏日报》却逆流而上进行扩版，每周版数由 52 版扩至 64 版，同年盈利 407 万元。《宁夏日报》1949 年创刊之时为对开 4 版，后为对开 8 版，周末只出 4 版；2011 年平均每天 9 个版，周末每天只出 4 个版。④ 学者们曾经质疑《宁夏日报》的版面数量偏少，新闻总量偏少。2012 年 1 月《宁夏日报》再次扩版，由每周 64 版扩至 84 版，即平均每天 12 个版，版面全部彩色印刷，扩充了要闻版，单设了财经版，新

---

① 刘梦琦.《宁夏日报》："三招"打好传统媒体翻身仗［N］. 中国新闻出版广电报，2016-04-05（6）.

② 吴丹.《人民日报》宁夏发行量稳中有升［N］. 中国邮政报，2012-12-27（1）.

③ 任岚. 新媒体挑战下宁报集团的营销环境及策略研究［D］. 银川：宁夏大学，2014：13.

④ 顾广欣. 民族地区党报如何吸引大学生读者群——《宁夏日报》大学生阅读率调查引发的思考［C］//中国少数民族地区信息传播与社会发展论坛组委会. 中国少数民族地区信息传播与社会发展论丛. 北京：光明日报出版社，2011：265.

增"百姓热线"版，并开设"街拍客"栏目。还增加了文化、科教、健康、悦读、休闲等专刊。"经过多次改扩版，《宁夏日报》经济效益连年攀升，2008 年盈利 407 万元，2010 年突破 1000 万元，2012 年达到 1400 万元。报纸发行量也稳中有升，零售量由过去的每天几十份猛增到了上千份。实现了扩版是扩信息量、扩影响力、扩经济效益三大目标。"①

《宁夏日报》为应对各种竞争及挑战不断进行改版、扩版，并依靠自治区党委的强势介入和推进来保障征订和发行，但就经济效益而言已与昔日不可同日而语。1996 年至 1997 年，宁夏日报仅广告收入就达 960 万元，1999 年达到 2613 万元，2000 年达到 2042 万元，2013 年广告收入 6470 万元。自 2013 年以后，《宁夏日报》广告收入出现大幅下滑，同比下降 38%，利润降至 856 万元。在报纸利润大幅下滑的形势下，《宁夏日报》争取到 6300 多万元的财政补贴。同时，它还在项目带动、产业拓展、重点活动策划等方面狠下功夫，2015 年全年实现总收入 3.3 亿元，实现利润 4037 万元。

尽管《宁夏日报》也受到读者群体及广告商大规模迁移到互联网平台的冲击，也遭遇了发行下滑等危险，但它在阅读率不断下降、读者不断流失的困境中，在业务方面依然追求精益求精。《宁夏日报》2016 年 8 月 7 日制作刊出的二版和三版获得了第二十七届中国新闻奖报纸版面类唯一的一等奖。《宁夏日报》在历届中国新闻奖评选中，文字类稿件曾获一、二、三等奖。这次报纸版面获得了一等奖，填补了《宁夏日报》的一项获奖空白。② 获奖原因之一是《宁夏日报》的版面设计体现出了"要闻版面讲规范，分类版面求创新"的特点。

2003 年至 2018 年的《宁夏日报》一以贯之地重视宣传民族政策和法律法规，重视宣传民族团结进步的成功经验，推出一批有关民族团结的报道。如西吉县兴隆镇单家集回汉团结一家亲的报道等。2009 年《宁夏日报》开设"揭露乌市暴力犯罪真相"专版、专栏、专题，刊发《"7·5"事件是巨大阴谋 干部群众要擦亮眼睛》等新闻报道和评论，快速准确地报道和揭示了新

① 沙新. 群众路线是党报改革发展的第一引擎 [J]. 中国记者，2014（3）：12.
② 刘建华，张靖，何亚男. 如何打造一等奖版面？——宁夏日报获奖团队谈获奖版面创新 [J]. 中国记者，2017（11）：48.

闻真相。

《宁夏日报》优良的办报制度之一通讯员制度依然在延续。《宁夏日报》2013年5月起，在贺兰县开展"编辑与通讯员手拉手结对传帮带"活动。这一活动初见成效后，《宁夏日报》在五个地级市建立了试点后逐渐全面推广。并在要闻版开设"通讯员特区"专栏，刊发来自基层通讯员采写的报道，力争使基层通讯员（含记者采写）稿件的采用量达到50%以上。

（2）《宁夏日报》新闻传播实践中存在的问题

2003年至2018年，《宁夏日报》新闻传播实践中存在的问题凸显出来。主要表现为：信息总量不足，原创性新闻偏少；会议报道、领导人活动报道居多，问题性报道、调查性报道、深度报道偏少；版式缺乏特色，报道方式缺乏创新；新闻评论数量偏低，力度不够等等。

蔡雯、李勤在抽取《宁夏日报》2002年每季度第一周的报纸做样本分析时发现：《宁夏日报》"新闻信息总量不足，深度报道薄弱"，"原创性报道较少，新闻信息资源开发能力不足"[①]。另外，《宁夏日报》领导活动、工作报道居多，"八小时以外"的文化生活类报道较弱；新闻时效性较差，采编工作缺乏效率；要闻版报道创新不够，缺乏特色；新闻评论相对较弱；报道策划能力不强，报道方式缺乏创新等等。

这是学者在2002年通过抽样调查和对比分析后发现《宁夏日报》存在的一些问题。经过近10年的发展，到了2011年以后，《宁夏日报》这些问题是否已经改观了呢？其他学者的抽样调查显示，《宁夏日报》曾经存在的问题依然十分突出。

首先，会议新闻和领导人报道所占总量仍然较大，占比较高，且仅围绕领导人参加会议和出席活动来报道，没有体现出新闻专业的价值判断标准。顾广欣采取一月份抽第一周、二月份抽第二周、三月份抽第三周的方法，抽取了宁夏日报2011年1月1日至2011年8月31日的报纸，分析发现：《宁夏日报》对会议及领导人活动的报道中，版面数量为131版，报道数量为1188条，会议新闻264条，占报道总量22%；领导人活动报道122条，占报道总量10%。

---

① 蔡雯，李勤. 少数民族地区党报新闻资源开发现状与对策——对五家民族自治区党报的抽样分析 [J]. 当代传播，2004 (2)：5.

在《宁夏日报》读者问卷调查中，读者对会议报道的不满意率达到49%。①

其次，问题性报道、调查性报道、深度报道非常少，几乎处于缺失状态。②《宁夏日报》56期报纸要闻版中，成就性、工作性报道居多，一般性稿件挤占了大量版面，问题性报道、调查性报道、深度报道数量非常少。在抽样的样本中只有2篇篇幅短小的问题性报道，调查性报道、深度报道鲜见。

最后，新闻评论数量不足、力度不够。谢明辉抽取了《宁夏日报》《内蒙古日报》《南方日报》2009年3月份、7月份、10月份共3个月的报纸进行对比分析，结果发现：《宁夏日报》评论文章总数和原创性评论文章，比上不足，比下有余。即远高于《内蒙古日报》，又远低于《南方日报》。三个月中《宁夏日报》评论文章总计200篇。其中本报原创性评论文章167篇，占比83.5%；转发性评论文章（转自人民日报社论和新华社评论员文章）33篇，占比16.5%。在评论指向上《宁夏日报》的不足在于：建议、阐释类评论居多，争鸣类和研究类评论缺失。在版式设计上，没有评论专版，是在其他版另设专栏评论。《宁夏日报》社论和评论员文章一般固定刊载在要闻版显要位置，在其他版另设专栏评论，如"塞上论坛""谈心会""经济杂谈"等。专栏数量不多。遇有重大政治活动，多数评论专栏随即停刊评论文章以配合重大宣传报道。

2.《中卫日报》《银川日报》的新闻传播实践

2003年至2018年，宁夏新创刊的《中卫日报》于2005年4月28日刊出，每周二至周五出版，四开八版，彩色印刷。《中卫日报》的办报宗旨是：坚持宣传党的路线方针政策以及市委、市政府的决策和措施，讴歌人民群众的业绩，传播科学文化知识，以引领舆论、关注民生。③《银川日报》2012年11月18日创刊。创刊之初为对开大报，周一至周五8个版，周六、周日4个

---

①　顾广欣. 民族地区党报如何吸引大学生读者群——《宁夏日报》大学生阅读率调查引发的思考［C］//中国少数民族地区信息传播与社会发展论坛组委会编. 中国少数民族地区信息传播与社会发展论丛. 北京：光明日报出版社，2011（10）：266.

②　顾广欣. 民族地区党报如何吸引大学生读者群——《宁夏日报》大学生阅读率调查引发的思考［C］//中国少数民族地区信息传播与社会发展论坛组委会编. 少数民族论坛论文集. 北京：光明日报出版社，2011：267-269.

③　宁夏通志编纂委员会. 宁夏通志（十九文化卷下）［M］. 北京：方志出版社，2009：1125.

版。版面包括本土新闻版块、时事新闻版块、人文副刊版块、形象宣传与商业广告四个版块。创刊之初，设有"看天气""以案释法""党报热线""民情速递"等栏目，有新闻动态，也注重资讯整合及专家解读，注重从受众角度提供信息性服务信息。①《银川日报》把供给服务类新闻作为进行差异化竞争的主要内容之一。服务类新闻的基本特征是实用性。故《银川日报》创刊以后就突出和加大服务类新闻的报道力度，凸显实用性。这也是《银川日报》在面对新媒体的冲击下所选择的一种吸引受众的战略。2015 年，银川日报社被列为国家级数字出版转型示范单位，是宁夏唯——家获此殊荣的媒体，西北地区只有 3 家。

3. 其他主要党报的新闻传播实践

《吴忠日报》2008 年成长为宁夏一级报纸，报纸总体质量居宁夏第二，仅列《宁夏日报》之后，居 5 家地市级报纸之首。《吴忠日报》坚持"党报性质 晚报特征"，进行了三次改版。②《石嘴山日报》2009 年 5 月进行改版，开始出版彩报。改版后设 A、B 双叠，A 叠主要报道市委、市政府的中心工作及全市重点工作，B 叠主要提供综合性信息类服务。③《石嘴山日报》还积极探索晚报都市报路线，力求在党报和都市报之间寻求平衡，并加大本地新闻报道力度，以大量地方化新闻报道来彰显地域特色。截至 2009 年，本地新闻占 70%。2009 年 11 月《石嘴山日报》创办《星海湖周刊》，16 版，开设"民生·热线""记者调查""时尚·消费""奇石"等本地新闻专版；2011年将社区新闻设置为主打新闻并不断进行报道。每年 5 月到 10 月，《石嘴山日报》开办"新闻直通车"栏目，深入各大社区采写社区新闻。2011 年记者采写了 50 多篇社区新闻稿件，收集了百余条新闻线索，刊出了 10 个版面。④

（二）都市报的新闻传播实践及存在的问题

2003 年至 2018 年，宁夏都市报报业系统又增添一位新成员——《银川晚

---

① 鲍淑玲. 服务性报道让党报更接地气 [J]. 中国地市报人，2016 (1/2)：25.

② 苏克龙. 吴忠日报蝉联宁夏一级报纸 [N]. 新消息报，2008-12-25 (2).

③ 王金建，戎炜. 晚报都市化 新闻本土化——西部地区党报的发展实践 [J]. 中国记者，2012 (3)：106.

④ 王金建，戎炜. 晚报都市化 新闻本土化——西部地区党报的发展实践 [J]. 中国记者，2012 (3)：107.

报》。《银川晚报》原来兼具党报和晚报双重属性。它于 2012 年转型为晚报，成了都市报传播网络中的一员，和《新消息报》之间展开了激烈的竞争。近年来，宁夏都市报不断遭遇新媒体、新新媒体的挑战和冲击，广告收入和发行量都开始出现断崖式下滑。2013 年，宁夏报业发行总量和广告收入均首次出现负增长，发行同比下降了 1%，广告同比下降了 4%。从全国来看，2010 年，报纸广告虽然增速达到 17.8%，但广告总市场占比开始下跌，下跌了 1.2%。2011 年，报纸广告增速开始下跌，下跌了 11.2%。2012 年，全国报纸总销量开始下跌，同比下跌 3.09%；广告增速则出现负增长，同比下滑了 6.9%。2013 年上半年，报纸广告增速同比又下降 6.1%，亏损的报纸的范围在不断扩大。也就是说，从 2010 年开始，全国报业广告总市场占比开始下降；从 2011 年开始，报纸广告增速开始下降；从 2012 年开始，全国报纸总销量开始下降，广告增速开始出现负增长。此后这种发展态势延续至今。从宁夏来看，正如宁夏报业的发展同其他经济较发达地区相比略显迟滞一样，宁夏报业所遭遇的挑战和危机也来得稍晚一些。但 2013 年后宁夏都市报连连下跌的态势也已经呈现。

1.《银川晚报》的新闻传播实践

一度以晚报身份兼任党报的《银川晚报》在 2003 年至 2012 年还是具有党报和晚报双重属性，从 2012 年起开始真正转型为晚报，进行了全新改版并重新定位。故《银川晚报》的新闻传播实践分为两个阶段。2007 年的《银川晚报》，据学者随机抽取的 2007 年 1 月 22 日至 1 月 28 日这一周封面内容分析发现，它的原创新闻率较高，转发率较低。只有 2 幅图片来自新华社，仅占封面信息总量的 3%。原创新闻率是指来自本报记者采写的比率，文字占 79.1%，图片占 20.9%。一周内本地新闻占 33.3%，国内新闻占 10.3%，国际新闻占 9.5%。[①] 2009 年，《银川晚报》周一至周五为 32 版，专刊特刊较多。2011 年，《银川晚报》广告代理额达到 2100 多万，比上年增长 5%；2012 年代理额达到 2205 万元，继续保持了增幅 5% 以上的增长。[②]

2012 年《银川晚报》转型为晚报后，进行了全新改版并重新定位。全新

---

① 李琳. 民族地区晚报发展研究 [D]. 北京：中央民族大学，2007：21.

② 张涛. 银川晚报和新消息报比较 [D]. 西安：陕西师范大学，2014：11.

改版包括：改双封面形式为单封面单叠，封面采用大标题、大图片、标题导读等都市报通用的新外观形式；新闻内容方面，时政类新闻报道开始弱化，社会民生新闻、社区新闻、服务性新闻有所强化。2012 年以前，《新消息报》在银川的都市报报业市场中一枝独秀，《银川晚报》重新定位为晚报后，两者之间的竞争开始了。2012 年两报的官方数字显示，《新消息报》的发行量为 10 万份左右，《银川晚报》为 7 万份左右。《银川晚报》在 2015 年再次改版。这一次改版与以往改版的不同之处在于，不仅仅是版面设置创新，而是也同《银川日报》一样开始注重提供服务性新闻报道。这也是应对新媒体冲击的一种新策略。

2. 《新消息报》的新闻传播实践

《新消息报》在宁夏都市报传播网络中占据着主导位置。2007 年和 2009 年，《新消息报》凭借着强劲的发展势头、突出的广告收入和不断的创新实践，两次获得"中国最具传播力创新传媒百强"称号，成为中国十大创新都市报之一，是宁夏唯一获此大奖的报纸，也成长为西部地区传媒界创新发展最具代表性的媒体之一。2013 年，《新消息报》改版，进一步强化新闻办报理念，突出社会民生新闻报道，突出深度报道、银川本地新闻报道、社区新闻、热线报道和网事报道。《新消息报》号称面向整个宁夏发行，但其主要发行区域是银川市，70%的受众是银川市民。2013 年的改版更加贴近本地读者。周一至周五固定版面为 32 版。

《新消息报》在报道内容上，和《宁夏日报》《银川晚报》一样，都加大本地新闻的报道力度。张涛抽取了 2012 年、2013 年《新消息报》《银川晚报》两年共 200 份的报纸样本进行分析，结果发现：《新消息报》新闻总量为 7060 条，本地新闻总量为 3912 条，日均本地新闻量 39 条，本地新闻占新闻总量 53%。《银川晚报》新闻总量为 4998 条，本地新闻总量为 2913 条，日均本地新闻量 29 条，其中本地新闻占新闻总量 58%。[①] 本地新闻是都市报赢得市场和读者关注的有效途径之一。

2013 年，《新消息报》广告额 7600 多万，比 2012 年增长 1173 万，增幅

---

① 张涛. 银川晚报和新消息报比较［D］. 西安：陕西师范大学，2014：14.

达到 18.9%。^① 但整体而言，2009 年起《新消息报》广告额增速开始放缓。到了 2012 年，首次出现同比下降的情况。导致《新消息报》广告额增速放缓、下滑的因素有很多，其中新媒体、新新媒体对广告客户投入的分流是其中不可忽视的一股强有力的竞争力量。

3. 宁夏都市报新闻传播实践中的问题呈现

宁夏都市报在新闻传播实践中主要呈现出以下三个方面的问题。

（1）新闻报道内容差异化不明显。《新消息报》和《银川晚报》的属地均在银川，发行范围、覆盖人群和主要目标群体相对重合。《银川晚报》的定位是"银川市的主流媒体"，目标和受众群体主要是银川市民，订阅和发行也以银川市为主。《新消息报》虽号称面向全区，但具体订阅、发行也主要是立足银川辐射周边城市，70% 的受众都是银川市民。故两者之间处于同城竞争的状态。银川市地处西北，城市规模偏小，人口数量偏小，现代化程度偏低，新闻资源有限。在这样的一个中小城市中存续两份定位并无很大差别的都市报，必然存在着报道内容同质化的现象。"记者采写的新闻不仅内容差不多，写法也一致"，"每逢重大会议或者政务活动，《银川晚报》和《新消息报》的时政报道相差无几"^②，且都报道语言生硬，报道形式模式化缺陷明显。

（2）新闻评论数量不足、力度不够。张涛抽取 2012 年、2013 年《新消息报》《银川晚报》两年共 200 份的样本进行分析，结果发现：《新消息报》新闻评论总数为 312 条，日均评论 3 条；本地评论 216 条，占比 69.2%；国内评论 96 条，占比 30.8%。《银川晚报》新闻评论总数 80 条，日均评论 1 条；本地评论 54 条，占比 67.5%；国内评论 26 条，占比 32.5%。即两份报纸日均仅有 1 条或 3 条评论。并且《新消息报》没有自己的专业评论员队伍。它的评论文章主要来自社外转发或者读者来信，多为小言论，话题琐碎、具体、观点浅显、直白，很少能起到明辨是非、答疑解惑和思想引领的作用。《银川晚报》只有 1 名专职评论员，评论员队伍薄弱。这两份报纸评论关注范围较窄，大多限定于社会、文化等领域内的新闻事件，对全国范围内的重大事件

---

① 张涛．银川晚报和新消息报比较［D］．西安：陕西师范大学，2014：11.
② 张涛．银川晚报和新消息报比较［D］．西安：陕西师范大学，2014：15-17.

极少发声。①

（3）近年来广告版面占比逐年提高，商业性追求明显。《新消息报》和《银川晚报》在发展的黄金时期不断通过扩版、改版的方式，在增加了信息总量的同时也不断扩充着广告版面，体现出都市报不断追求经济利润的特征。近年来，《新消息报》和《银川晚报》为应对危机、降低成本，尽可能地不扩版，但广告版面占比还逐年增加，这减损了新闻信息总量，体现出都市报对经济利润最大化的市场追求。

表 4-1　2003—2018 年宁夏主要报纸一览表

报纸名称	成立时期	报纸性质	备注
《宁夏日报》	1958 年 8 月 1 日复刊	宁夏省委机关报	1949 年 11 月 11 日首次创刊，1954 年 8 月 31 日终刊
《银川晚报》	1988 年 7 月 1 日	市级晚报，银川日报社主管主办	原为银川市委机关报，2012 年转型为晚报
《石嘴山日报》	1988 年 1 月	石嘴山市委机关报	初为县级报纸
《吴忠日报》原《银南报》	1980 年 12 月 5 日	吴忠市委机关报	
《固原日报》原《固原报》	1985 年 4 月 5 日	固原市委机关报	
《法治新报》原《宁夏法制报》	1982 年 3 月	初为宁夏司法厅创办的专业性报纸，后归宁夏日报社主管主办	
《广播电视报》	1984 年 7 月	家庭生活报宁夏广播电视厅主办	
《新消息报》	2000 年 1 月	省级都市报	
《华兴时报》原《宁夏政协报》	1988 年 1 月 1 日	初为宁夏政协机关报，2005 年定位为社会时政新闻类报纸	初为宁夏政协机关报，后由宁夏政协主管，宁夏日报社与宁夏政协办公厅联合主办

① 张涛．银川晚报和新消息报比较［D］．西安：陕西师范大学，2014：44-45.

报纸名称	成立时期	报纸性质	备注
《现代生活报》	2003 年 12 月 19 日	都市生活类报纸	宁夏日报报业集团创办
《新知讯报》（前身是自治区科学技术协会下属的《宁夏科技报》）	2005 年 8 月 18 日	综合类文摘资讯报宁夏日报社主办	2019 年 1 月 1 日休刊
《中卫日报》	2005 年 4 月 28 日	中卫市委机关报	
《银川日报》	2012 年 11 月 18 日	银川市委机关报	2015 年，银川日报社被列为国家级数字出版转型示范单位

二、广播、电视的新闻传播实践和存在的问题

2003 年至 2018 年，宁夏成立了由 21 家事业单位和 3 家产业公司共同组建的宁夏广播电视总台，开始了集团化、规模化运营。这一时期又进行了经营性业务和资产的剥离和更名。宁夏广播电视总台现更名为宁夏广播电视台。2013 年，宁夏广播电视总台的广告收入超过了宁夏日报报业集团。其中，宁夏广播的新闻传播实践开始出现了由"广播"到"窄播"的发展态势，受众也从"大众"转为"小众"。宁夏广播电台不断地进行着广播频率、频道专业化的探索和实践。这也是受众细化分、小众化传播背景下的必然结果。宁夏电视台也不断通过改版甚至通过跨区域合作等方式来保持收视率和影响力。尽管宁夏电视台在不懈地做出改变并不断适应新挑战，但宁夏本地受众对宁夏电视台的认可度并不高，忠诚度也比较有限。在全国范围内，宁夏电视台在同中央电视台和其他省级电视台、市级电视台的竞争中也处于明显劣势。宁夏有线广播电视用户缴费率逐年下降，退网用户逐渐增多，在争夺网络新用户方面明显地存在着劣势，也出现了受众数量和规模萎缩的发展态势。

（一）广播新闻传播实践及存在的问题

宁夏广播电视总台于 2004 年 12 月成立。它主要包括由原宁夏人民广播电台、宁夏电视台、宁夏有线电视台在内的 21 家事业单位和包括宁夏广播电

视网络有限公司在内的 3 家产业公司共同组建，2005 年 7 月开始挂牌运行。
这标志着宁夏广播电视新闻事业开始了集团化、规模化运营。其间，宁夏广
播电视总台还将经营性业务和资产单独剥离开来，成立了 2 家传媒有限公司。
宁夏广播电视总台 2014 年更名为"宁夏广播电视台"，集团拥有广播、电视、
报纸、网络、电影五种传播媒介，共拥有 5 家电视频道，5 套广播节目。覆盖
范围包括宁夏全境及周边区域。在集团化、规模化经营的同时，宁夏广播新
闻传播实践中定位模糊、内容特色不明显、经营管理滞后等问题以及频道专
业化程度较低、重播率较高等问题也开始凸显出来。当下宁夏广播的新闻传
播实践和报纸、电视一样，都遭受着来自新媒体、新新媒体的强劲冲击，都
在媒体融合的面向上探索着未来的发展之路。

　　2008 年，宁夏 4 套广播节目每天播音 80 个小时 55 分钟，人口覆盖率达
到 91.42%。4 套广播节目全部上网，均实现了在线播音。2014 年后，宁夏广
播电视台共拥有 5 家电视频道：公共频道、卫视频道、经济频道、影视频道、
少儿频道；5 套广播：新闻广播、交通广播、经济广播、旅游广播、音乐广
播。节目覆盖宁夏全境及周边省区。拥有有线电视用户 108 万户。[①]

　　宁夏新闻广播是宁夏广播的主频率，全天播音 21 小时，16 档新闻节目约
占全天节目总量的 70%。宁夏经济广播全天播音 19 小时。宁夏音乐广播 2015
年 6 月 16 日开播。宁夏旅游广播 2017 年 3 月 19 日开播，设有《向快乐出
发》《驾车 FM》《人在旅途》《神奇宁夏》《吃在宁夏》《旅友狂欢》等栏目。
其中，宁夏都市广播·旅游 1037 是宁夏回族自治区级专业旅游广播频率。

　　宁夏交通广播是宁夏唯一一家全区范围内同频覆盖的专业性广播媒体，
24 小时播出，自办节目的比重较大，在节目总量中的占比达到 75%。拥有
《红绿灯 方向盘》《的哥哈喜喜》《984 车友俱乐部》《时光漫步》和《一路
同行》等一众精品节目。其中大型系列广播方言情景喜剧《的哥哈喜喜》最
具知名度，影响力也最大。《的哥哈喜喜》最大的特色是用宁夏方言播出，内
容主要围绕一对出租车夫妻的日常生活展开。在小众群体出租车群体中的认
可度较高，并在其他群体中弥漫式扩散开来。方言类节目《的哥哈喜喜》的
出现是宁夏广播在传播实践中追求个性化、本土化的一种积极的探索和实践。

---

　　① 宁夏广播电视台 2016 年度部门决算［EB/OL］. 宁夏广播电视台，2017-12-12.

方言节目表达方式独特，并因其所蕴含的历史文化、思维方式、人生态势、表达习惯等和一方水土、一方百姓息息相关，故能产生非方言所能达到的传播效果，也成为保持地方媒体竞争力的一个独特的运行策略。① 但方言节目的存在与发展也存在着一定的争议。有观点认为，方言节目针对性比较强，在受众数量上属于小众传播，生存空间有限。另外，方言节目阻碍了普通话的推广。② 显然，在区域空间内，广播的新闻传播实践如何处理应用方言与国家通用语言的问题，是值得深入探讨的问题。

（二）以宁夏电视台为代表的宁夏电视的新闻传播实践及存在的问题

2003 年至 2018 年，宁夏电视台的发展数量和规模保持着和 1979 年至 2003 年宁夏电视台的数量和规模上的一致，但电视台的生存和发展却遭遇着强有力的冲击与挑战，收视率开始不稳定甚至出现下滑。电视台不得不通过多次改版来加以应对。其中最具实力和影响力的宁夏卫视还尝试通过跨区域合作的方式来提高收视率、扩大影响力。概括而言，在宁夏这一地方空间内，宁夏省级电视台、市级电视台、县级电视台都在激烈争夺本地受众，但本地受众对它们的认可度并不高，忠诚度也有限。在全国范围内，宁夏电视台在同中央电视台以及其他省级电视台、市级电视台的竞争中处于明显劣势，在全国范围内除了宁夏卫视的《印象宁夏》等个别节目具有一定的知名度外，其他有代表性和影响力的节目较少。

近年来，宁夏有线广播电视用户缴费率逐年下降，退网用户逐渐增多。宁夏电视在争夺用户方面明显力不从心。由宁夏电信运营商主营的 IPTV 的用户数量开始激增，从 2015 年底的 30 多万用户迅速增长到 50 多万用户。2017 年初，宁夏有线广播电视用户达到了 108 万户，市场发展已趋饱和，人口红利和数量优势不断消退。而网络用户的增长却滞后而缓慢，宽带用户仅 20 万户。宽带用户数量偏少的原因有很多。其中广电有线网络出口带宽数量偏少、互联网 IP 地址资源不足等技术和渠道的问题使巩固和拓展有线广播电视用户方面困难重重。电信等运营商在网络资源配置方面拥有着先天性的竞争优势。

---

① 谢鼎新.中国广播电视研究的演变［M］.合肥：合肥工业大学出版社，2014：165.
② 谢鼎新.中国广播电视研究的演变［M］.合肥：合肥工业大学出版社，2014：166-167.

它在网络带宽资源方面拥有着技术和渠道的双重优势。也就是说，尽管这一时期宁夏的电视传播依然具有覆盖面最广、受众群体最普遍的优势，但它在发展过程中遭遇着激烈的竞争，发展优势不再。

宁夏电视的新闻传播实践尤以宁夏电视台的传播实践最具代表性和影响力，本书主要聚焦这一时期拥有 5 家电视频道的宁夏电视台的发展实践，尝试以点带面地勾勒出宁夏这一时期电视的发展现状及存在的问题。

2003 年后，宁夏电视台加大了栏目改版和创新的力度。改版之前的宁夏电视台在传播宁夏移民文化和宁夏的新面貌新发展上有所侧重，但频道的节目架构不够清晰，频道定位不够精准，节目质量方面参差不齐，节目编排也不尽合理。① 改版后，经济频道的新闻栏目《宁夏经视报道》压缩了常规性的时政新闻、会议报道，开始偏向专业化的经济报道，并有意识地突出地方特色。宫京成在 2003 年 8 月至 10 月期间采用深度访谈法考察了宁夏电视台的传播效果和收视情况。他发现：宁夏电视观众更为偏爱中央电视台和经济发达地区的卫视频道，而不是宁夏本地的电视频道。即宁夏观众对本土电视节目品牌认知度较低。大多数观众除了知晓《宁夏新闻联播》外，很难说出其他电视节目的名称。不过宁夏观众比较偏爱观看宁夏本土电视节目中的新闻类节目。调查显示，宁夏各电视台的综合性新闻节目，如宁夏电视台的《宁夏新闻联播》、银川电视台的《银川新闻》等在观众中拥有较高的收视率。但收视率偏向两极。即宁夏电视台和各县电视台的新闻节目收视率要高于地市级电视台节目。② 另外，宁夏本土观众普遍认为宁夏电视媒体的节目画面色彩饱和度不足、动感较差、包装质量的现代感不足。深度访谈还显示，宁夏电视观众还喜欢收看娱乐性节目。而宁夏电视节目中综艺娱乐性节目明显不足。

上述调查结果表明：宁夏本地电视台未能充分满足当地观众深层次、多样化的观看需求，从而导致宁夏本地观众对宁夏本地电视台认知度不高，忠诚度不够。同时宁夏本地电视台对电视媒介属性的认知上存在着明显不足，对电视新闻属性和娱乐属性和其他属性的挖掘和应用还不够，这些都导致宁

① 张学霞．宁夏电视台发展现状研究 ［J］．新闻爱好者，2011（16）：14.
② 宫京成，苗福生．当前宁夏电视观众的收视特征与传媒对策 ［J］．宁夏大学学报（人文社会科学版），2005（2）：98.

夏电视台在与中央电视台、省级卫视以及地市级电视台的激烈竞争中处于明显劣势。

宁夏电视台在 2003 年改版后，至 2004 年本地的收视率开始有所攀升。央视索福瑞 2004 年 1 月至 6 月数据显示：宁夏电视台在黄金时间段和后黄金时间段收视率达到 30.9%。其中，公共、影视、经济频道收视率分别占据本地第一、二、三位。宁夏电视台新闻节目、综艺类节目、专题类节目和其他类节目的收视率处于领先地位。宁夏公共频道在银川市的观众中认可程度最高，成为银川地区的强势媒体，观众忠实度达到 23.9%，位居银川市电视收视市场首位。① 但整体而言，宁夏电视台本地的收视情况并不乐观。

2005 年 7 月，宁夏广播电视总台组建后，电视频道节目进行了全面改版。电视自办节目从 16 个增加到 26 个。栏目类型涵盖新闻资讯类节目、电视杂志栏目和综艺娱乐节目等。此后，宁夏电视台开始精心打造特色频道和品牌栏目，对频道节目架构和内容进行大幅调整，着力把宁夏公共频道打造成以"新闻和综合"为特色的主导综合频道。② 这一时期，宁夏电视台较有影响力的节目有：卫视频道的大型文化类栏目《印象宁夏》，公共频道的电视新闻杂志栏目《新时空》，都市经济频道以"关注都市生活，服务百姓人家"为宗旨的服务资讯类栏目《都市阳光》，以及影视频道推出的讲述百姓故事、为百姓排忧解难的民生类专题栏目《老王说事》。宁夏广播电视总台组建以后，资源得到重组，实力得以增强。从广告收入上看，2005 年，宁夏广播电视总台经营总收入 1.5 亿元，其中电视广告收入首次突破亿元大关，实现了宁夏传媒广告业绩的新突破。③《印象宁夏》作为这一时期宁夏卫视黄金时段播出的具有鲜明区域特色的文化类栏目，在全国具有一定的影响力。

尽管宁夏卫视拥有一批有代表性的栏目并不断加大改版力度，但在大的时代背景以及激烈的竞争环境中，它的收视率还在一直下滑。学者通过问卷调查的方法调查了 2009 年宁夏地区的电视收视情况。结果发现：在宁夏地区，中央电视台的收视率依然最高，约占 50% 的收视份额，宁夏本地电视台

①　张学霞.宁夏电视台发展现状研究［J］.新闻爱好者.2011（16）：14.

②　张学霞.宁夏电视台发展现状研究［J］.新闻爱好者.2011（16）：14.

③　周瑞娟，米刚，郭绪雷，等.创建宁夏广电——宁夏广播电视总台成立一周年综述［J］.宁夏画报，2006（10）：28-29.

收视率约占38%。① 此次调查的结论是宁夏卫视的收视率较低。宁夏各电视台的收视情况分别为：宁夏公共电视台的收视率最高，达46.6%，宁夏经济频道的收视率是13.8%，宁夏影视频道的收视率是15.5%，宁夏卫视的收视率仅为6.9%，仅高于宁夏少儿频道。宁夏少儿频道的收视率仅为1.2%。

2009年，宁夏卫视已进入发展的瓶颈期，节目质量、覆盖率、收视率和经营创收方面都处于全国落后水平。自制节目内容简单，精品节目不足，电视剧场中首播剧、独播剧较少，收视率和影响力一直处于全国卫视中的后几位。②

为了谋求突破，走出突围，宁夏电视台2009年12月31日与上海广播电视台达成合作开发协议，将宁夏卫视与上海第一财经频道并机直播，重新打造宁夏卫视频道，并于2010年2月8日正式开播宁夏卫视新版节目。这是宁夏广电集团尝试事业产业改革，寻求外部合作之举。上海广播电视台2009年的广告收入超过75亿元，而宁夏卫视仅有1.5亿元。一般卫视频道的落地费就接近2亿元，多数卫视上星后都处于亏损或微利经营状态。③ 在这种困难的发展现状下，在国家广电总局2009年推行广播电视制播分离的大背景下，宁夏卫视开始了和上海广播电视台的合作之旅。这是我国电视媒体跨区域合作的第二例。首例是2010年1月湖南卫视与青海卫视的合作。按照合作协议，自2010年1月起，青海卫视除个别节目外，其他节目均由湖南卫视供给。青海电视台保有青海卫视的所有权、节目终审权、播出权和管理权以及本地新闻类节目、公益类节目的制作、播出权，湖南卫视享有其他电视节目的制作权和广告经营权。④ 上海电视台与宁夏电视台的合作模式与此类似。宁夏卫视除了保留《宁夏新闻》《印象宁夏》《全国新闻联播》等时长约2个小时的节目外，其他节目全部由上海广播电视台第一财经频道提供，基本已转变为财经频道。即宁夏卫视主要播出上海第一财经频道的财经节目内容，宁夏本土

---

① 冯蛟. 电视传媒资源的开发与利用策略研究——以宁夏广播电视总台为例［J］. 宁夏大学学报（人文社会科学版），2009（9）：159.

② 宁夏广电总局35期三支部. 广电跨区域深度合作的意义与思考——上海广播电视台与宁夏电视台合办宁夏卫视调研报道［J］. 中国广播电视学刊，2010（8）：13.

③ 宁夏广电总局35期三支部. 广电跨区域深度合作的意义与思考——上海广播电视台与宁夏电视台合办宁夏卫视调研报道［J］. 中国广播电视学刊，2010（8）：13.

④ 李世举. 跨区域合作与西部民族地区传媒的发展对策［J］. 当代传播，2011（4）：51.

节目所占比例极小。

这次合作表面上看是宁夏电视台实行制播分离的尝试，第一财经借此实现了借壳上星，是双赢之举，是电视台跨区域深度合作的体现。从理论层面上讲，电视台跨省合作突破了地缘限制，有利于资源的合理配置，是传媒经济规模化发展的内在要求，也是加强媒介竞争力的有效手段。但合作以后，宁夏本土观众流失率达到 6.1%，还引起了宁夏本土观众不适应、不满意、不认可的情绪反应。

2010 年 2 月 8 日并机直播的宁夏卫视和第一财经开播后，覆盖面大大扩展，可以覆盖上海、北京、广东等 31 个省、自治区、直辖市以及数百个地级城市，有效收视人口可能超过 6 亿，这有利于提升宁夏形象。但学者们对上述事件的评价趋于两极。持乐观意见的学者认为，东西部媒体跨区域合作提升了西部媒体的影响力、收视率，实现了优势互补。持悲观意见的学者则担心，东西部媒体实力差距明显，弱势媒体会对强势媒体产生依赖性，进而可能丧失自主性和独立性。① 那么合作以后效果如何呢？

谢明辉对宁夏五个市 18 岁以上的人口进行随机调查，考察了 2010 年 2 月 8 日至 10 月 17 日期间宁夏卫视的收视情况。结果发现：与上海电视台合作后，宁夏本土受众流失率达到 6.1%。对比之前宁夏卫视本土收视率偏低的现实，毫无疑问，两家电视台合作后本土观众的收视率更低了。对于新版节目，有 53.58% 的受访者认为合作后，电视节目质量有所提升，但受访者对节目的喜爱度并不高。和上海电视台合作后的宁夏卫视虽扩大了覆盖范围，提升了宁夏卫视的知名度，但对本土观众的吸引力非升反降。原因很简单，主要是财经频道的定位和财经节目内容与宁夏观众之间的匹配度较低。其实不止与宁夏观众的匹配度不高，就全国范围来看，财经内容的目标群体主要是商务人士、财经人员、金融界的精英以及对财经信息有需求、感兴趣的小众群体，从地域上看更适合经济较发达的区域或者一、二线城市的高端小众群体。宁夏的区位特点、经济整体发展的格局以及大多数民众都与财经频道及财经内容不相匹配。况且宁夏电视台经过 30 多年的发展，培育出来的固定电视受众早已适应和习惯宁夏电视台生产、传播的自制、本地性节目，尽管节目制作、

---

① 李世举. 跨区域合作与西部民族地区传媒的发展对策［J］. 当代传播，2011（4）：51.

播出质量不尽如人意，仍然部分地满足了地域性、接近性的信息需求。这次合作带来的面貌焕然一新的高端、大气、上档次、不接地气、小众的节目，自然引起了宁夏本土观众的不适应、不满意、不认可、不喜欢的反应。这损害了本土观众的地域认知、情感忠诚和媒体的信任感。从这个意义上，这次合作很难说是成功的。

针对宁夏本地新闻比例过少的现实和本土观众的不满意现状，宁夏卫视又于 2010 年 10 月 18 日改版，在《早间新闻》中扩大了本地新闻比例，新增午间、晚间时段两档本地新闻节目，《宁夏新闻》改为 22 分钟（原为 30 分钟），全部播出本地新闻。在整点新闻节目《最新闻》中增加宁夏资讯内容。宁夏新闻节目和自制专题节目在全天播出总量中的比例提高到 11%。① 但是，市场调查公司的调查数据显示：2009 年至 2012 年，宁夏广电总台收视率整体呈逐年下滑态势，2013 年后虽略呈回升走势，但收视率下滑已出现难以挽回之颓势。

宁夏电视台与上海广播电视台的合作持续到 2014 年 1 月 1 日终止，再由宁夏广电总台自主运营宁夏卫视。回归独立以后的宁夏卫视依然没有止住收视率的不断下滑，其体制积弊也没有如学者期盼的那样，在通过与上海广播电视台的合作以后得到有效的革除并实现新的变革。总之，宁夏电视业在媒体市场的激烈竞争中，在不断更迭的新媒体、新新媒体的冲击下，所面临的受众流失、广告商迁移、转型无力的困境真实而残酷地摆在眼前。

近两年来，宁夏电信运营商主导的 IPTV 用户数量激增，已由 2015 年 30 多万户发展到 50 多万户。而宁夏有线广播电视用户的缴费率却在逐年下降，退网用户开始增多。宁夏有线广播电视作为一度拥有最大受众群体和最广覆盖面的大众媒体，市场发展已趋饱和，却转型、升级无力，在网络用户增长方面发展缓慢而滞后，存在着广电有线网络出口带宽数量不足、互联网 IP 地址资源不够等技术和渠道方面的严重问题。

2003 年至 2018 年，宁夏电视在传统媒体传播网络中依然具有覆盖面最广、受众群体最普遍的优势。但是它在大众传播网络内外都遭遇着激烈的竞争，发展优势已经不再，面对着新媒介和新新媒介的一波接一波的冲击，它

---

① 张学霞. 宁夏电视台发展现状研究［J］. 新闻爱好者, 2011（8）：15.

的发展前景已经很难预测。

第二节　宁夏新媒体、新新媒体的新闻 传播实践（2003—2018）

　　2003 年至 2018 年，宁夏大多数传统媒体都拥有了微博、微信，少部分报社还拥有了独立的客户端。不过宁夏媒体客户端的下载量非常有限，传播力和影响力目前尚未凸显出来。尽管宁夏大多数媒体都拥有微博、微信，但宁夏大多数的媒体微博和媒体微信还只是被视为传统媒体信息传播的二次传播平台，它们运行的思路和做法还停留在传统媒体＋互联网的阶段上，还没有转变为互联网＋的思路。宁夏媒体微博、媒体微信在运行中还没有实现各种媒介资源、生产要素的有效整合，还没有实现信息内容、技术应用、平台终端、人才队伍的共享和融通。它们在形成一体化的组织结构、传播体系和管理体制方面还任重道远。不过，宁夏网民的增长速度和互联网应用已经远远超过了宁夏新媒体的发展速度。2010 年，银川市互联网用户数达到 24.2 万户，全部家庭户 63.3 万户，互联网用户已占到 38%。2011 年，宁夏网民达到 207 万人，增速排名全国第 4，互联网普及率 32.8%，超过全球平均水平（30.2%）。从全国来看，宁夏互联网普及率处在全国中等水平，新媒体应用却处于全国中等偏下层次。在宁夏新媒体发展的早期，宁夏的域名数、网站数、网页数、网页字节数这几个互联网发展的主要数据都位列全国倒数第三。[①] 至 2012 年，宁夏移动电话用户已达 605.44 万户，互联网用户已达 60.91 万户，且呈现不断增长趋势。显然，宁夏互联网的普及程度、网民的增长幅度已远超宁夏新媒体、新新媒体的应用程度，宁夏新媒体、新新媒体的应用与发展已滞后于互联网的发展应用。

---

　　① 赵英，张丽. 宁夏新媒体从业人员基本情况及思想状况调查［C］. 银川：宁夏社会科学界联合会 宁夏社会学会. 2014 年宁夏社会学会学术年会论文集，2015：679.

一、以新闻网站和手机报为代表的宁夏新媒体的发展及面临的问题

2003 年至 2018 年，宁夏以新闻网站和手机报为代表的新媒体①在较短的时间内获得了迅速发展，并形成了以地方性专业网站为主导，以中央驻宁新闻单位的新闻频道、具备转载新闻资质的商业性网站和宁夏手机报为有益补充的宁夏新媒体传播网络。然而在经历了快速增长和扩张以后，宁夏新闻网站和手机报存在的问题也越发明显，这些问题明显制约了它们的后续发展。它们存在的突出问题是：主要信息内容都来自传统媒体，同质化明显，在新媒体平台上缺乏原创性和二次创作的信息内容；表现形式静止、单一，缺乏多媒介形态的丰富性。更主要的是，宁夏新闻网站和手机报严重缺乏互动性，在对社交媒体的属性开发方面存在着严重不足，网络用户的点击率、阅读率都较低，传播力和影响力都较为有限，已出现了拥有大众传播媒介却沦为小众传播媒体的危险。特别是在新新媒体的冲击下，在网站用户大规模迁徙的背景下，宁夏新闻网站和手机报的发展前景都开始黯淡无光。

（一）宁夏专业性新闻网站的新闻传播实践及存在的问题

诞生于 2003 年间的银川新闻网、宁夏新闻网开启了宁夏新媒体新闻传播实践的先河。截至 2003 年底，宁夏已有 5 家地市级以上的新闻媒体建有互联网站、网页，有独立访问服务器的新闻媒体网站（页）达到 3 家。截至 2014 年，宁夏新闻网站共 8 家，其中 6 家都是传统媒体的新闻网站：宁夏新闻网、银川新闻网、华兴网、吴忠网、宁夏电视台网、固原新闻网；2 家是具备转载新闻资质的商业网站：宁夏信息港和宁夏网虫。这一时期存续的新闻网页、报纸电子版共 14 家。另有中央驻宁新闻单位网络媒体 3 家。以宁夏重点新闻网站为龙头，中央驻宁新闻单位网络媒体、地市新闻网页为骨干，区、市两级新闻网站和专业报刊网站优势互补，连同具备转载新闻资质的商业性网站

---

① 本文所指的宁夏新媒体主要是指宁夏地方性新闻网站和宁夏手机报，中央驻宁新闻单位的新闻网站以及具备转载新闻资质的商业性网站，如宁夏网虫、宁夏信息港并不在本研究之内。

一起构建的网络媒体体系已初步形成。①

截至 2018 年底，宁夏地方性的、具专业性和组织性的、在传统媒体基础上发展而来的新闻网站有 9 家。主要包括：宁夏新闻网（由宁夏日报报业集团创办）、宁夏网络广播电视台网②（由宁夏广播电视台创办）、华兴网（2012 年由《华兴时报》创办）、银川新闻网（由银川日报社创办，银川市新闻传媒集团创办）、银川广播电视网（由银川广播电视创办，银川市新闻传媒集团主办）、石嘴山新闻网（《石嘴山日报》创办，石嘴山市新闻传媒中心主办）、吴忠新闻网（《吴忠日报》创办）、固原新闻网（《固原日报》创办）、中卫新闻网（《中卫日报》创办）。另外，宁夏这一地方空间内还存在着中央驻宁新闻单位的新闻网站、传统媒体建有的网页电子版和具备转载新闻资质的商业性门户网站。也就是说，形成了以宁夏区级地方性新闻网站为首，以中央驻宁新闻单位的新闻频道、地市级新闻网站和具备转载新闻资质的商业性网站为有益补充的宁夏新媒体传播网络。但这一时期的宁夏新闻网站，在它的发展初期就存在着先天不足，中期又遭遇全国性商业门户网站强有力的竞争和挑战，现在在新新媒体的冲击下，开始和商业门户网站一起沦为"传统媒体"。

以专业性新闻网站为主的宁夏新闻网站在满足互联网用户的信息需求和扩大宁夏传统媒体的影响力方面，在传播宁夏本地新闻和民族新闻方面都发挥了不可替代的作用。但它存在的共性问题也比较明显，表现为以下五个方面。

其一，内容上主要以转载中央权威媒体和宁夏传统媒体上的新闻信息为主，原创性新闻信息较少；其二，表现形式上主要以文字和图片为主，较少音频、视频、动漫等其他的多媒介表现形式；其三，互动性严重匮乏。"在调查走访中，我们发现，包括宁夏新闻网、宁夏电视台网……在内的绝大部分新闻网站都没有开放新闻跟帖功能，有的网站怕出问题甚至长期关闭论坛、

---

① 赵英，张丽. 宁夏新媒体从业人员基本情况及思想状况调查［C］//2014 年宁夏社会学会学术年会论文集. 2015：679.

② 它的前身是宁夏电视台网，2016 年 1 月 6 日更名为"宁夏网络广播电视台"，是宁夏区级重点新闻门户网站。

博客等栏目，这在其他发达省区的网站建设中极为罕见。"① 而互动性强是新媒体区别于传统媒体的显著特征之一；其四，媒体从业人员不具备互联网思维，路径依赖严重。宁夏大多数的新闻网站都脱胎于传统媒体，早期定位是作为传统媒体的二次传播平台，网站的管理体制直接沿袭传统媒体，具体运营人员直接来自传统媒体。网站运营人员较少具备互联网思维，也缺乏互联网新闻传播经验，且具有严重的"体制内情结"，因此大多在延续传统媒体+互联网模式，导致宁夏网站的运行模式机械、僵化。面向市场和用户的意识不足，也缺少创新意识；其五，宁夏新闻网站的点击率较低，影响力也较为有限。2011 年宁夏网民已达到 207 万人，互联网普及率达到 32.8%，已超过全球平均水平 30.2%，从全国范围来看也处在全国中等水平。但是宁夏新闻网站的点击率却很低。据统计，以宁夏新闻网、银川新闻网和宁夏信息港等为主的新闻网站，累计每天新闻更新 1000 余条，日均新闻信息浏览量仅 10 余万次。② 粗略地计算，网民的点击率仅为 4.8%。这样的影响力和点击率使宁夏新闻网站的发展前景显得黯淡无光。宁夏新闻网站已开始有沦为传统媒体的危险。

表 4-2　2018 年宁夏主要新闻网站一览表

网站名称	创办日期	创办/主办单位	备注
宁夏新闻网	2003 年 8 月 18 日	宁夏日报报业集团创办 宁夏互联网新闻中心 主办	宁夏重点新闻网站
银川新闻网（前身是银川晚报电子版）	银川晚报电子版 1998 年 10 月创办，银川新闻网 2003 年 4 月创办	银川晚报创办 银川市新闻传媒集团 主办	银川市重点新闻网

①　赵英，张丽．宁夏新媒体从业人员基本情况及思想状况调查［C］//2014 年宁夏社会学会学术年会论文集．2015：686．

②　赵英，张丽．宁夏新媒体从业人员基本情况及思想状况调查［C］//2014 年宁夏社会学会学术年会论文集．2015：688．

网站名称	创办日期	创办/主办单位	备注
石嘴山新闻网	2003 年	石嘴山日报创办，石嘴山市新闻传媒中心主办	石嘴山市唯一具备互联网新闻、视听节目业务资质的新闻网站
吴忠新闻网	2006 年	吴忠日报社创办	吴忠市最大综合新闻门户网站
中卫新闻网	2010 年 5 月	中卫日报社创办中卫市新闻传媒集团主办	
银川广播电视网	2011 年	银川市广播电视台创办，银川市新闻传媒集团主办	2012 年 9 月备案，2015 年获"中国地方网站十佳创新品牌奖"和"中国最具人气的本地新闻手机客户端"奖项
华兴网	2012 年	华兴时报社创办	宁夏民生综合门户网站
宁夏网络广播电视台（前身是宁夏电视台网）	2016 年 1 月 6 日更名为宁夏网络广播电视台	宁夏广播电视台主办	宁夏南部地区唯一一家新闻综合的网站，宁夏重点新闻网站
固原新闻网	2007 年	固原日报社创办，固原市委宣传部主管，固原市新闻传媒中心主办	

（二）宁夏手机报的新闻传播实践

宁夏手机报创办于 2006 年 2 月 22 日，隶属于宁夏日报报业集团下属的宁夏新闻网。它是以彩信形式发布新闻信息，内容来源主要选摘宁夏日报报业集团当天报纸的重要或重大性新闻。2014 年，宁夏手机报收费订阅用户超过3 万。2009 年，订阅用户突破 5 万大关。手机报是指将纸质报纸的新闻内容通过移动通信技术平台传播，使用户能通过手机阅读到报纸内容的一种信息传播服务。① 手机报曾经被认为是手机媒体化发展的一个重要标志，一度被称

---

① 匡文波，王湘宁. 我国手机报发展的趋势和制约因素 [J]. 对外传播，2009（2）：39.

为继报纸、广播、电视、互联网之后的"第五媒体"。实则它只是媒介应用的一种新形式。

2004 年被称为手机报元年。这一年的 7 月 18 日，《中国妇女报》推出了国内首份"手机报"《中国妇女报·彩信版》。2006 年，手机报发展出现井喷态势，几乎所有的报业集团和有影响力的报社都开通了手机业务，宁夏也是在这一年开通了手机报业务。截止到 2007 年底，中国手机报累积存量用户达到 5000 万，订阅用户达到 3000 万，付费用户为 2000 万左右。其中，中国移动自行开发的《新闻早晚报》在 2008 年用户数突破了 3000 万。① 这一时期，宁夏手机报的发展也风光无限。但时至今日，宁夏手机报的发展已经式微。

手机报发展迅猛的原因在于，手机随身携带方便快捷，阅读时间和阅读地点自由，信息来源比较权威、准确和可靠，具有渠道优势等。但它的缺点也同样明显：内容有限，互动性弱，属于新闻信息的推送模式。和传统媒体一样，是典型的"点对众"的传播，个性化、多元化不足，同质化明显，原创性不足，盈利模式单一等。在新新媒介的冲击下，宁夏手机报的发展前景也是一片暗淡。

二、以媒体微博、媒体微信为代表的宁夏新新媒体的发展及问题

2003 年至 2018 年，宁夏大多数的传统媒体都开通了微博、微信。少数报社还创办了独立的客户端，如银川晚报创办了"银川新闻"客户端，银川广播电视台 2015 年 8 月创办了"银川手机台"客户端，固原日报社新闻客户端也于 2016 年 3 月 29 日上线。同时还出现了一批诸如宁夏新闻 App、银川广播电视 App、银川网 App 的客户端应用。不过遗憾的是，宁夏传统媒体自有客户端的下载量十分有限，传播力和影响力也比较有限。目前除了"银川新闻"等极少数的客户端还在正常运行外，大多数的 App 已很难看到它的应用情况。从全国范围来看，媒体自有客户端的下载量都非常有限，并且媒体自有客户端表现明显两极分化。② 宁夏传统媒体客户端的运行处于较弱的一极。也就是说，宁夏很多传统媒体都已开通微博、微信，或者创办了客户端，也都在积

---

① 匡文波，王湘宁. 我国手机报发展的趋势和制约因素［J］. 对外传播，2009（2）：40.
② 2015 中国媒体移动传播指数报告［EB/OL］. 人民网，2016-03-24.

极地开展新媒体、新新媒体①的新闻传播实践。但整体而言，宁夏媒体客户端、媒体微博、媒体微信等网络用户的点击量、阅读率、浏览量、互动指数、用户黏性都较低。微博、微信、App 等都是基于互联网技术生产出来的迭代产品，技术发展的 DNA 决定了迭代产品不断地被颠覆、瓦解、创新和重构。每一种新媒介的诞生和应用对传统媒体而言都是一个全新而陌生的战场，传统媒体定力在不断地过程中随风起舞，只能疲于奔命，自身发展明显后劲不足。

（一）宁夏媒体微博的发展现状及问题呈现

媒体微博是传统媒体主动适应互联网时代的产物，也是资本市场推动的微博在信息传播领域应用的衍生品，身兼大众传播媒体和社交媒体双重属性，并随着互联网实践的深入逐渐成长为传统媒体的一个较具普遍性和现代感的传播和营销平台。媒体微博与政务微博、企业微博一起被称为三大组织性微博。它在信息传播、舆论引导、网络谣言治理等方面具有不可替代的作用。但就目前而言，中国的媒体微博大都呈现出节奏放缓及后劲不足态势。它有可能突围跨入成熟期，也有可能遭遇发展瓶颈而走向式微。

1. 宁夏媒体微博的发展现状

2003 年至 2018 年，宁夏大多数传统媒体几乎都开通了微博。其中，率先开通微博的是《新消息报》。2010 年 11 月，《新消息报》开通了新浪官方微博@新消息报，又于 2011 年 5 月开通了腾讯微博@新消息报。《新消息报》此时开通微博，还只是一种试水行为，并没有真正认识到新新媒介巨大的冲击力和影响力，所以资金投入、人力投入不多，只是在宁夏传统媒体中起到了带头作用。《华兴时报》于 2012 年分别开通了新浪和腾讯官方微博。《宁夏日报》2013 年 8 月在新浪、腾讯开通官方微博，2014 年成立微博运行机构，设微博总监职位。宁夏广播电视总台 2013 年 8 月底开通了新浪官方微博。

2. 宁夏媒体微博在发展中存在的主要问题

尽管宁夏大多数传统媒体纷纷开通了媒体微博，并在微博上开展了新闻

---

① 本书所指的宁夏新新媒体主要是指以媒体微博、媒体微信为代表的具有鲜明的组织性、专业性，以传播新闻信息为主的地方性网络媒体。

传播实践，但是它们传播的内容大多都是报纸内容的翻版，只是将报纸更换成了电子版，并没有从真正意义上实现媒体的数字化建设，也没能与新媒体进行很好的互动、交流与融合。① 也就是说，宁夏的媒体微博仅被作为传统媒体的延伸和拓展平台，没有真正被作为独立的传播媒体来管理和经营，还处于传统媒体的从属地位。宁夏媒体微博发展中的具体问题呈现为以下四个方面。

（1）"弱社交重媒体"倾向明显

"弱社交重媒体"是指媒体功能应用强于社交功能应用，导致媒体微博互动性不强。以宁夏最早开通微博的《新消息报》的媒体微博的互动情况为例。截至 2018 年 6 月 14 日，@新消息报的微博粉丝为 639231，微博总数为 19707。本书统计了@新消息报 2018 年 5 月 1 日至 6 月 1 日为期一个月的微博互动情况。结果发现，@新消息报 4 周的微博总转发量为 144，平均被转发量 4.6；总被评论量 29，平均被评论数 0.94，总被点赞数 71，平均被点赞数 2.3。其中个别的一些社会新闻或者体育新闻获得的转发、评论或点赞数偏多，总体拉高了平均被转发、被评论和被点赞数。结论是：@新消息报转发数、评论数、点赞数为 0 的情况比较普遍，它对用户们的评论的回复也极为少见。其他媒体微博的应用情况也是大同小异。这表明，宁夏的媒体微博在发展中更多是发挥了传统媒体的渠道建设作用，对社交化媒体属性挖掘、拓展不足，导致用户黏性不强，用户参与信息生产的程度十分有限。

（2）内容生产原创性不足，同质化比较明显

内容生产原创包含三层含义：一是指独家新闻报道首发，二是专为媒体微博量身打造的与其属性相匹配并经改造的传统媒体上的新闻报道，即一般意义上的短微博，三是直接转发或链接自家传统媒体上的内容，即一般意义上的长微博。转发其他媒体内容、名人名言、语录、人生感悟及转发自己微博并配评论等均不算作原创内容。本书对原创性概念的理解与学者喻国明"不属于跟帖都记作原创"② 的概念使用不同。以此观之，宁夏传统媒体原本

① 张治东，徐宏，丁军. 宁夏新闻媒体的现状分析及发展对策［M］//刘天明，鲁忠慧. 2016 宁夏文化蓝皮书. 银川：黄河出版传媒集团宁夏人民出版社，2015：192.
② 喻国明. 中国媒体官方微博运营现状的定量分析［J］. 新闻与写作，2013（1）：85.

就存在内容同质性的问题，这就使得脱胎于母体的宁夏媒体微博的原创性内容的输出和供应先天性地"供血不足"。传统媒体惯有的思维模式和从业人员人力不足等问题又使得与微博属性相符的内容生产"造血艰难"。这两者共同造就了宁夏媒体微博原创性不足、同质化明显的"病症"。具体来看@新消息报新闻信息的原创情况。@新消息报2018年5月1日至6月1日共发布微博774条，原创微博数量213条，原创率仅占26.67%，即@新消息报微博的内容生产主要是依赖转发。

（3）关注度虽高，但影响力不强

媒体微博影响力的评估指标体系复杂而多元。根据不同的评估指标，人们对微博的粉丝量、活跃度以及原创性、转发量等都有不同认知，但侧重哪些指标还没有定论。① 通常意义上，"粉丝指数""互动指数""内容生产指数"被视为评估媒体微博影响力的主要指标。这三项指数之间是相互影响相互制约的关系，也是相辅相成辩证统一的关系。采用三项指数平均相加的算法或者对三项指数设置不同的加权比重来评估媒体微博的影响力，均不能支撑"媒体微博宏观层面影响力较强"的论断。具体而言，媒体微博互动性不足，用户参与信息生产的程度有限，以及原创内容所占比重不大、经常性转发是常态等现实，已造成"互动指数"和"内容生产指数"偏低。"粉丝指数"一家独大也不足以说明媒体微博的影响力较大。一是粉丝数量真伪、多少备受质疑，僵尸粉普遍存在。动辄拥有十万级计、百万级计甚至千万级计粉丝数量的媒体微博，它的粉丝数量是如何统计和抓取的，并没有相应的数据生成资料和透明的数据分析报告。有关微博粉丝数量"明码标价、团队运营"的揭露式新闻报道加剧了人们对微博自我呈现的粉丝数真伪、多少的质疑。还有，新浪、腾讯历次进行的删除僵尸粉活动均对媒体微博的报表产生了震动。二是"粉丝指数"对媒体微博被转发、评论有较大的促进作用，但想要增加粉丝数，得需要提高"互动指数"，这在很大程度上要取决于"内容生产指数"。换言之，只有高质量的原创内容才能带来较高的"互动指数"。粉丝指数只能代表信息到达率并不能代表占有率，就像电视开机率不能代表

---

① 媒体微博运营研究项目组.2013年中国媒体微博影响力报告［J］.传媒，2014（2）：8-13.

收视率一样。"粉丝指数"高只代表关注度较高，不代表影响力就大。综合运用上述三项指标来共同评估宁夏媒体微博的影响力，就会发现宁夏媒体微博的关注度相对较高，但它的影响力还有较大提升空间。

（4）运营方面：人力财力不足并缺乏相应激励措施

媒体微博运营模式大致包括以下四类：传统媒体人员兼职运营；传统媒体人员专职、独立运营；专业微博团队运营；以及外包型，即将运营业务直接委托给第三方。① 显然后三者模式更具竞争力。宁夏媒体微博运营模式主要还停留在第一种模式上，即以传统媒体人员兼职运营为主。尽管宁夏日报成立了微博运行机构，设了微博总监职位，但它的成员主要还是来自传统媒体。传统媒体从业人员兼职运营媒体微博，大多还是沿用传统媒体的思维，采用传统新闻生产模式。这样的媒体微博运营模式在互动性和传播效果方面要弱很多。同时，传统媒体从业人员兼职运营微博获得的授权有限。他们对于重大热点新闻、焦点问题经过请示得到批复后才能回应。这种科层制运行结构与互联网扁平状运行结构差别明显，它的发布流程远不能满足互联网媒体的需求。另外，宁夏的媒体微博都在经受互联网新一轮发展的冲击，面临传统媒体资金收益下跌甚至受损的困境，对微博运营的资金投入先天不足并缺乏相应激励措施，这些都导致宁夏媒体微博后继发展乏力。

（二）宁夏媒体微信的发展现状及问题呈现

微信是腾讯公司 2010 年推出的一种即时通讯工具。2011 年微信还处于推广发展阶段，仅具有简单的聊天功能，后不断进行版本升级改造。2012 年 8 月 18 日，微信公众平台上线。2013 年，5.0 版本的腾讯将微信公众号分为"订阅号"和"服务号"。因为微信订阅号的产品定位为"对用户提供信息和资讯"，所以大多数媒体都选择以订阅号形式入驻微信。同时，政府机构、部门、组织也纷纷入驻微信。微信因此逐渐被打造成具有媒体属性和社交属性，兼具私人领域和公共领域等多功能交织的互联网应用平台。

1. 宁夏媒体微信的发展现状

宁夏大多数的传统媒体和新闻网站在开通了微博以后也大都开通了媒体

---

① 喻国明，李彪，何睿 . 论媒体微博的运营及其发展趋势 [J]. 新闻传播，2013（4）：7.

微信。如《新消息报》2012 年开通了微信公众号，《华兴时报》2013 年 11 月开通了微信公众号，银川广播电视台 2014 年开通了微信公众号。2016 年 2 月，宁夏传统媒体开办的微信数量已超过了 80 家。再根据中国新媒体数据权威平台之一清博大数据提供的宁夏微信的总体情况来看。2018 年 9 月 9 日至 9 月 15 日，这一周宁夏媒体微信总榜单中，排名前十名的分别是：固原大城小事、银川晚报、NXTV 都市报、新消息报、宁夏交通广播、宁夏深 1 度、西吉大城小事、宁夏微生活、宁夏新闻网。① 截至 2019 年 8 月 15 日，仅清博大数据榜单上出现的宁夏媒体微信、政务微信总数就达到 200 多个。2019 年 8 月，宁夏第二季度新媒体指数排行榜的数据显示：宁夏媒体微信公众号传播指数榜单中，排名前十名的媒体微信公众号分别是：银川晚报、新消息报、宁夏交通广播、NXTV 都市阳光、宁夏新闻网、银川发布、银川新闻网、固原日报、哈嘻嘻视听演艺、固原发布。② 清博大数据每周每月每季度发布的宁夏微信公众号的排行中，宁夏媒体微信的排名都会有变动。2018 年间，固原大城小事、银川晚报、宁夏交通广播、新消息报或同心网居于榜单前三、四名的时候居多。清博大数据 2018 年统计的数据显示，自媒体"固原大城小事"居于榜首位置的时候较多，宁夏很多的媒体微信的排名都落后于这一自媒体。宁夏 2019 年第一季度、第二季度媒体微信公众号传播指数排行中，银川晚报持续霸占了宁夏媒体榜单第一的位置。

　　将宁夏媒体微信发展情况置于全国媒体微信发展的维度中能更好地判断宁夏媒体微信的整体发展情况。人民网研究院发布的《2015 中国媒体移动传播指数报告》中，综合地评估了中国 2015 年报纸、杂志、广播、电视、网站这五大媒体在微博、微信、聚合客户端、媒体自有 App 等各个移动传播平台上的影响力，分别推出报纸、杂志、广播、网站、电视台"移动传播百强榜"六个榜单。③ 其中，宁夏交通广播 FM94.8 在广播移动传播百强榜中，排名靠前，位列第 23 名。宁夏电视台位列电视台移动传播三十强中的第三十名。在网站移动百强榜中，银川新闻网居中，位列第 43 名，总分值为 49.11；宁夏

　　① 　宁夏新媒体排行公布，上周总数据下滑［EB/OL］. 搜狐网，2018-09-17.

　　② 　2019 年第二季度宁夏新媒体指数排行榜来了［EB/OL］. 吴忠日报，2019-08-01.

　　③ 　2015 中国媒体移动传播指数报告发布［EB/OL］. 人民网，2016-03-24.

新闻网位列第 82 名，总分值为 37.06。遗憾的是，在报纸移动传播百强榜中并没有出现宁夏的报纸。这份移动传播指数报告综合了媒体在微博、微信、聚合客户端、媒体自有 App 等各个移动传播平台的整体影响力进行评估，可以算作是对传统媒体新媒介应用程度的一种评测。从这个榜单的情况来看，宁夏传统媒体新新媒介应用的情况，既不乐观，也不过分悲观。全国性数据还显示，和媒体微信相比，媒体微博的传播数据有所下降。宁夏亦然。

2. 宁夏媒体微信发展中的问题呈现

尽管宁夏媒体微信数量较多，发展速度较快，但它们很多是作为传统媒体新闻信息的二次发布平台，更多只是起到了信息传播的二传手作用，在社交化媒体属性挖掘和增强用户黏性方面还有较大的提升空间。宁夏媒体微信因普遍的"本地化"定位，导致内容同质化明显，差异化有待提高。宁夏媒体微信两极分化现象十分明显。

2019 年，宁夏第二季度媒体微信运营榜单中，位列榜首的银川晚报阅读数是 7770844，在看数是 20262，最大阅读数是 10001，最大点赞数是 758。排行第五的宁夏新闻网阅读数是 5573584，在看数是 12797，最大阅读数是 10001，最大点赞数是 321。排行第十的固原发布阅读数为 1131245，在看数为 4484，最大阅读数是 26341，最大点赞数是 378。宁夏除个别的媒体微信运营较好之外，大多媒体微信公众号都存在着阅读量偏低、点赞数偏少、极少评论甚至无一评论等冷清情况。甚至出现了僵尸账号。如新华网宁夏频道，信息推送时间截止到 2016 年 10 月 9 日，之后再无更新。

整体而言，宁夏媒体微信发布的新闻信息，原创稿件较少，原创率较低，发布形式主要是以图文信息为主，偶尔应用视频形式，但原创视频较少。同时，宁夏媒体微信整体互动性较弱。在较少的网络用户的评论和留言中，宁夏媒体微信甚少回复，甚至根本不回复。大多数媒体微信公众号虽有一定的关注度，但影响力并不强。

目前，宁夏很多传统媒体对微信自身独特的功能和属性的发掘和应用还处于初期的探索阶段。因技术重新布局产生的混乱和由此伴生的认知迟滞现象在宁夏新媒体运用中普遍存在。即宁夏很多传统媒体难免会用老眼光、旧行为模式来看待和套用新事物、新问题。另外，宁夏个别传统媒体对互联网的理解过于浅表化，至今仍固执地认为互联网只是一种媒介、一个渠道，因此仅从自身发展的逻辑出发，仅把互联网作为延伸自身价值和影响力的一个宣传平台、一个锦上添花的工具而已。事实上互联网不仅仅是一个媒介。更本质的意义上，互联网是一种重新构造世界的结构性力量。① 因此就传统媒体而言，新新媒体的不断更新和迭代将带来用户的不断迁移。如果传统媒体只是被动地随风起舞，就会疲于应付，没有时间更理性、更从容地来探索任何一种新媒介的内在属性和发展逻辑。

以上是宁夏媒体微信的发展现状和存在的问题，也能部分地代表全国大多数地方媒体微信的发展现状和存在的问题。目前我国只有少数的媒体微信如人民日报、新华社、澎湃新闻、界面新闻等在实践中探索出了一些微信的应用特色，并具有了一定的影响力和传播力。我国其他的大多数媒体微信还处于起步的探索阶段，发展前景也并非一片光明。

整体而言，2003年至2018年，宁夏以报纸、广播、电视为代表的传统媒体，在整体经济实力、竞争力、影响力和覆盖面达到巅峰后，开始出现下降趋势，生存发展的问题变得愈发严峻。以新闻网站和手机报为代表的宁夏新媒体，在经历了以新锐之姿快速发展和一定规模的扩张之后迎来了沉寂期，也出现了沦为传统媒体的危险和停滞不前的发展趋势。以媒体微博、媒体微信为代表的宁夏新新媒体的出现和发展，顺应了互联网社会这一阶段媒介应用的潮流，一度成为互联网这一发展阶段中的标配，但因自身在新闻传播实践中存在的问题以及其他新媒介应用强有力的竞争等多重因素的影响，导致影响力、覆盖面、传播力都十分有限，网络用户的关注度也不高，使用率也较少，黏性也不足。也就是说，2003年至2018年，宁夏传统媒体、新媒体、新新媒体的新闻传播实践不再具有数量和规模意义上的大众传播的光环，不同程度上都有成为分众化、小众化信息传播媒体的趋势。

---

① 喻国明. 互联网是一种高维媒介 [J]. 南方论坛，2015（1）：15.

第三节　面向媒介融合的宁夏大众传媒的新闻传播实践

　　媒介融合是继"信息社会""第三次浪潮"和"后工业社会"后的又一热点。这个概念仿佛披着一层神秘的面纱，不仅代表着让人眼花缭乱的新技术，仿佛还预示着天赋人权和民主自由的人类理想，同时也给发展策略、行业监管、资本积累、劳动关系、社会民主和大众文化带来种种互相制衡的矛盾和影响。① 目前媒介融合仍是含混不清的概念。宁夏面向媒介融合的传媒业的实践活动和全国大多数地方媒体同步，更多停留在传媒组织内部的融合和传播手段的融合层面。

一、媒介融合的概念解析和我国媒介融合的现状

　　美国学界目前对媒介融合的界定主要包括：媒介融合是印刷的、音频的、互动性数字媒体组织之间的战略的、操作的、文化的联盟；媒介融合是各种媒介呈现出多功能一体化的趋势；媒介融合是一个新闻学上的假设等等。在中国，媒介融合是近几年持续探讨的热点话题之一。然而媒介融合仍是一个认识不一、含混不清的概念，各种媒介融合实践仍处于不成熟的探索阶段，有关媒介融合的种种论断都未形成科学的理论。②

　　本书主要参考以下学者对媒介融合的理解和界定。媒介融合，一是指将不同的媒介形态融合在一起使其产生"质变"以形成一种新的媒介形态，如手机新闻客户端等；二是指包括一切媒介及其有关要素的汇聚、结合，甚至融合，不仅包括媒介形态的融合，还包括媒介功能、传播手段、组织结构，甚至所有权等要素的融合。换言之，媒介融合是信息传输渠道多元化下的新作业模式，是把报纸、广播、电视等传统媒体与互联网、手机、手持智能终端等新媒体与传播通道有效连接起来，实现资源共享，信息集中处理并衍生

---

① 南长森，石义彬．媒介融合的中国释义及其本土化致思与评骘［J］．陕西师范大学学报（哲学社会科学版），2012（3）：159.

② 赵星耀．认知媒介融合的既有理念和实践［J］．国际新闻界，2011（3）：65.

出不同形式的信息产品，然后通过不同的平台传播给最广泛意义上的"个性化"受众。① 按照这一理解，媒介融合的形态大体包括媒介组织的融合、媒介资本的融合和传播手段的融合。

目前我国媒介融合的发展进入了新阶段。政府大力提倡和推动媒体融合。2013 年 11 月 12 日，《中共中央关于全面深化改革若干重大问题的决定》提出："整合新闻媒体资源，推动传统媒体和新兴媒体融合发展。"② 2014 年 8 月 18 日，在中央全面深化改革领导小组第四次会议上的讲话中，习近平总书记再次强调推动媒体融合发展，并系统论述。这一论述包含以下内容。首先，强调规律性，即"要遵循新闻传播规律和新兴媒体发展规律"；其次，强调思维变革与更新，即"要强化互联网思维"；再次，强调新旧媒体的兼容共生与一体性，即"坚持传统媒体和新兴媒体优势互补，一体发展"；最后，强调技术的支撑性、内容建设的根本性和深度融合性，目标是建设一批具竞争力的新型主流媒体、媒体集团，打造现代传播体系。③ 会议通过的《关于推动传统媒体和新兴媒体融合发展的指导意见》规制了媒体融合的范围、目标和步骤。

2016 年，党的新闻舆论工作座谈会上，习近平进一步提出"要推动融合发展"④，认为融合发展的关键在融为一体，要尽快从相"加"阶段迈向相"融"阶段，再次强调内容的根本性，即"融合发展必须坚持内容为王，以内容优势赢得发展优势"⑤。2018 年，全国宣传思想工作会议上，习近平提出："要扎实抓好县级融媒体中心建设，更好引导群众、服务群众。"⑥ 2019 年 1 月 25 日，习近平在中共中央政治局第十二次集体学习时的重要讲话中提出，

---

① 鲍海波. 媒介融合的媒介变革逻辑及其他［J］. 长安大学学报（社会科学版），2016（2）：94.

② 中共中央关于全面深化改革若干重大问题的决定［M］. 北京：人民出版社，2013：39-50.

③ 中央深改小组第四次会议关注媒体融合［EB/OL］. 人民网，2014-08-18.

④ 中共中央宣传部新闻局. 习近平总书记党的新闻舆论工作座谈会重要讲话精神学习辅助材料［M］. 北京：学习出版社，2016：7.

⑤ 中共中央文献研究室. 习近平关于社会主义文化建设论述摘编［M］. 北京：中央文献出版社，2017：46.

⑥ 习近平. 举旗帜聚民心育新人兴文化展形象 更好完成新形势下宣传思想工作使命［EB/OL］. 人民网，2018-08-22.

"推动媒体融合发展，要坚持一体化发展方向"，"各级党委和政府要从政策、资金、人才等方面加大对媒体融合发展的支持力度"。① 2020 年 9 月，中共中央办公厅、国务院办公厅印发了《关于加快推进媒体深度融合发展的意见》。

即自 2013 年开始，中国传媒业就开启了大规模的媒体融合的探索之旅。中央媒体和地方媒体都十分重视，将媒体融合作为系统性工程，从顶层设计、重大项目推进、保障措施的落实等一系列具体环节来加以推动，层层规划，为媒介融合的实现奠定了坚实的基础。②《人民日报》《光明日报》《广州日报》《浙江日报》等均拉开了媒体融合的大幕，开始了媒体融合跨越式的探索和实践，并不断有所突破和创新。2013 年也被称为媒介融合元年。

随着传媒业媒介融合实践的不断推进，学界对它未来发展的思考也不断深入。从逻辑归谬法来看，媒介融合的边界在哪里？媒介融合是不分媒介地域，不分媒介种群，不分内容属性，不分民族国别，越大越好的融合，还是有规律、有边界、有目的和有层次的融合？③ 这值得深思。按照本书媒介融合的界定，融合的形态应按包括媒介组织的融合、媒介资本的融合、传播手段的融合。那在没有跨媒体组合，也没有跨资本组合的前提下，媒体融合的前景又在哪里呢？④ 另外，媒体融合会不会带来内容的同一性和同质化，会不会形成媒体垄断等这些延伸性问题，也需要人们深思。从这个意义上讲，认真学习和领会习近平关于新闻舆论工作的重要论述着实必要且具有强烈的现实意义。

目前，尚作为新生事物的媒介融合的探索和实践还更多地停留在传媒组织内部的融合和传播手段的融合阶段，处于一种尝试性行为中。鉴于媒介融合研究还处于西方理论变异和中国学术喧闹中⑤，媒介融合的逻辑还处于媒介

① 习近平. 推动媒体融合向纵深发展 巩固全党全国人民共同思想基础［EB/OL］. 新华网，2019-01-25.

② 鲍海波. 媒介融合的媒介变革逻辑及其他［J］. 长安大学学报（社会科学版），2016（2）：95.

③ 南长森，石义彬. 媒介融合的中国释义及其本土化致思与评骘［J］. 陕西师范大学学报（哲学社会科学版），2012（3）：159-160.

④ 杨娟，严三九. 资本·创新·全球化—媒介融合的现状与未来——2008 中国首届媒体融合高峰论坛综述［J］. 新闻记者，2009（3）：88.

⑤ 南长森，石义彬. 媒介融合的中国释义及其本土化致思与评骘［J］. 陕西师范大学学报（哲学社会科学版），2012（3）：159.

变革逻辑、意识形态逻辑与市场逻辑的缠绕中①，本书因篇幅限制就不再对媒介融合展开宏观层面和理论层面的探析。

二、宁夏大众传媒在媒介融合面向中的探索与实践

宁夏大多数传媒组织的媒体融合探索的步调与全国大多数地方媒体同步，或刚刚开始起步，或尚未成形，媒体融合也是大多停留在传媒组织内部的融合和传播手段的融合层面。其中，银川日报社的媒介融合实践走在了宁夏的前列。本书重点对银川日报社媒介融合的探索进行研判。

2015 年，银川日报社被列为国家级数字出版转型示范单位，成为宁夏唯一一家获此殊荣的媒体，西北地区总共只有三家，这证实了银川日报社数字出版方面的优势。到 2018 年底，银川日报社全媒体网络已初具雏形，形成了多层次、立体化的全媒体体系——"2+4"传播体系。银川日报社"2+4"传播体系主要包括 2 份报纸——《银川日报》《银川晚报》；1 家新闻网站——银川新闻网，1 个微博微信矩阵，1 个银川发布 App，以及 200 多块多媒体党报阅报屏四部分。其中，200 多台多媒体党报阅报屏分布在银川市主要街道、小区、公交站点、公园以及银行、税务等单位窗口。② 4 个系列 7 个新闻类微博和微信公众号主要是指银川日报、银川晚报、银川新闻网、银川发布等 10 多个垂直细分化的微博微信公众号。这些媒介资源及载体一起形成了银川日报社党报、党网、党端、党屏的全媒体全覆盖体系。前面几章已对银川日报、银川晚报、银川新闻网等媒体网站、微博、微信等有所论述，这里只概述、分析银川发布 App。

银川发布是由银川市委外宣办、银川市政府新闻办授权运行的移动客户端，2015 年 7 月上线。它的发展和全国大多数媒体客户端的发展同步。作为银川市外宣平台，银川发布每天推出新闻资讯。2017 年 5 月 6 日，银川发布升级改版，上线了包括文字、图片、音频、视频等多媒体形式的新闻信息，搭建了@问政银川@微博银川@银川社保@银川教育等政务微博矩阵。同时

① 鲍海波. 媒介融合的媒介变革逻辑及其他［J］. 长安大学学报（社会科学版），2016（2）：94.
② 季红. "互联网+"背景下银川日报社媒体融合发展之路［J］. 中国地市报人，2016（5）：24.

还拥有集团自身的媒体微博矩阵和一定数量的媒体微信矩阵。媒体微信矩阵也提供一定的政务服务。它提供的政务服务主要包括生活缴费和生活服务两大块。

2017 年升级改版后的银川发布 App 兼具媒体客户端和政务客户端的综合功能，突破了单一新闻客户端的功能设置，由信息服务向信息—政务综合服务转型。截至 2018 年 2 月底，银川发布 App 设置有十个版块：闻（头条）、问（问政）、播（直播）、看（影像）、炫（VR）、图（看见）、报（版面）、评（言论）、听（声音）、帮（公益）。它的信息发布集多媒体形式于一身，包括文字、图片、音频、视频、VR 等。银川发布 App 的内容主要来自银川日报传媒集团所有媒体上的内容，也大量转发人民日报、新华网、人民网、央视网等内容。其中评（言论）版块的内容大多是从中央媒体转发，本土热评的比例较小。这和银川晚报自身新闻评论产出不多、评论员队伍薄弱以及关注范围狭窄有一定关系。其中的炫（VR）版块还处于萌芽探索阶段，仅提供为数不多的 VR 拍摄的景物类的视频。视频内容和拍摄水准都有待提高。

截至 2019 年 8 月底，银川发布 App 共设置了十一个版块。主要包括：闻（头条）、县（县区）、问（问政）、播（直播）、看（影像）、图（看见）、报（版面）、评（言论）、听（声音）、帮（公益）、炫（VR）。和 2018 年相比，银川发布 App 新增设了县（县区）版块。同时还调整了版块位置，将炫（VR）版块放至最后。

银川发布 App 内容供给数量较多，范围较广，呈现方式多元化，已初步具有媒介融合的一些特征。但是它的使用人数并不多。数据显示，截至 2018 年 2 月底，通过 360 手机助手下载银川发布 App 的使用人数仅 4458 人。截至 2019 年 2 月 28 日，通过 360 手机助手下载银川发布 App 的使用人数仅增至 5005 人。截至 2019 年 8 月 5 日，通过 360 手机助手下载银川发布 App 的使用人数仅增至 5037 人。

纵观银川发布 App 应用版块的浏览人数、阅读人数、收听收视人数、留言数量、评论数量等各种综合指标，均能发现银川发布 App 存在着以下的问题：网络用户数量不多，规模不大，用户活跃度不高，互动性也不强。

银川发布 App 的推广和应用体现了银川市新闻传媒集团自办客户端的热

情、勇气和探索精神，但因银川发布 App 实践时间短，因此它的传播力和影响力还比较有限。尽管如此，银川发布 App 在宁夏媒体客户端的发展中已是独领风骚。从全国来看，2015 年，客户端成为各大媒体竞争的重点。媒体客户端有以下两种类型。一是媒体自建客户端，二是入驻以腾讯新闻、今日头条等为代表的聚合类新闻客户端。媒体自建客户端需要投入较大的人力和财力，直接入驻聚合类客户端则更为方便、快捷。聚合类客户端这类现成的平台拥有着规模相对较大的用户群体，借助他们进行新闻信息传播可能更具影响力。从实际效果来看，媒体自建客户端效果并不理想，大部分媒体自有客户端的下载量都比较有限。其中七成报纸、杂志客户端的下载量不足 10 万，近四成网站客户端的下载量不足 1 万。①

银川日报社在"2+4"传播体系的基础上，又于 2016 年 2 月 1 日起，正式运行中央控制室，开启全媒体融合探索之旅。银川日报社在 2016 年 3 月 10 日，召开了媒体融合暨全媒体运营推介会。它的媒体融合的愿景是，通过融合《银川日报》《银川晚报》、银川新闻网、新闻类官方微博微信矩阵、多媒体党报阅报屏等媒体平台和终端，"实现信息内容、技术应用、平台终端、人才队伍等共享融通，形成一体化的组织结构、传播体系和管理体制，做到一次采集，多次生成，多元发布"②。为此银川日报社调整机构，组建了全媒体编委会，成立了四个以中央控制室为核心的全媒体中心。这一中央控制室集信息聚合、分发、指挥、协调于一身。采集中心负责所有平台的新闻采写工作，全媒体发布中心则根据不同媒介的功能、属性、特征要求以及定位等具体情况，对新闻稿件进行差异化、个性化编辑和发布。发布顺序为"先微后网再报纸"。即重要新闻、重大新闻、突发性新闻等首先在微博微信矩阵、网站首发，然后再在报纸上刊发。需要深加工的新闻则由报纸刊发。

总之，在媒介融合的语境下，银川日报社媒介融合的尝试和转型走在了宁夏大众传媒媒体融合探索发展的前列。银川日报社旗下的新媒体平台总粉丝量已接近 100 万，影响力在不断扩大。宁夏其他的传媒机构也在积极地探

---

① 2015 中国媒体移动传播指数报告发布［EB/OL］. 人民网，2016-03-24.

② 季红."互联网＋"背景下银川日报社媒体融合发展之路［J］. 中国地市报人，2016（5）：24.

索媒介融合。如宁夏日报社将 2016 年至 2017 年定为媒介融合年，对媒介融合的探索与实践也已经开始。

人民网研究院发布的《2016 中国媒体融合传播指数报告》显示，2016 年中央媒体走在了媒体融合的前列，地方媒体融合的进展也在加快。北京、广东、浙江、上海等地区媒体融合传播力开始遥遥领先于其他地区，中西部地区媒体也有可喜进展，甘肃、宁夏、内蒙古、新疆等地区的媒体也跻身报纸、杂志、广播融合传播百强榜，媒体融合传播的进程明显加快。[①] 在"两微一端"的新闻传播实践中，微信使用率最高，其次是微博，媒体自有 App 下载量最低。

2015 年至 2016 年，宁夏媒体融合的发展处于和全国大多数地方媒体同步发展状态，也有部分媒体跻身报纸、杂志、广播融合传播百强榜中。但是《2017 中国媒体融合传播指数报告》显示，中央媒体在融合传播方面已处于明显引领地位，北京、江苏、浙江、上海、广州等省份的媒体在融合传播方面也呈现出一定优势，宁夏、西藏、新疆、内蒙古、青海等西部省区的媒体则较少上榜。显然，全国大多数地方媒体包括宁夏的媒体，它们融合传播的效力还有待增强。

第四节　宁夏全景式大众传播网络结构的逐层呈现

2003 年至 2018 年，宁夏形成了由报纸、广播、电视组成的传统媒体传播网络，由新闻网站、手机报组成的新媒体传播网络和由媒体微博、媒体微信组成的新新媒体传播网络。它们共同组建了多元、立体、全景式的宁夏大众传播网络。宁夏大众传播网络内部之间的力量对比和此消彼长的变化一直在持续，但已经很难说清哪一个传播网络在其中占据着主导位置。传统媒体传播网络和新媒体传播网络都遭遇着来自新新媒体传播网络的影响和冲击，但它们整体性的影响力和权威性犹存。新媒体传播网络一度呈现出快速发展的势头，但也在较短的时间内渐次归于沉寂。新新媒体传播网络正呈现出蓬勃

---

① 人民网研究院推出《2016 中国媒体融合传播指数报告》［EB/OL］. 人民网，2016-12-20.

的发展态势，但新新媒体因新新媒介更迭的加快存在着尚未成熟即也开始遭遇冷遇的情形，也面临着尚处于不断成长、不断探索阶段影响力和传播力均有限的情形，它未来的发展既可期也充满不确定性。

一、宁夏报纸传播网络中，都市报的影响力渐次衰退

2003 年至 2018 年，宁夏形成的以党报为主导，以都市报和专业报为重要支撑的报纸传播网络发生了显著且两极化的变化。这种变化以 2013 年为分界点，前后阶段之间的变化十分明显。2003 年至 2013 年，宁夏报纸传播网络依然具有稳定性且还处在不断扩张中：《银川日报》《中卫日报》《新知讯报》相继创刊，党报传播网络增添了《银川日报》《中卫日报》这两位新成员；完全转型为晚报的《银川晚报》也使都市报传播网络的力量得到增强，都市报传播网络逐渐逼近了报纸传播网络结构中的核心力量位置。2013 年至 2018 年，宁夏报纸传播网络遭遇到强有力的冲击与挑战，整体经济实力、发行总量开始下滑，自身存在的问题也越发明显。报纸传播网络内部之间的力量对比发生了明显的变迁：都市报传播网络的力量开始消退、萎缩，党报传播网络虽也在面临着受众大规模迁移的困境，但在地方政府的主导和助推之下还维持着坚挺的发展态势。整体而言，宁夏报纸传播网络发展的不确定性开始出现，它的稳定性开始受到冲击。

（一）2013 年后报纸传播网络整体经济实力、发行总量开始下滑

2013 年，宁夏日报报业集团的广告收入被宁夏广播电视总台赶超。同一年，宁夏报业发行总量和广告收入均首次出现了负增长，发行同比下降了 1%，广告同比下降了 4%。此后，宁夏报业负增长的情况一直在延续并开始恶化。2013 年，《宁夏日报》广告收入 6470 万元。2013 年以后，《宁夏日报》广告收入出现大幅下滑，同比下降 38%，利润降至 856 万元。2013 年《新消息报》广告额 7600 多万元，比 2012 年增长 1173 万元，增幅达到 18.9%。2013 年后，《新消息报》广告增速开始放缓，首次出现了负增长。

（二）都市报传播网络的消退、萎缩较为明显

《新消息报》2003 年成长为宁夏发行量最大的报纸，广告收入达到 2268

万元，出版版数、广告收入、覆盖面等均居报业之首。2004 年获利近 1000 万元，利润率近 30%，人均创利 10 多万元。2013 年，《新消息报》广告额 7600 多万元，比 2012 年增长 1173 万元，增幅达到 18.9%。但 2013 年后宁夏都市报的广告收入、发行量开始出现断崖式下滑。虽《新消息报》不断地进行自我挽救，但它的经济收入、广告收入连跌不止的发展态势已难以遏制。大规模读者群体的流失、迁徙已不可避免。因此以《新消息报》为代表的都市报传播网络在宁夏报纸传播网络结构中的力量开始消退和萎缩。

（三）地方政府的主导和主推作用基本保障了党报的发行

党报传播网络自 2003 年都市报传播网络强劲发展之时就开始遭遇到猛烈冲击，但自治区党委的强势介入和主推、助推保障了党报的发行和征订工作。党报的订阅成为必须履行的政治义务，必须得以完成，有些县市甚至财政直接买单。除此之外，《宁夏日报》自身也不断进行改版、扩版，实行彩色印刷，通过增加版块和栏目等来吸引更多受众，并在业务制作方面精益求精，努力维持和扩大自身的影响力。《宁夏日报》还通过将在山区八市县的自办发行改为邮政办理等方式来保发行、促征订。2015 年，在报纸利润大幅下滑的形势下，《宁夏日报》争取到 6300 多万元的财政补贴，并在项目带动、产业拓展、重点活动策划等方面狠下功夫，2015 年全年实现总收入 3.3 亿元，实现利润 4037 万元。2016 年，《宁夏日报》的订阅发行依然达到 6.5 万份，同比增长 5000 份，广告收入 3696 万元，同比增长 1%。

综上，自 2013 年起，宁夏报纸传播网络的力量开始削弱，整体竞争力下滑，在维系与受众群体的关系层面开始力不从心。同时，报纸传播网络发展的不确定性开始出现，网络结构的稳定性也受到冲击。宁夏《新知讯报》已于 2019 年 1 月 1 日休刊。这份报纸的休刊使目前持续遭遇冲击的宁夏市场类、都市类报纸的生死存亡问题显得更为严峻。

二、广播、电视传播网络不再居于主导位置，影响力开始收缩

2003 年至 2018 年，宁夏广播、电视传播网络仍在发展壮大，并出现集团化、规模化的运营特征。宁夏广播电台和电视台共同组建、成立了宁夏广播电视台。宁夏广播电视台的覆盖范围包括宁夏全境及周边地区。它的经济实力、影响力、传播力一度都处于领先地位。宁夏广播电视传播网络也一度在宁夏大众传播网络中处于核心力量位置。2013 年，宁夏广播电视总台的广告收入超过了宁夏日报报业集团，并一度领先。然而盛极而衰，宁夏广播传播网络和电视传播网络在 2003 年至 2018 年的发展中，不仅遭遇着来自传统媒体，如报纸和其他广播、电视等同类媒体的竞争和冲击，还经受着来自宁夏新媒体、新新媒体构建的传播网络的强劲冲击。宁夏广播传播网络和电视传播网络在宁夏大众传播网络结构中的力量已经明显地被削弱。其中，宁夏广播传播网络结构内部开始出现由"广播"到"窄播"的趋势，受众也从"大众"转为"小众"。尽管宁夏广播在频率、频道专业化探索方面仍在持续深入，但传统广播传播网络的覆盖面和渗透力已经开始收缩。其中车载广播、移动广播、多媒体广播的发展趋势明显，这些广播的覆盖面逐渐扩大，影响力开始有所攀升。而宁夏电视传播网络的收视率和影响力开始出现不稳定，甚至出现下滑趋势。电视用户的规模也开始萎缩。在吸引和发展新的网络用户方面，宁夏电视传播网络明显表现得力不从心。

这一时期，宁夏电视传播网络和报纸、广播传播网络相比，依然在大众传播网络中处于强势地位，依然具有覆盖面最广、受众群体最普遍的优势。但它面临的问题在于：内部竞争在不断加剧，外部竞争也愈加激烈。在这种困境下，宁夏电视台不得不通过多次改版、跨区域合作等方式来提高收视率，扩大影响力。内部方面，宁夏省级电视台、市级电视台、县级电视台都在同一地方空间内激烈地争夺本地受众，但本地受众对它们的口碑和认可度并不高；外部方面，宁夏电视台在同中央电视台和其他省级电视台、市级电视台的竞争中不占优势。也就是说，宁夏电视台在度过了发展的黄金期后开始不断遭遇来自内部外部的竞争压力。近年来又开始经受着来自运营商开设的 IPTV 和迅猛发展的视频网站、短视频 App 等的猛烈冲击。当前宁夏电视传播网络既有用户的数量开始下降，规模开始萎缩。它在吸引和吸收新的网络用户方面存在着技术和渠道方面双重的不足，明显表现出发展滞后和发展缓慢的态势。

三、新媒体传播网络曾迅速发展，不断扩张，现在又逐渐归于平淡

2003 年至 2018 年，以新闻网站和手机报为主要成员的宁夏新媒体传播网络已从起步阶段走向成熟发展阶段。它以地方性专业网站为主导，以中央驻宁新闻单位的新闻频道和具备转载新闻资质的商业性网站和宁夏手机报为有益补充。其中，新闻网站传播网络在宁夏新媒体传播网络中占据着核心力量位置。

宁夏新媒体传播网络初始形成于 2003 年。这一年，宁夏新闻网、银川新闻网开始创建。这一阶段宁夏新媒体传播网络结构比较单一，用户规模也比较少，传播力和影响力都十分有限。它的新闻传播实践也明显落后于宁夏网络用户的发展速度。2003 年后，宁夏新媒体传播网络开始发展壮大，内部结构也发生了比较明显的变化，形成了以新闻网站和手机报为代表的传播网络系统。作为宁夏新媒体传播网络中重要的成员，宁夏手机报在较短的时间内迅速崛起，并带来了一定的经济收入。在延续和扩散宁夏传统媒体的影响力和传播力方面也发挥了一定的作用

宁夏新媒体传播网络在延续和扩大传统媒体的影响力和传播力方面，在满足地方网络用户的信息需求方面具有不可替代的作用。一段时间内也经历了快速的发展、壮大。然而宁夏新媒体传播网络在经历了快速的扩张发展后，自身存在的问题愈发明显和清晰起来。这些问题制约了它进一步的发展和扩张。此外，宁夏新媒体传播网络也在遭受着来自新新媒体的冲击。在新新媒体的冲击下，宁夏新媒体传播网络的生存空间开始受到挤压，它的覆盖面和影响力渐次缩小，开始有沦为"传统媒体"和小众媒体的危险。

宁夏新媒体传播网络的诞生适应了互联网阶段性发展的潮流。宁夏新媒体传播网络因为具有明显的地域性特征和传播空间上的无限扩大性，因此在较短的时间内便获得了较快的发展，成了宁夏大众传播网络结构中的重要一员。然而宁夏新媒体传播网络携带着传统媒体的基因来从事和探索互联网应用，具有明显的路径依赖性，因此它发展中的问题不断累积且不断凸显出来。这些问题主要表现为：汇聚于同一地方空间内的同质化信息增多了，但原创性地方新闻信息依然不足。同时，宁夏新媒体新闻信息的表现形式也较为单

一和静态，多媒介形态很少得到展现和应用。更突出的是，宁夏新媒体在与网络用户的互动方面存在着严重的不足：网络用户的点击率、浏览率都不高，用户忠诚度也较低，并不断出现流失现象。整体而言，宁夏新媒体传播网络的覆盖面和影响力在不断地收缩。也就是说，宁夏新媒体传播网络虽然在一定程度上冲击和挑战了传统媒体传播网络，但它来也汹汹，去也匆匆，目前自身也进入到沉寂发展阶段，它在宁夏大众传播网络结构中的力量已开始减弱。

四、新新媒体传播网络不断应用新媒介，影响力却始终有限

2003 年至 2018 年，以媒体微博、媒体微信等为代表的宁夏新新媒体传播网络在较短的时间内就成长为宁夏大众传播网络中的重要一员。宁夏新新媒体传播网络结构中包括大多数宁夏传统媒体开设的微博、微信，也包括大多数宁夏新闻网站开设的微博、微信。宁夏新新媒体传播网络具有阶段性爆发性成长的特点，因此网络内部相互之间的力量关系对比变化比较明显。媒体微博率先在宁夏新新媒体传播网络中占据了一席之地，并一度居于核心力量位置，但很快宁夏媒体微信传播网络迅速弥漫开来，呈现出后来者居上的发展态势，逐渐占据了宁夏新新媒体传播网络中的核心力量位置，媒体微博传播网络的影响力和传播力开始迅速消退，它在新新媒体传播网络结构中的力量也开始减弱。

（一）媒体微博传播网络尚未成熟即已开始遭受冷遇

2003 年至 2018 年，由大多数传统媒体和大多数新闻网站开设的微博共同组建生成了宁夏媒体微博传播网络。宁夏媒体微博传播网络的构建与生成是宁夏传统媒体和新闻网站适应和匹配互联网阶段性发展的潮流之举。微博具有直接在商业性互联网平台上开展新闻信息传播之便利和能延续和扩大传统媒体和新闻网站影响力、传播力等优势，因此它在较短时间内获得了快速的发展。宁夏媒体微博在较短的时间内拥有了大批的粉丝数量，它也迅速在宁夏新新媒体传播网络结构中拥有了一席之地，一度处于领先地位。

然而，宁夏大多数传统媒体和新闻网站尚不具备互联网思维，对"微博"

这一当时的新媒介的功能和属性认识不足，挖掘不够。因此宁夏媒体微博在开展新闻传播实践时，媒体功能应用远远强于社交功能应用，导致媒体微博社交性弱，互动性不强，用户黏性较弱，用户参与信息生产的程度十分有限。因此宁夏媒体微博虽有关注度但影响力比较有限。同时，宁夏媒体微博传播网络中源自传统媒体的信息内容同质化特征明显，原创性新闻信息以及二次创作、深度创作的内容偏少。另外，宁夏媒体微博在运营的人力、财力方面严重不足，缺乏相应的激励措施，这就导致兼职运营媒体微博的传统媒体从业人员缺乏创新动力。他们大多沿用传统媒体的思维方式或采用传统新闻生产的模式在微博上进行新闻传播实践，因此宁夏媒体微博的互动性和传播效果都大打折扣。也就是说，宁夏媒体微博传播网络在生成和发展过程中更多是被视为传统媒体的天然转播器和推销平台，没有真正地被视为是具有较大影响力和传播力的新媒介平台，也没有匹配相应的互联网思维和跨界应用的思维。这些都严重地影响和制约了宁夏媒体微博的进一步发展。

宁夏媒体微博传播网络始建于 2010 年，至今已有 12 年，尚处于生长、发展阶段。然而随着媒介更迭进程的不断加快，宁夏媒体微博传播网络的实力和潜力尚未完全展开就开始遭遇又一轮新媒介应用的冲击。它目前已开始呈现凋零和萎缩之势。

（二）媒体微信传播网络尚在构建发展中，发展前景尚不明朗

2003 年至 2018 年，宁夏大多数传统媒体和大多数新闻网站均开通了微信，由此构建生成了宁夏媒体微信传播网络。传统媒体中不仅广播电台、电视台设置了微信公众号，其中有些频率、频道甚至栏目也设置了公众号，如NXTV 都市阳光、宁夏交通广播、银川交通音乐广播等。也就是说，宁夏媒体微信传播网络是基于宁夏传统媒体和新闻网站构建的，但它的规模和数量在互联网空间传播中已超越了传统媒体和新闻网站的传播数量和规模。不过宁夏媒体微信传播网络的构建始于 2012 年，距今不过 10 年的时间，因此很难准确地理解、把握和判断它未来的发展态势。只能说目前宁夏媒体微信传播网络发展还处于不断生成过程中，它的未来发展充满了不确定性：有可能成长为宁夏大众传播网络结构中的核心力量，也有可能在面临新一轮新媒介应

用的情况下，像媒体微博一样，逐渐变得力量萎缩。

结合我国媒体微信整体性发展情况来观察宁夏媒体微信传播网络的发展情况，以及它在全国媒体微信传播网络结构中的位置更具透视性。从综合情况来看，宁夏媒体微信的发展情况在全国处于中等水平。有一些媒体微信跻身于"移动传播百强榜"靠前位置，或处于中间位置，也有一些媒体微信排名靠后，或者榜上无名。也就是说，宁夏媒体微信传播网络在全国性媒体微信传播网络中已经占有一席之地，但还有较大提升空间。在宁夏媒体微信传播网络中，传统媒体和新闻网站的媒体微信并不经常处于领先地位。个别自媒体微信的影响力和传播力已超过了一些传统媒体的微信，如"固原大城小事""宁夏深1度"等。宁夏媒体微信传播网络内部之间也充满了发展的不平衡性。银川晚报、NXTV都市阳光、新消息报、宁夏交通广播、同心网等表现得较为突出；宁夏新闻网、银川新闻网表现相对居中；宁夏日报、银川日报等较少出现在前50名排行榜上。

宁夏媒体微信传播网络已经初具一定规模，在全国媒体微信的应用和发展中也占有一席之地，但它实际上的影响力和传播力都很有限，还属于"小众传播媒体"。宁夏媒体微信传播网络发布的内容大多来自宁夏的传统媒体和新闻网站，同质化明显，原创率不足；发布形式以图文信息为主，较少视频形式；虽有一定阅读量，但点赞指数、好看指数普遍偏低，网络用户的评论数和回复率偏少，经常性地出现0回复、0评论的状态。也就是说，宁夏媒体微信传播网络已初始形成，但它的覆盖面、渗透性和影响力却很有限。它虽然对宁夏传统媒体和新媒体传播网络产生了一定的冲击和影响，并分流了一部分用户群体，但还没法撼动宁夏传统媒体的整体影响力和传播力。

第五节　面向媒介融合的全景式宁夏大众传播网络构建

2003年至2018年，宁夏大众传播网络结构呈现出多元、立体、混杂交织、变化多端的全景式发展特征。从1979年至2003年的由报纸、广播、电视、新闻网站构建生成的四元结构的大众传播网络，迅速成长为由报纸、广播、电视、新闻网站、手机报、媒体微博、媒体微信等共同组建的多层次、多类别、多媒介形态的全景式传播网络。即 2003 年至 2018 年的宁夏大众传播网络与 1979 年至 2003 年的宁夏大众传播网络相比，增添了三个新成员：手机报传播网络，媒体微博传播网络，媒体微信传播网络。这三个新成员与之前存在的传播网络一起，形成了新旧媒体混合交织、相互之间不断产生作用、规模庞大、影响力多元的大众传播网络。可粗略地概括为：2003 年至 2018 年，宁夏形成了由传统媒体、新媒体、新新媒体共同构建生成的大众传播网络。其中，由报纸、广播、电视构建的传统媒体传播网络都不同程度地出现了内部结构性要素变化显著，相互间力量对比消长明显和整体性力量衰退、萎缩的发展态势。但传统媒体传播网络的影响力和权威性犹存，并在媒介融合的面向上不断谋求转型与转变。由新闻网站和手机报构建的宁夏新媒体传播网络在经历了短时间内的快速发展和扩张以后，又在较短的时间内渐次归于平淡。它也呈现出消退、收缩的发展态势，也在媒介融合的大潮中不懈地探索新的出路。由媒体微博、媒体微信构建的宁夏新新媒体传播网络也在短暂的时间中迅速崛起，并呈现出了集群化的发展态势，也有效地延续和扩大了传统媒体的影响力和生命力，在较短的时间内获得了网络用户们的关注。然而宁夏媒体微博传播网络也开始出现高开低走之势，整体性发展力量开始减弱。它的影响力虽在，传播力却有限。它的网络用户开始出现迁徙和流失。媒体微信传播网络由当下较为流行的新新媒体构建生成，发展势头虽猛，但网络用户的点击量、阅读率、浏览量、互动指数、用户黏性都比较低，传播力和影响力也很有限，也在媒介融合的社会潮流中浮沉、奋争。这些都共同体现出宁夏大众传播网络的整体性结构特征。

一、整体性结构特征

2003 年至 2018 年，宁夏面向媒介融合的全景式大众传播网络呈现出复杂、多元的结构性特征。大众传播网络的扩张性和收缩性一同涌现，稳定性和不确定性同时并存；行政力量依然贯穿在宁夏大众传播网络的始终，并开始呈现出紧追技术发展的逻辑。这一时期宁夏大众传播网络还出现了多样化和分散化特征，并有可能出现集中化前景。最后，宁夏大众传播网络对宁夏多民族共生关系和民族团结形象的反映和形塑也出现了新变化。

（一）大众传播网络的扩张性和收缩性并存，稳定性和不确定性并立

2003 年至 2018 年，宁夏大众传播网络展现出惊人的扩张性。它在不足 20 年时间内就从 1979 年至 2003 年的以报纸、广播、电视、新闻网站为主的四元结构演变成由报纸、广播、电视、新闻网站、手机报、媒体微博、媒体微信等构建的多元、立体、多媒介化的结构形态。其中以新闻网站和手机报为主的宁夏新媒体传播网络和以媒体微博、媒体微信等为主的宁夏新新媒体传播网络，尤其具有扩张性。2003 年至今，宁夏形成了以省级地方性网站为首、地市级新闻网站和中央驻宁新闻网站和具备新闻转载资质的商业性网站为共同支撑的新闻网站传播网络。连同手机报一起，形成了具有一定覆盖面、影响力和传播力的新媒体传播网络。2010 年至今，宁夏形成了由几十家媒体微博构建的媒体微博传播网络。它在扩散宁夏传统媒体的影响力和传播力方面，在满足地方空间内人们的信息需求方面发挥着一定作用。2012 年至今，宁夏媒体微信传播网络中，仅清博大数据榜上有名的、较为活跃的媒体微信已有 30 家左右，已初步形成规模化、系统化的发展态势。

2003 年至 2018 年，宁夏大众传播网络也出现了一定的收缩性。这种收缩性是指以报纸、广播、电视为主的宁夏传统媒体传播网络的力量和边界有所收缩，但它们的影响力和权威性依旧在延续。这种收缩性表现为以下三个方面。第一，宁夏报纸传播网络整体经济实力、发行总量开始下滑。其中《宁夏都市报》传播网络的支撑力量开始大幅消退、萎缩，传播网络的收缩性表现得最为明显。党报传播网络虽在地方政府的主推和助推之下还维持着坚挺的发行态势，但它的读者群体大规模迁徙、流失已是不争的事实。即党报传播网络实际上的影响力和传播力也在收缩过程中。第二，广播、电视传播网络方面，宁夏广播、电视集团化、规模化的运营一度壮大了广电传播网络的实力和规模，但在遭遇了新媒体、新新媒体传播网络的猛烈冲击后，广播传播网络开始出现由"广播"到"窄播"的趋势，受众也从"大众"转为"小众"，传播网络的覆盖面和渗透力明显收缩，开始面向特定的小众群体。电视传播网络方面，来自中央电视台、其他省级电视台、宁夏地市级电视台、县

级电视台的激烈竞争，以及电信运营商、移动运营商开展的 IPTV 业务，和来自新媒体、新新媒体的强势冲击和挑战，使宁夏电视传播网络的用户不断地被分流，被稀释，缴费用户数量逐年下降，退网用户开始增多。宁夏电视传播网络的覆盖面、影响力开始缩小、减弱。第三，宁夏新媒体传播网络曾在较短的时间周期中获得了较快的成长与发展，传播网络也一度呈现出扩张性。但是宁夏新媒体传播网络和传统媒体传播网络的不同之处在于，新媒体传播网络的力量性萎缩比较快地呈现出来。它整体性的力量消退的时间明显短于传统媒体传播网络的力量消退时间。即宁夏的网络用户们尚未完全形成对宁夏新闻网站和手机报的依赖性和消费习惯，宁夏新闻网站和手机报的吸引力和黏性已经开始慢慢地消退。

2003 年至 2018 年，宁夏大众传播网络依然具有一定的稳定性，但波动性、变动性已经开始涌现，不确定性大幅增加。这一时期，支撑宁夏传播网络的国家—地方的基本性制度尚未发生明显变化，事业化管理、企业化运营的媒体体制依然在延续，不同传媒组织的垂直化管理、条块分割的媒体体制也未发生显著波动。这一时期，宁夏大众传媒经历了集团化、规模化的探索，宁夏电视台还进行了跨区域合作的尝试，这都推动和促进了大众传媒的发展，但都没有根本性的影响和动摇大众传播网络的稳定性。但是宁夏大众传播网络还是出现了一定的波动性和变化性。这种变动表现为以下三个方面。

第一，创刊于 2005 年的《新知讯报》已于 2019 年 1 月 1 日休刊。《新知讯报》的休刊使宁夏报纸传播网络力量有所减损，也使宁夏都市类报纸、市场类报纸难以为继的困境凸显出来，也有可能预示着都市报传播网络的波动性或许会呈现蔓延之势。

第二，由银川日报社、银川市广播电视台组建的银川市新闻传媒集团于 2016 年 12 月 26 日揭牌成立，这开启了宁夏跨媒体集团化、规模化运营的新一轮探索，或者说开启了媒体融合之旅。银川市新闻传媒集团的成立是宁夏媒体机制的创新性探索，是媒体管理模式的突破，在宁夏这一地方空间内具有一定的创新性和示范作用。银川市新闻传媒集团的成立打破了既有传播网络的组织结构。它陆续开展的媒体融合的探索都将会对宁夏既有的大众传播网络形成挑战和冲击。其中媒体的边界问题将成为关注的焦点之一。

第三，这一期间面对国家—地方自上而下推动和地方—国家自下而上都在积极思考和探索的媒体融合的潮流，宁夏既有的大众传播网络既充满了希望性和无限可能性，也充满了不确定性。也就是说，分离、切割、汇聚、重组、融合都有可能发生。同一所有权中不同媒体之间可能实现内容共享和资源推广，不同所有权之间的媒体也有可能实现内容共享和资源推广，不同媒体传播网络的边界极有可能完全消失，也有可能重新树立边界和壁垒。

（二）行政力量贯穿在宁夏大众传播网络的始终，并呈现出紧随技术发展的逻辑

1926 年至 2018 年，行政力量始终贯穿在宁夏大众传播网络生成与发展的全过程中。不过行政力量介入的强度和力度在不同历史阶段有着不同的表现：有时表现得直接而粗暴，有时表现得宽松而包容。从 1949 年以来中国地方传媒发展的实践来看，行政力量总体上在引领地方大众传播网络在推动和促进国家政治上的统一、文化的多元一体以及民族融合、民族认同等方面都发挥着不可替代的积极作用。虽然个别阶段也存在着行政力量发挥较大制约和束缚性作用的情况，但整体而言，行政力量在宁夏大众传播网络构建和生成的过程中主要还是发挥着积极的建设作用。

1. 行政力量贯穿在大众传播网络的始终，在媒介融合背景下有增强的趋势

这种趋势主要通过以下三个方面体现出来。

（1）宁夏日报报业集团、银川日报报业集团、宁夏广播电视总台的成立都是在地方政府的主推和资本市场的助推下形成的。这种集团化、规模化、集中化的运作使报纸、广播、电视的影响力和传播力都有所增强，一定程度上起到了资源整合的作用，推动了传统媒体的发展进程。

（2）宁夏电视台和上海电视台进行的跨媒体合作也是在地方政府的主推下进行的。这种跨区域合作扩大了宁夏卫视的覆盖面，提升了宁夏卫视的全国知名度，促进了资源的整合，也增强了电视媒体的竞争力。但这种跨区域跨媒体合作也带来了宁夏本土观众较大的流失率，引起了宁夏本土观众不适应、不满意、不认可的情绪反应。尽管如此，这种跨区域合作的探索依然具有一定的价值和意义。

（3）银川市新闻传媒集团的成立是按照银川市委"整合资源，放大效应"的工作方针，根据"既稳又快，先易后难"的原则进行的。即在地方政府的主导下，着眼于媒体融合而进行的媒体体制的创新与探索。这是顺应和遵照国家整体性媒体融合战略的倡导和部署而开展的，是同一地方空间内跨媒体融合的尝试。对于较好地实现"围绕大局，服务中心"的战略部署和更好地实现媒体组织间的融合、媒介资本的融合、传播手段的融合都具有重要的价值和意义，是中央政府和地方政府以阵地意识为先导，具有顶层设计特征的生动体现。

2. 行政力量运作呈现出紧随技术发展的逻辑

大众传播网络中从来就不止仅具有由行政力量主导这一显性的结构性特征。它还有一个结构特征也在一直发挥着巨大的制约作用或巨大的推动作用，但在很长的时间段内它都没有成为重点关注对象之一。这便是媒介技术在大众传播网络结构中的基础性作用。

媒介环境学派对媒介、技术与文化、传播之间关系的研究，尤其是对技术如何并在多大程度上产生了形式的、环境的和结构性的影响的研究，引起了人们对媒介如何塑造环境的思考和关注。以互联网技术为主要催动力之一的互联网新媒介、新新媒介的不断涌现和应用，使人们更深刻地认识到技术发展在塑造现代社会形态方面的重要性。然而人们更倾向于仅以经济学或经济史的角度来看待技术发展的问题，对蕴含其中的关于技术发展与政治之间的关系问题，还存在着轻视或者漠视的态度。

从宁夏大众传媒近百年间的新闻传播实践来看，媒介技术的制约作用或推动作用一直在或隐或现地发挥着作用。

1926年至1949年，宁夏本地纸张生产能力不足、印刷设备短缺、电力设备短缺、技术陈旧等问题一直制约着传媒的发展，或者影响报纸的印刷质量，或者有些报刊因印刷困难而被迫停刊。可以说，宁夏报业发展艰难的原因之一就在于印刷能力不足和优质纸张的缺失。宁夏电台电力设备的短缺也严重制约了宁夏传媒的发展。

1949年至1979年，宁夏印刷工艺从石印发展到铅印，再演进到胶印；铅活字排版技术、铜芯制版、烫金工艺、装订技术自动化等不断的普及都有力地促进了宁夏纸媒的发展与传播。宁夏广播基础设施的发展和技术的扩散性应用，使宁夏这一偏远于中央的区域空间内的广播新闻传播实践，几乎和中央以及其他区域空间内的媒介应用趋于同步和一致，更促使广播传播网络在这一时期的大众传播网络结构中占据了主导力量位置，可见技术的推动性作用十分明显。而电视技术的缓慢发展严重制约了宁夏电视节目的制作。

1979 年至 2003 年，逐渐进入成熟阶段的报纸、广播技术的推动作用已经不再明显，而不断发展中的电视技术推动着这一时期宁夏电视的新闻实践有了飞跃性的发展。1979 年至 2003 年，宁夏电视经历了从黑白电视到彩色电视，从微波传输到卫星传输到有线电视的数字化、网络化等发展变化。宁夏数字化新闻中心和自动化播控中心的成立，使宁夏电视凭借电视技术的突飞猛进进入到千家万户。也就是说，电视技术的不断发展保障了宁夏历史上第二次大规模电子内爆的实现。

2003 年以后，互联网技术发展创新的速度和影响力在让人们欢呼雀跃的同时，也引起了人们的担忧。人们开始担忧技术的自主性问题和技术泛灵性问题，控制和失控问题都成了谈论的内容之一。由此可见，媒介技术在一定程度上已成为人们日常生活中的一部分，只是因其日常化而显得"不重要"和"不可见"了。

就技术与大众传播网络中的行政力量的关系而言，较为理想的状态是政府的管理水平与新技术手段的发展同步。如果政府的管理水平与新技术手段的发展具有同步性，政府的力量就会产生更强大的支撑作用和促进作用；如果政府的管理水平滞后于技术手段的发展就有可能产生束缚和制约作用。结合宁夏大众传媒的发展实践来看，宁夏报纸、广播、电视传播网络的形成是个相对缓慢的进程，因此政府的管理水平也在不断调整和适应中。从较长的时间段回望的话，可以说，总体上国家和地方的管理水平与报纸、广播、电视的发展是同步的。

但是 2003 年以后，新媒体传播网络、新新媒体传播网络都在较短时间中迅速地成长，又迅速地更新，这种短时间内迅猛式的技术发展和重新布局对政府既有的管理水平提出了严峻的考验。也就是说，2003 年以来大众传播网络中的行政力量开始出现不得不紧跟技术发展的逻辑。尤其是媒体融合的倡导和推动更是鲜明地体现出行政力量对贯穿于大众传播网络中的技术逻辑的认可和重视。

（三）传播网络呈现出多样性和分散性特征和可能出现的集中化前景

2003年以来，宁夏形成了由报纸、广播、电视、新闻网站、手机报、媒体微博、媒体微信等构建而成的多层次、多类别、多媒介形态的大众传播网络。和其他任何一个时期相比，宁夏大众传播网络都已具备高度规模化的特色。

在这一规模化的大众传播网络中，它的组成要素之间呈现出显著的多样化和分散化的特征。即报纸传播网络、广播传播网络、电视传播网络、新闻网站传播网络、手机报传播网络、媒体微博传播网络、媒体微信传播网络都并立共存。宁夏大众传播网络多样性和分散性的发展使每一个传播网络都获得了相对独立的发展空间，并且因为它们各自相对分散和独立，所以更容易看清它们各自的运行轨迹和发展模式。不过，不同媒体独立而分散的发展会造成资源和人力的重复和浪费，也会带来总体成本的提高。更重要的是，媒体分散和独立的传播网络面临着如何对边界之外的因素加以利用和控制的问题，也面临着在遭遇其他传播网络的竞争与冲击后无法集中全力予以回应的问题。

在宁夏这一地方空间内除却存在着由媒体主导的大众传播网络外，还存在着数量、规模、范围广大的政务微博传播网络、政务微信传播网络和由一个个个体组成的自媒体传播网络。其中，由政府机构、部门、组织等主导的政务微博、政务微信开展得如火如荼，吸引和分流了大批的网络用户。以"固原大城小事""宁夏深1度"等为代表的自媒体微信传播网络也吸引和分流了大批的网络用户，这都对宁夏以媒体为主导的大众传播网络形成了竞争与挑战。

从政治需要的角度来看，大规模传播网络都需要各组成部分之间协调一致，形成一个有组织的系统。系统彼此之间的相互联系程度和相互依赖程度越高，效果就可能越理想，这就使集中、联合、汇合以及中心控制成为大众传播网络未来可能的发展之路。

从宁夏大众传媒的发展实践来看，由银川日报社、银川市广播电视台组建的银川市新闻传媒集团的成立，首先实现了跨媒体融合的突破，使规模化发展和中心化管理成为可能。银川日报社拥有《银川日报》《银川晚报》、银川市广播电视台、银川新闻网、银川市广播电视网、1个微博微信矩阵、2个客户端，以及200多块多媒体党报阅报屏，在初步形成党报、党网、党端、党屏的全媒体全覆盖体系的基础上，开始运行中央控制室，组建了以"中央厨房"为核心的全媒体中心。银川日报社媒体融合的探索之旅就是在融合、融通大众传媒的多样性和分散性方面进行探索，也是在探索传媒组织之间、传媒资本之间、传播手段之间的融合，是在期许一个统一性的"中央厨房"起到主导或中心的作用。这就表明，宁夏大众传播网络在媒介融合的发展面向中有可能出现集中化的发展趋势。在这种可能的发展趋势中，原先在各领域内独立运行的传媒组织有可能越来越少，不同的传媒组织可能会被组合起来，逐渐形成越来越密切的联系和相互依赖性，最终组合、汇聚成为一个巨大的、范围更广泛的网络。

（四）对宁夏多民族共生关系和民族团结形象的反映与形塑也在持续

2003年至2018年，宁夏大众传播网络对宁夏多民族共生关系和民族团结形象的反映和形塑依然在延续。但随着新媒体传播网络、新新媒体传播网络的兴起与发展，宁夏大众传播网络在反映和形塑宁夏多民族共生关系和民族团结形象方面的力度和强度并没有随之增强和放大，反而出现了平淡化的趋势。这表现为以下两方面。

第一，传统媒体关于宁夏多民族共生关系和民族团结形象的报道呈现出常规化报道的趋势。报纸方面，陈玲通过检索宁夏日报报业集团专有的数字资产存储检测系统发现，2004年至2009年，《宁夏日报》有关"民族文化"的报道，总计为423篇。和"文化"报道相比，"民族文化"报道的占比为2.6%。[①] 她以"文化""民族文化"等为检索词检索《宁夏日报》2004年至2009年有关民族文化报道的数量，统计结果为："文化"报道18758篇，"民

---

① 陈玲.自治区党报的民族文化报道研究——以《宁夏日报为例》[D].西安：陕西师范大学，2010：15-16.

族文化"报道435篇。2009年，《宁夏日报》开设了"文化宁夏"专刊。

广播方面，林青在概括宁夏人民广播电台新时期的宣传的特点时，总结出这一时期宁夏人民广播电台的六个特点。其中包括"从宁夏实际特点出发，宣传党的方针政策""宣传民族政策，加强民族团结"。① 这两个显著特点都是突出本地新闻和民族新闻报道。林青在论证宁夏人民广播电台的鲜明特点之一——"宣传民族政策，加强民族团结"时，用来做论据的新闻报道有很多。包括：宁夏人民广播电台报道各级党委和政府落实民族政策，检查民族工作中存在的问题，报道各级党委和政府注意选拔民族干部，大力宣传民族团结的先进典型和动人事迹等等。② 这都属于民族新闻报道的范畴，都是民族新闻报道常态化的体现。

电视方面，2003年至2018年，宁夏电视台播出了较有影响力的文化类节目《印象宁夏》。2008年，宁夏电视台播出了一批反映宁夏人民生活百态的大型电视专题片，如《支乡人的故事》《天南地北宁夏人》《花儿的家乡》等。这些电视专题片具象化地展现了宁夏人和宁夏民族群体的生活样貌。十集电视专题片《花儿的家乡》完整地展现了宁夏少数民族的传统艺术"花儿"。2015年7月17日，宁夏广播电视台制作的大型人物故事专题栏目《天下回商》开始在宁夏卫视、宁夏经济频道、宁夏广电网等传播平台播出。以上宁夏电视传媒的传播实践和学者的统计数据都表明：这一时期，宁夏大众传播网络在形塑和建构宁夏多民族共生关系和民族团结形象方面具有常态化的特征。

第二，新媒体传播网络、新新媒体传播网络在建构和形塑宁夏多民族共生关系和民族团结形象方面呈现出平淡化的特征，更多地体现出求异之上的求同的趋势。宁夏新闻网站和手机报的新闻内容主要源自传统媒体。但综观宁夏新闻网站和宁夏手机报的新闻信息内容，更多的是反映和报道国家整体性新闻动态和一般政治新闻、经济新闻、体育新闻等，较少建构和形塑宁夏多民族共生关系和民族团结形象。也就是说，宁夏以媒体微博、媒体微信为

---

① 林青. 中国少数民族广播电视发展史［M］. 北京：北京广播学院出版社，2000：269-274.

② 林青. 中国少数民族广播电视发展史［M］. 北京：北京广播学院出版社，2000：274-275.

代表的新新媒体的新闻传播实践，更多是通过报道和呈现政治新闻、民生新闻、社会新闻以及服务性信息等来吸引和稳固用户群体。

就新闻传播活动而言，新闻传播者的全部活动不是简单地报道事实、传播信息，而是名副其实的观念生产活动。从这个意义而言，地方大众传媒在进行新闻传播实践中完整地建构和呈现国家形象，持续地塑造国家认同，都是其新闻传播实践中的应有之义。另外，地方大众传媒如何处理和平衡民族文化报道与国家主流文化、社会主义核心价值观之间的宣传与报道关系，如何形塑和建构地方空间内的国家形象和地方空间内的区域形象等，亟待更深入的研究和探讨。

二、用户群体的固化、迁徙与流动对宁夏大众传播网络的双重影响

与"大众传媒""大众传播""大众文化"一直相对应的"大众"对传播网络的构建一直起着非常重要的作用。并且因为"大众"日常化的普遍存在以及在较长的历史周期内的固化特征，使得"大众"的重要性显得平淡而疏离。似乎已经形成了这样一种刻板的认知：只要存在大众传播网络，大众作为一个受众群体，就会被覆盖、被吸引、被涵化、被培育，从而能够形成较一致的认知和行动。随着新媒体、新新媒体以非凡的发展速度不断涌现并更新，人们才发现"大众"已悄然转变为"用户"。用户群体的数量和规模在不断扩大，但用户不再像传统媒体中的大众一样具有固定化和被动化的特征。新的媒介环境背景下，用户群体的自主性开始增强，他们的迁徙性和流动性也在增强，并在媒介使用上体现出神秘莫测、忽左忽右、喜新厌旧等特征。从大众转变为用户，这对大众传播网络而言无疑产生了双重的影响：对既有的大众传播网络是一种挑战和沉重的打击，对新兴的传播网络则起到了强有力的支撑作用。

结合宁夏大众传媒实践来看，1926 年至 1949 年，宁夏报纸的主要读者群体是军政机关人员，当地的知识分子，传媒实践的工作人员，技术人员，极小部分商人群体以及普通民众。这时报纸读者群体的数量和范围都十分有限。如《宁夏民国日报》作为当时宁夏出版时间最长的一份报纸，日发行量 1000份左右，最多不超过 1500 份。这时的报纸对整个地方空间而言是一种稀缺和

昂贵的物品，是很多人渴望拥有却没有能力获取的资源。从这个意义上讲，这一时期报纸的读者群体比较固化，群体画像比较单一和清晰，也有着巨大的拓展空间。

1949 年至 1979 年，宁夏读者群体的数量、规模都有所拓展。仅从《宁夏日报》的发行数量来看，除却三年自然灾害期间，因纸张短缺而导致发行下降以外，其他时间段《宁夏日报》的发行数量都呈现出不断攀升的局面。1959 年《宁夏日报》的发行量为 32779 份；1960 年为 34271 份；1961 年至 1965 年，发行量下降为 23351 份；1966 年发行量达到 47682 份；1972 年为 51260 份；1974 年为 61112 份；1976 年增到 75362 份；1977 年至 1980 年发行量保持在 6 万多份。这一时期《宁夏日报》的读者群体主要是党政机关的领导干部，党务、政务工作人员，社会团体中的高级知识分子等。一部分具有读书识字能力的普通民众和一般性知识分子也成了它的受众群体。1949 年至 1979 年，宁夏报纸发行量以及读者群体规模的扩大，除却国家—地方总体性安排与要求之外，中央和地方政府成立的干部学校，开展的国家教育事业，以及轰轰烈烈开展的扫盲班、夜校学习活动等，都积极培育并挖掘了纸质媒体的读者群体，使报纸的普及成为可能。1949 年至 1979 年，报纸的读者群体也相对固定，群体画像虽相对多元但也比较清晰，流动性不明显，也有较大的发展空间。这一时期广播的听众是普遍意义上的"大众群体"，数量、规模庞大，集中组织性和集中接收性的特点明显，受众群体的画像既大众化也固定化。

1979 年至 2003 年，宁夏报纸、广播、电视的受众群体开始出现分众化、多元化的特征，分别形成了党报读者群体，都市报读者群体，不同频率、频道的广播听众群体，以及不同电视台、不同电视频道、不同电视栏目的受众群体。这些受众群体有独立性的一面和区别性的特征，也存在着交叉和重叠。但宏观而言，这些受众群体都分别支撑着报纸传播网络、广播传播网络、电视传播网络的发展、壮大。1979 年至 2003 年，受众群体的固化特征有所减退，但稳定性犹存，流动性和迁徙性开始出现，但还不强烈和明显。同时，宁夏报纸、广播、电视对受众群体的培育和拓展力度也在加强，但仍有较大的提升空间。如《宁夏日报》1977 年至 1980 年的发行量是 6 万份，1998 年、

1999 年、2000 年的广告利润已达到 2000 多万元，但发行量还分别是 6 万份、6.28 万份、6.28 万份。《宁夏日报》主要读者群体还是以党政机关的领导干部，一般党务、政务工作人员，社会各界中的高级知识分子，以及各企事业单位中身居领导岗位的人员等为主。即《宁夏日报》读者群体的规模、范围依然呈现出固化的特征，稳定性明显，但拓展空间较大，一般的民众依然不是党报的主要受众群体。

然而，以上这些传统媒体的受众群体和一般民众在 2003 年后逐渐地出现了整体的流动性和迁徙性的特征，这种流动性和迁徙性的特征是伴随着新媒介、新新媒介的应用而逐渐凸显出来的。不同媒介的用户数量不断发生着变化。一段时间内，门户网站、手机报、微博用户剧增，另一段时间内，微信用户、网络视频用户、短视频用户剧增。第 41 次《中国互联网络发展状况统计报告》显示，截至 2017 年底，中国网民规模达 7.72 亿，互联网普及率达 55.8%。其中手机网民规模达到 7.53 亿，网民使用手机上网的比例达到 97.5%。① 中国网民职业结构中，学生群体规模最大，占比最高。其次为个体户/自由职业者。再次为企业/公司一般职员。值得注意的是，占比最小的群体是党政机关事业单位领导干部和企业/公司高层管理人员。也就是说，未曾被纳入党报群体的一般民众成了新媒体、新新媒体的主要使用群体。

第 43 次《中国互联网络发展状况统计报告》显示，截至 2018 年底，中国网民规模达 8.29 亿，互联网普及率达 59.6%。其中，手机网民规模达 8.17 亿，网民使用手机上网的比例达 98.6%，网络视频用户规模达 6.12 亿，短视频用户规模达 6.48 亿。② 在网民职业结构中，学生群体依然最多。其次是个体户/自由职业者。再次是企业/公司的管理人员和一般职员。占比最小的群体依然是党政机关事业单位领导干部和企业/公司高层管理人员，党政机关事业单位一般职员以及企业/公司中层管理人员上网比例也偏小。也就是说，曾经作为党报主要受众群体的党政机关事业单位领导干部以及企业/公司高层管理人员和党政机关事业单位一般职员，他们的新媒体、新新媒体的应用程度整体偏低。

---

① 第 41 次中国互联网络发展状况统计报告 [DB/OL]. 中国网信网，2018-01-31.
② 第 43 次中国互联网络发展状况统计报告 [DB/OL]. 中国网信网，2019-02-28.

综合 2017 年和 2018 年中国互联网整体发展情况来看，我国网民通过手机上网的比例不断在创新高。网民们花在互联网上的时间也在不断地增长和延长。网民网络应用的层次、类别、方向均明显出现较大的差异性、分散性和多元性。我国网络视频用户、短视频用户在短时间内就达到了 6 亿。这充分表明，我国已经形成了数量众多、规模庞大、范围广泛的互联网用户群体。互联网用户群体已呈现了最普遍意义上的大众化。网络用户的流动性和迁徙性特征已表露无遗。显然，新媒介的不断迭代不断地对网络用户产生新的吸引力。从"受众"到"用户群体"的转变对传统媒体传播网络的影响是巨大而深刻的。即传统媒体曾经的受众群体已经相对固化和稳定，也有向新媒体、新新媒体迁徙的可能，而传统媒体在吸引和吸收新的受众群体方面却无能为力、举步维艰，这就使传统媒体未来的发展显得黯淡无光，不确定性大为增强。因此，从中央到地方，媒介转型、媒体融合的呼声不断高涨。

从根本上而言，宁夏传统媒体是在互联网行业导致受众迁移、商业资本投入转向并已盈利颇丰的时代背景下开始应用新媒介和新新媒介。传统媒体想当然地把新媒介和新新媒介当作自身天然的转播器与推销平台，希望它们发挥新媒介和新渠道的作用。这是以媒体为中心的传统媒体的应用思维，而不是以用户为中心的社交化思维以及新平台定位和跨界应用的思维。这就导致宁夏传统媒体认识不到用户参与和生产内容也是媒体发展的内在属性要求，也就很难在新媒介应用上实现角色互换。宁夏传统媒体只把自身当作信息生产的唯一和单向度主体，不曾把用户置于同等的信息生产和创造主体地位，导致在新媒介平台的实践层面上"重媒体弱社交"的倾向明显。它们对网络用户的吸引力始终有限，也未能实现网络用户数量、规模和范围上的较大突破。因此，在媒介融合的向度上，宁夏传统媒体如何吸引并使用户群体规模化、固定化将始终是一个较为艰巨的课题。毕竟，每一种新媒介的诞生和应用对传统媒体而言都是一个全新而陌生的战场，定力不足而随风起舞，只能带来疲于奔命的追赶和应付。

三、政务微博、政务微信等新新媒体对宁夏大众传播网络的冲击

2003 年以后，宁夏除了形成以报纸、广播、电视、新闻网站、手机报、

媒体微博、媒体微信等共同构建的，以传播新闻信息为主的大众传播网络外，还存在着由其他新媒体、新新媒体构建而成的大众传播网络。其中，由政府机构、部门主导和推动的政务微博和政务微信的网络应用，因它们具有组织性、规模化和权威性的特征，以及兼具提供新闻类信息和服务类信息的优势，对宁夏以传播新闻信息为主的大众传播网络形成了强有力的竞争和挑战。这主要体现为以下两方面。

1. 宁夏党政新闻发布微博和党政服务微博矩阵对大众传播网络形成了竞争

宁夏政务机构微博中党政新闻发布微博和党政服务微博，如@问政银川@银川发布@固原发布@微博银川@宁夏政务发布@宁夏发布@兴庆微博等，都已初具规模，并形成了各自的微博矩阵。这些微博多为市委、市政府官方微博，或者市委、市政府新闻办公室官方微博。如@问政银川是银川市委办公厅和市政府办公厅官方微博，@银川发布是银川市委外宣办、市政府新闻办官方微博，@固原发布是固原市网络安全与信息化办公室官方微博等。

宁夏政务微博的发展以银川地区的发展最具代表性。2010 年 12 月 22 日，银川首个政务微博账号@微博银川在新浪网开通。2011 年以后，在新浪开通的银川政务微博数量猛增。2011 年 5 月初达到 20 家，7 月达到 64 家，粉丝数累计超过 110 万；8 月达到 125 家，粉丝数量超过 400 万；10 月有 170 余家。截至 2012 年 3 月 21 日，宁夏政府机构微博达到 233 个，其中银川地区有 196 个。① 这与全国政务微博的迅猛式发展同步。截至 2017 年底，宁夏政务微博城市竞争力指数排列如下：银川市位居榜首，全市各级部门在新浪网开通的党务政务微博有 500 余家，整体传播力指数 76.06，服务力指数 82.35，互动力指数 56.42，竞争力指数达到 71.39。石嘴山市位列第二，传播力指数 63.82，服务力指数 40.99，互动力指数 45.76，竞争力指数为 49.51。其他城市排名由高到低排序依次为固原市、吴忠市、中卫市。② 这是宁夏城市间政务微博竞争力排列情况。从银川市政务微博整体发展来看，已初步形成了以@

---

① 张橦. 微博问政：政府治理新模式——银川市政务微博的个案研究［J］. 新媒体与社会，2013（3）：307.

② 2017 年年度人民日报·政务指数微博影响力报告［DB/OL］. 人民网，2018-01-23.

微博银川（市委、市政府）为统领，以@问政银川（市委办、市政府办）为枢纽，以@银川发布（市委宣传部）为抓手，以各级部门微博为支撑的银川市政务微博集群。它们在提供和传播新闻信息、服务类信息，了解社情民意，促成人民群众表达利益诉求，以及促进民生问题解决等方面均具有一定的影响力，并发挥了一定的作用。

在宁夏众多的政务微博实践活动中，@微博银川曾经一枝独秀，首开先河。2011年7月开通的@问政银川因独特的政务服务的功能定位和始终兑现承诺的政务实践活动而独树一帜。不仅在宁夏地区，在全国范围内"逐渐成长为独具特色的广受赞誉的问政银川模式……并为政务微博问政探索出一个可复制的有效模式"①。并逐渐地形成了宁夏地区的政务微博矩阵。在人民网舆情数据中心（人民网舆情监测室）2017年度《人民日报·政务指数微博影响力报告》中，@问政银川获得"2017年度全国十佳矩阵应用案例奖"和全国"特别贡献奖"，位列"十佳政务服务矩阵"之首。

固原市网络安全与信息化办公室官方微博@固原发布复制了@问政银川的运作方式，也在很短的时间内获得了关注。@固原发布也和@问政银川一起，获得了人民日报"十佳政务服务矩阵"称号。政务新媒体学院的微信公众号"微政观察"2017年9月22日发布的第28期政务微博矩阵周报显示，截至2017年9月10日，@固原发布粉丝数达到23424。上述宁夏政务微博矩阵的形成及实践应用不仅在新闻信息提供与发布方面与宁夏大众传播网络形成了竞争，也在吸引和瓜分网络用户方面不遗余力。这也对宁夏大众传播网络形成了挑战。

2. 蓬勃发展中的政务微信对宁夏大众传播网络形成了竞争

从全国来看，2017年，我国政务服务网络用户规模达到4.85亿，占网民总体的62.9%。其中，网民使用最多的在线政务服务方式是通过支付宝或者微信城市服务平台获得政务服务，其次是通过政府微信公众号获取政务信息或服务。微信城市服务累计用户已达到4.17亿。② 2018年，我国在线政务服

① 张学霞，鲍海波. 政务微博功能研究与应用分析——以@问政银川为例［J］. 北方民族大学学报（哲学社会科学版），2016（4）：113.

② 第41次中国互联网络发展状况统计报告［R/OL］. 中国网信网，2018-01-31.

务用户规模达 3.94 亿，占整体网民的 47.5%。①

　　政务微信的类型极为多样。一般根据微信公众平台提供的认证号类别，可将微信公众平台分为服务号和订阅号。但针对政务微信类别的区分并没有明确的表述和统一的标准，从不同角度出发就会有不同的分类标准。如政务微信从功能上可以分为信息发布型、业务查询型、在线办事型、突发舆情应急型。信息发布型的政务微信，是指政府利用政务微信平台及时向公众推送政府的公共事务等，主要包括政府的政策方针、政府的各类活动等。业务查询型政务微信，是指后台已设置好关键字自动回复，在此基础上添加可选项按钮，可方便快捷地查询到自己想要的信息。在线办事型政务微信，是指公众利用平台设置的功能版块进行公共事务的办理，例如缴纳罚款和水电费。突发舆情应急型政务微信，是指政务微信在突发的舆情事件中发挥作用。②

　　本书根据研究需要，结合政务微信的功能、属性和服务内容，将政务微信分为两大类——"信息发布型"和"在线服务型"。本书所指"信息发布型"政务微信的外延较为宽泛，除了涵盖上述"信息发布型"的政务微信外，也涵盖"突发舆情应急型"政务微信。这类微信的核心也是信息发布，并着眼于舆论引导。显然，"信息发布型"的政务微信在功能设置方面和新闻媒体的传播功能有重合之处。

　　目前，宁夏"信息发布型"的政务微信的网络应用和宁夏媒体微博和政务微博的网络应用相比，来得稍晚一些，但发展势头迅猛，很快和宁夏大众传播网络形成了竞争和并存之势，并形成了初步的影响力和传播力。虽然"信息发布型"政务微信当下的影响力和传播力还弱于"在线服务型"政务微信，也不能与由媒体构建的宁夏大众传播网络相抗衡，但因它具备提供生活服务类信息和新闻热点类信息的功能和定位，也对宁夏由媒体构建的主要以传播新闻信息为主的大众传播网络形成了竞争和挑战。

　　政务微博和政务微信是政府的具体机构、部门、组织直接在互联网平台上开展的新新媒介的应用，在提供和传播新闻信息方面，呈现出绕过由大众

---

① 第 43 次中国互联网络发展状况统计报告［R/OL］. 中国网信网，2019-02-28.
② 高敏. 公共领域理论视角下政务微信的发展研究［D］. 长春：吉林财经大学，2017：10.

媒体构建的传播网络直接与网络用户进行沟通与交流的特征。有学者认为，在数位时代，传统新闻媒体将逐步被去除而不再充当民众与决策者之间的主要中介者，政治传播也从中介化向去中介化转换。① 从这个意义上讲，发展势头迅猛且具有强大的政府政策、文件等内容支撑的宁夏政务微博和政务微信等的发展与应用，不仅分流和吸引了大量的网络用户，而且还绕过了大众媒体传播网络，不再经由媒体的中介、中转而直接发布和传播各类信息，直接与网络用户们进行沟通与交流，这种"政治传播的去中介化"特征对由媒体构建的大众传播网络形成了直接的冲击和挑战。换句话说，宁夏大众传播网络如何在已经开始的，不再经由媒体中介、中转的新的政治传播的应用实践中，保持惯有的影响力和关注度，将成为一个严峻的考验和一个严肃的课题。

---

① 黄敏. 政治的再媒介化：政务微博的跨媒体传播初探 [J]. 电子政务，2017 (9)：58.

结论与展望

当前国际政治环境中民族问题国际化、宗教问题政治化已成为一种社会发展的新面向。"从全球的角度思考，在本地展开行动"已成为一种新的时代特征。中国处于重要战略发展时期，身处世界百年未遇之大变局的时代背景下，依然存在发展不平衡不充分的情况，利益统筹分配的难度也在加大，思想、意识多元分化，意识形态领域的斗争依然激烈、复杂。因此，培育和践行社会主义核心价值观，掌握和巩固意识形态工作的领导权、管理权、话语权，巩固马克思主义在意识形态领域的指导地位，巩固人们共同的思想基础就显得迫切和必要。维系和巩固意识形态和领导权，达成共识，需要媒介化、中介化、工具化等中转过程，因为思想、观念、认识等只有通过可被具体感知的物质载体才能对人发挥作用。大众传播网络因为具有明显的连通性、流动性，具有强大的覆盖面和传播力，因此在传播和扩散社会主义核心价值观、在维系和巩固意识形态和领导权方面扮演着极为重要的角色。党的十八大以来，习近平对新闻舆论工作作出了许多重要论述。习近平关于新闻舆论工作的重要论述是中国特色社会主义新闻理论的重要组成部分，是新时代中国化的马克思主义新闻观的最新成果，是新闻业开展新闻工作的新的实践指南。宁夏大众传播网络如何在习近平关于新闻舆论工作重要论述的指引下，如何在全球化背景和世界各地民族主义高涨的情形下，在"全球思维，地方行动"的趋势中，塑造、建构和维护多民族统一国家的形象，塑造、建构和维护民族区域自治地区的民族形象，如何在促进国家政治上的统一、文化上的多元一体和民族融合、民族认同等方面发挥更大的作用，值得深入思考和研究。

一、结论

本书以宁夏近百年间大众传播网络的生成与历史演进为研究对象，全面呈现了宁夏大众传播实践活动和大众传媒发生、发展的场景，同时也一并呈现了大众媒介的演进历程和大众传播网络内部各组成要素之间的力量对比、发展变化。就研究意义上而言，呈现宁夏大众传播活动的独特性和丰富性能使中国西部地区、民族地区新闻传播活动的多元性得到展现，能够加深人们对中国多元一体格局的认知。本书重点探讨了宁夏大众传播网络的构建与生成的机制、演化的动因、结构性要素和结构性特征。还重点关注宁夏大众传播网络在促进国家政治上的统一、文化上的多元一体和民族融合等方面的作用，在反映、形塑和建构国家形象和地方形象等方面的作用。致力于从"国家—地方"的向度，以整体观照的视域考察宁夏大众传播网络生成与演进的经验和模式，力图做到在求异之上求同，期待引起人们进一步关注地方该如何回应国家一体化发展和全球化变迁的要求。本书的研究结果和研究结论如下。

（一）宁夏大众传播网络生成与演进的四个阶段

宁夏大众传播网络的构建生成经历了以下四个阶段。

第一阶段是宁夏二元大众传播网络构建阶段（1926—1949）。这一阶段的主要特征是，报纸传播网络在宁夏大众传播网络结构中占据着主导地位，广播处于刚起步阶段，还处于弱小力量位置。

第二阶段是宁夏三元大众传播网络构建阶段（1949—1979）。这一阶段宁夏大众传播网络已经演进到由报纸、广播、电视支撑的三元结构，广播传播网络在宁夏大众传播网络中占据着主导位置。电视传播网络还处于蹒跚起步阶段，力量十分弱小。

第三阶段是宁夏多元大众传播网络构建阶段（1979—2003）。这一阶段，电视传播网络开始在大众传播网络中占据着主导位置，新媒体传播网络刚刚成为大众传播网络中的新成员。

第四阶段是面向媒介融合的全景式宁夏大众传播网络构建阶段（2003—

2018）。这一阶段，宁夏大众传播网络呈现出前所未有的多层次、多类别、多媒介形态的全景式结构特征，形成了由报纸、广播、电视、新闻网站、手机报、媒体微博、媒体微信等共同组建的，庞大的大众传播网络体系。其中，传统媒体传播网络和新媒体、新新媒体传播网络交织在一起，相互之间的力量对比不断发生着变化。它们共同形成了宁夏极具复杂性和多层次性的大众传播网络。

（二）宁夏大众传播网络生成与演进的动力机制

宁夏大众传播网络生成与演进的动因或动力机制有很多。其中，行政力量的主导作用，国家统一性的制度安排，基础设施的配置以及技术的发展，这三种主要的因素显然是推动和促进宁夏大众传播网络生成、构建和历史演进的主要动因。

1. 行政力量贯穿于宁夏大众传播网络演进的始终，并发挥着主导作用

1926 年至 1949 年，宁夏大多数的传播媒体都是由当时的政府和政党主办，媒体大多具有政党属性，大多数媒体的停办都直接和政府、政党相关。这一时期媒体的停刊或是源于国民党政府的查封，或是源于国民党政府的衰落，都直接体现出政府、政党对传媒的直接管控作用。1949 年至 1979 年，宁夏出现的主要的报纸的创办主体均是中国共产党领导下的各级机关和部门。其间媒体发展经历的曲折、波动以及停刊、复刊等，也大多源自政治性和策略性原因。同时，地方广播、电视的创办和发展，以及当下媒体融合的倡导和实践，也直接体现出人民政府主导的行为特征，这都体现出行政力量在宁夏大众传播网络构建与历史演进中的主导作用。也就是说，行政力量始终主导着我国区域空间内大众传播网络的构建、生成和历史演进。

宁夏大众传播网络的历史演进还表明，过强的政治性和策略性会减损大众传播网络的稳定性、多元性和丰富性。科学、合理地运用行政力量才能更好地发挥它在大众传播网络构建中的主导作用。

2. 国家统一性的制度创建强有力地支撑着宁夏大众传播网络的历史演进

国家统一性的制度创建主要包括：通讯员制度的确立与发展，"四级办广播""四级办电视"的制度安排，事业化管理、企业化经营的媒体体制的确

立，以及条块分割、垂直式管理制度的创建和普及。

党报通讯员制度的确立和发展解决了宁夏报纸部分稿源短缺问题。同时还扩大了新闻信息写作队伍，更好地推动了"全党办报"和"群众办报"的实行，也使报纸本身更好地发挥了组织与扩散的功能。

国家"四级办广播"的制度安排使宁夏自 1951 年起就逐渐建立起省级广播电台、市级广播站和县级广播站，广播的线路铺设也逐渐地从市、县、乡、镇一路延展到村。国家"四级办广播"的制度充分地保障了广播传播网络的覆盖率和渗透力，使全国和地方的新闻信息传播畅通起来。同时，国家"四级办电视"的制度安排使宁夏电视台的数量猛增，也使电视传播网络的覆盖面不断扩大，渗透力不断增强，使电视传播网络成了占主导地位的大众传播网络，也使当地的人们获得了更多元更丰富的收视体验。"四级办电视"的制度安排也使国家和地方之间、地方与地方之间信息的传播、交流与沟通更为通畅。

事业化管理、企业化经营的媒体体制的确立认可并释放了传媒业的商业属性，调和了党和媒体、媒体和市场的关系，使大众传媒在经营层面跨入市场参与竞争成为可行，也使大众传播网络获得了强劲的发展动力。宁夏都市报传播网络的发展使宁夏报纸传播网络结构更加多元且强劲，也使宁夏报纸传播网络内部充满了竞争和发展动力，更满足了普通民众多样化的信息需求。

条块分割、垂直式管理的媒体体制的确立确保了意识形态安全，凸显了意识形态的重要性。同时，也使具有不同媒介形态的媒体发展获得了相对独立性。在这一体制安排下，报纸传播系统、广播传播系统、电视传播系统都各自成长为相对自主、相对多元的主体。分散性的组织机构和管理体制虽然肢解了传媒资源，使各地域市场与行业间行政壁垒森严，但也避免了高度集中性和垄断性，为不同传媒的发展尤其是经济落后地区的大众传媒的发展提供了诸多的保护，使这一时期不同地区包括宁夏地区的传媒业都获得了较高的经济收益和较快发展。

但是在媒体融合的面向下，条块分割、垂直式管理的媒体体制的制约和束缚作用开始显现。这一体制使不同传媒组织的管理者和经营者无法共享资源、节约成本，也无法相互进入对方领域和市场，并购、重组、跨媒体合作等市场行为和管理行为难以发生。这就使传媒组织之间实现融合成为当务之急。

综上所述，中国统一性的制度创建和普及强有力地支撑着宁夏大众传播网络的构建与演进。同时也保障着宁夏大众传播网络的构建与历史演进与其他区域空间保持着基本的同步性和同一性。也就是说，国家统一性的传媒制度安排对于推动、促进和保障经济相对落后地区、西部民族地区大众传播网络的构建、生成与历史演进，有着不可替代的突出作用。

3. 基础设施的配置和技术的发展成为宁夏大众传播网络演进的强劲驱动力

基础设施的普及和传播技术的发展、创新与扩散一直伴随着宁夏大众传播网络的构建与历史演进。每一次大众传播网络的构建与生成都离不开基础设施和技术的配置作用。媒体基础设施和技术的配置作用在宁夏大众传播网络发展的早期曾起到制约和束缚作用，但伴随着媒体基础设施的普及和媒体技术的创新与扩散，它们都对宁夏大众传播网络起到了巨大的推动和促进作用。也就是说，基础设施的配置和技术的发展、创新、扩散是宁夏大众传播网络得以构建和生成的原动力之一，也是宁夏大众传播网络历史演进的强劲驱动力。这种基础配置作用未来还将继续发挥作用产生影响。它呼唤着人们对媒介与技术、技术与管理之间的关系进行更深入的思考。

宁夏大众传播网络的生成与演进是一个历时性较长的复杂的动态过程。除却行政力量、国家统一性的制度创建、基础设施和技术的配置作用这三种要素在宁夏大众传播网络的生成与演进中起到的主导和主推作用以外，商业资本的流入和用户群体的固化、迁徙和流动都对宁夏大众传播网络的构建与演进产生着深刻的影响。

（三）宁夏大众传播网络的功能与作用

宁夏大众传播网络主要具有以下三个层面的作用。

1. 在促进国家政治上统一、文化上多元一体和民族融合等方面具有不可替代的作用

宁夏大众传播网络的生成与演进在开启民智，促进人类社会的沟通、传

播与传递，推动中国文化的传承与发展，以及满足人们的信息需求和休闲娱乐需要等方面具有不可替代的作用。尤其是在促进中国多民族国家政治上的统一、文化上的多元一体以及民族融合等方面更具有不可替代的作用。宁夏大众传播网络生成与演进的过程也是不同媒介变迁的过程。不同媒介变迁的过程也是信息传播逐步克服物理空间的障碍的过程。大众传播网络正是通过媒介变迁的过程，通过逐步克服信息传播的物理空间的障碍的过程，将国家政治上的统一、文化上的多元一体和各民族融合的理念流通和扩散到不同的地方空间中，并通过印刷媒介、电子媒介较好地起到了空间联结的效应，较好地将国家空间与地方空间联结起来，将中心与边缘联结起来。芝加哥学派认为，传播是社会关系的本质，它创造和维系社会。而传媒有助于群体的整合和维系，它具有组织的功能。从宁夏大众传媒近百年间的新闻传播实践来看，宁夏大众传播网络在整合和维系中国多民族地区的国家认同和文化认同方面发挥了重要的作用。

2. 在反映、形塑和建构国家和地方形象方面具有不可替代的作用

1926 年至 2018 年，宁夏大众传播网络在反映、形塑和建构国家形象和地方形象方面发挥了不可替代的作用。1926 年至 1949 年，宁夏二元传播网络的整体性结构特征是单薄脆弱，极不稳定，发展极不平衡，网络内部的断裂性和异质性特征明显。这在一定程度上反映和形塑出当时宁夏政局的混乱、衰败，经济、民生的凋敝，以及国民党政权的衰落。同时，1926 年至 1949 年，宁夏传媒的新闻传播实践并未反映出宁夏的社会关系之一——多民族同存共生的关系。这表明，宁夏大众媒介及其符号系统构建的空间表征与空间实践活动之间具有发展的不同步性。更反映出当时的国民党政权对民族问题和民族关系的漠视。这与 1949 年后尤其是 1979 年后宁夏大众传媒一直开展的有关多民族活动实践的报道形成了鲜明的对比。1949 年后尤其是 1979 年后，宁夏大众媒介及其符号系统构建的空间表征与空间实践活动建立了同步性建构关系。关于多民族活动实践的报道也充分表明中国共产党对民族问题和民族关系的关心和重视。

西方马克思主义哲学家亨利·列斐伏尔（Henri Lefebvre）认为，空间是社会性的，牵涉到再生产的社会关系，空间里弥漫着社会关系，它不仅被社

会支持，也生产社会关系和被社会关系所生产。① 列斐伏尔创造性地提出了空间生产②理论。他指出，空间生产是指空间自身的生产，而不是空间内部的物质生产。也就是说，由空间中的生产（production in space）转变为空间的生产（production of space）。以此视角观之，空间生产与传播之间存在着深刻的关联：所有的大众传播都是在特定空间内展开，传播实践的物质载体——大众媒介是空间中的生产的组成部分，也是空间自身生产中的重要一环。大众媒介及其符号系统在形成对空间占有的同时，也形成了有关空间的文化，并被空间所决定。一方面，媒介与知识、文化联结，便形成了媒介文化。媒介文化是主体的人所创造出来的第二自然，它构建了由电子媒介拷贝而成的镜像世界或者是类像世界，成为一个具有自主生命能力的本体世界，在这个具有自主生命能力的本体世界里，媒介文化不仅仅是工具，而且成为构建人类与自我、人类与自然、人类与社会多重关系不得不依托的世界。③ 媒介文化形成的"第二自然"、文化景观、镜像世界/类像世界、具有自主生命能力的本体世界等均与"空间表征"的特点一致，具有生产性也具有同存性，它们全部都投射到空间之上，在空间上交汇、碰撞、延伸，对空间占有的同时也形成了有关空间的文化，并被空间所决定。另一方面，媒介与权力联结便形成了意识形态国家机器。当今社会，无论是发达国家，还是发展中国家，大众传播机器通过各种新闻与信息的投放，制造了人们所处的、不知所措的媒介现实环境，将每个公民完全包裹，并塑造成了意识形态国家机器欲想塑造的主体。④ 如果说国家的维持和存在内在地依靠意识形态国家机器功能，那么意识形态需要借助大众传媒的象征形式的广泛流通，来遮蔽其意向性、话语性，来确保其工具性和有效性。从这个意义上讲，宁夏大众传播网络在反映、形塑和建构中国国家形象和宁夏地方形象方面发挥着难以替代的作用。

---

① ［法］列斐伏尔. 空间：社会产物与使用价值［M］//包亚明. 现代性与空间的生产. 上海：上海教育出版社，2003：48.

② "空间生产"的中文译法并未完全一致，其英文译法是 production of space。包亚明等人译为"空间生产"，刘怀玉等人译为"空间的生产"。本书主要采用"空间生产"这一译法。

③ 鲍海波. 媒介文化的阐释与批判［M］. 北京：中国社会科学出版社，2009：28-30.

④ 鲍海波. 媒介文化的阐释与批判［M］. 北京：中国社会科学出版社，2009：64.

3. 对多元立体地透视中国大众传播网络的全貌具有十分重要的作用

宁夏大众传播网络的生成与演进凸显出国家统一性的媒体体制的确立和制度安排的主要保障性作用，也凸显出行政力量对大众传播网络构建的主导性作用，还凸显出技术和基础设施的主要的配置作用。这对于以点带面地，更全面、立体地理解和把握中国大众传播网络的生成以及历史演进具有一定的推动和促进作用。

宁夏大众传播网络生成与演进的过程也是宁夏大众传媒不断发展、创新以及不断经历生死兴衰的过程。对宁夏大众传播网络构建与演进梳理、呈现的过程是检视宁夏大众传媒实践发展得失的过程，也是考察它们后续生存与发展的过程。在国家层面大力倡导和推动媒体融合发展的时代背景下，通过梳理、呈现宁夏大众传媒发展的得失，探讨其转型与生存之路，分析和研判宁夏大众传播网络的稳定性、层级性和结构性要素之间的力量对比、发展态势，对于更好地理解把握和践行党和政府提出的媒体融合战略更具现实功用。

（四）宁夏大众传播网络的结构性特征

宁夏近百年间大众传播网络的历史演进从整体上来看，呈现出极不稳定、相对不稳定、比较稳定、稳定和不确定性并存的发展特征，还呈现出发展不均衡的特征。同时，宁夏大众传播网络呈现出层级上的汇集性和类别上的分散性特征。另外，宁夏大众传播网络内部还呈现出横向间的弱连接性特征。

1. 具有极不稳定、相对不稳定、比较稳定、稳定和不确定并存的发展特征

1926 年至 1949 年，宁夏现代意义上的报纸开始出现，但大多存续时间较短。甚至一段时间内宁夏都没有大众传媒活动。宁夏的广播仅存续几个月时间就停播。因此当时的传播网络处于极不稳定的状态。1949 年至 1979 年，宁夏的报纸、广播开始了一段时间内的稳定发展。但中间一段时间内，报纸、广播都经历了曲折、波动式发展。报纸不断地被停刊、复刊，不断地被改报头，县级报纸在相继创刊后又相继停刊，广播播出时间、时长以及节目、栏目等不断地频繁改动。这都影响到了宁夏大众传播网络的稳定性。1979 年至 2003 年，宁夏大众传播网络迎来了持续稳定发展时期。报纸、广播、电视都

开启了各自稳定的发展模式。并分别形成了以《宁夏日报》为代表的，以党报为首的，以都市报、专业报、行业报等为有益补充的多元化的报纸传播网络；形成了省、市、县三级覆盖的广播传播网络体系，连同中央级广播网络一起，共同形成了四级混合覆盖的强大的广播传播网络；形成了有线电视传播网络占主导，无线电视传播网络成为重要补充的电视传播网络。2003 年至 2019 年，宁夏大众传播网络开始出现了不确定性的发展特征。都市报传播网络的力量开始不断消退，已经有都市类的报纸开始休刊；广播传播网络也有从"大众传播"转向"分众传播""小众传播"的趋势，影响力和覆盖面开始收缩；电视传播网络的吸引力和影响力开始不断下滑，用户规模也大幅萎缩，在吸引和发展新的网络用户方面显得力不从心。这都使宁夏大众传播网络具有了不确定性的发展特征。同时，涵盖新媒体、新新媒体的宁夏大众传播网络又表现出极度的扩张性。新闻网站、手机报、微博、微信、短视频应用等奔腾汹涌，不仅给用户带来了内爆、地球村、时空压缩等新鲜体验，还带来了流动空间、无时间之时间等新鲜体验，这使得宁夏大众传播网络又具有了极度的扩张性。

2. 具有结构上的不平衡性发展的特征

宁夏大众传播网络发展的不平衡性主要表现为以下两方面。一方面，不同历史时期不同社会阶段中大众传播网络的媒介主导力量各不相同。第一阶段（1926—1949）报纸传播网络占据宁夏大众传播网络的核心力量位置，第二阶段（1949—1979）广播传播网络成为宁夏大众传播网络的核心，第三阶段（1979—2003）电视传播网络开始在宁夏大众传播网络中拔得头筹，第四阶段（2003—2018）新媒体、新新媒体传播网络开始占据宁夏大众传播网络的半壁江山，报纸、广播、电视组成的传统媒体传播网络出现了发展衰退之势。另一方面，不同媒介形态的传播网络内部也呈现出不平衡的发展特征。宁夏报纸传播网络中，党报始终居于主导位置，都市报始终处于重要补充的位置。党报传播网络内部，是省级党报处于主导，市级、县级党报处于重要补充位置。广播、电视、新媒体、新新媒体传播网络也具有内部发展的不平衡性。如新新媒体传播网络结构中，媒体微信传播网络开始后来者居上，具有了更大的用户吸引力和用户使用黏性。

3. 具有层级上的汇集性和类别上的分散性特征

宁夏大众传播网络在近百年间经历了由二元结构向三元结构再向多元结构演进的历程。在这一历程中逐渐形成了宁夏多类别、多层级的大众传播网络。多类别是指包括不同媒介形态的媒体类别。多层次是指不同类别的媒体都具有多个层级。关系是网络分析的中心。纵观宁夏近百年间大众传播网络组成成员之间的关系，可以发现：宁夏大众传播网络组成成员之间具有层级上的聚集性和类别上的分散性的特征。层级上的汇集性表现得十分明显。如宁夏报纸传播网络主要包括党报传播网络和都市报传播网络。党报传播网络包括省级党报、市级党报、县级党报等，这就是同一媒介不同层级的汇集性的表现。同样，广播、电视、媒体微博、媒体微信传播网络也存在着明显的汇集性特征。媒体微博矩阵、媒体微信矩阵的成立也是同一媒介汇集性的体现。宁夏大众传播网络类别上的分散性表现为，宁夏报纸、广播、电视、媒体微博、媒体微信传播网络大多处于分散而独立的发展状态。在媒体体制上，它们大多分属于不同的管理机构和部门，管理模式是纵向一体、条块管理、竖井模式。也就是说，不同的传播网络之间是分割、并列的关系。这种层级上的汇集性和类别上的分散性保障了不同传播网络的独立性和自主性，使不同的传播网络都获得了各自独立的发展空间，也避免了高度的集中和垄断，但也带来了网络内部之间的隔离和弱连接性，不利于媒体的融合发展。

4. 网络内部横向间的弱连接性特征

宁夏大众传播网络中的传统媒体、新媒体、新新媒体传播网络分别隶属于不同的管理机构和部门，即便是隶属于同一机构，在运行过程中也具有不同的管理主体，这就使得这些不同的传播网络之间的横向连接性较弱。同一传播网络内部即便具有层级上的汇集性，如党报传播网络包括省级党报、市级党报、县级党报等，它们之间也是科层式管理结构，也是垂直一体的管理模式，也同样缺乏横向间的连接。因此，宁夏大众传播网络呈现出网络内部连接性较弱的特征。这种弱连接性既指横向间的连接性不足，也包括跨层次、跨部门的连接性的不足。传播网络的特性之一就是连接性和连通性。网络内部之间如果具有较强的连接性和连通性就更容易呈现出一体化协作的优势。

二、当代启示

宁夏大众传播网络构建与生成的历程表明，媒介形态的演进不是媒介相互替代、不断消亡的过程，而是不同媒介同时并存、相互转化乃至融合的过程；宁夏大众传播网络之间弱连接性的问题将通过国家媒体融合战略的实施，特别是媒体体制的融合得以解决；政务系统传播网络、自媒体传播网络将和媒体传播网络一起占据宁夏这一地方空间，它们之间的竞争将加剧。

（一）媒介形态的演进过程必将是不同媒介并立同存、相互转化的过程

透视宁夏近百年间大众传播网络的发展全貌，可以看出大众传播网络的生成过程是大众传媒不断发展的过程，也是媒介形态不断演进的过程。大众传媒发展的过程是一个不平衡发展的过程，媒介形态的演进过程也是一个不平衡演进的过程。宁夏大众传播网络历经了印刷媒介、电子媒介、数字媒介等发展进程。其中不同媒介形态的发展历程对当下的启示是：媒介形态的演进过程必将是不同媒介形态共同演进、相互转化的过程。尽管媒介形态的演进使旧的传播形式受到了挑战和冲击，但新的媒介形态并没有取代之前的传播形式。也就是说，以往的历史经验告诉人们：媒介形态的演进并不是一个相互替代的过程，而是不同媒介延续发展、并立共存的过程。在这个过程中不同媒介形态将不断演进，不断相互适应。

（二）媒体融合能促进传播网络之间的融通和连接

媒介融合的时代背景下，宁夏大众传播网络面对着受众群体整体性流动、迁徙的现实，面对着来自政务微博、政务微信、自媒体等其他属性的新媒体应用的冲击和挑战，它的竞争优势已经不再。又因为网络内部要素之间独立性、分散性和弱连接性的现实，宁夏大众传播网络整体上已显得力量单薄。因此国家媒体融合战略的提出和实施，对宁夏大众传播网络的生存和发展而言显得及时而有必要。媒体融合包括不同媒介介质的融合，包括不同媒体机构、产业、文化、体制管理、产权等方面的融合。它受新媒体技术、市场因素、受众需求等驱动，也受意识形态、媒体规制和媒体所有权等制衡。党和

国家倡导并推行媒体融合战略，包含了内容、渠道、平台、经营、管理一体化的设计思路，能够从根本上促进各自分散、独立发展的传播网络向一体化融合迈进。

党和国家强调推动媒体融合是着眼于巩固宣传思想文化阵地，壮大主流思想舆论，是以阵地意识为先导，以顶层设计为指导①，是基于现实存在乃至现实危机而提出的，目标是追求社会个体整合，形成社会共同体，希望从社会管理层面赢得、掌握新型主流媒体主流文化领导权，期待主流媒体继续发挥意识形态国家机器作用。从宁夏大众传播网络近百年间的发展历程来看，媒体融合有着必然的媒介发展逻辑和合理的现实基础，也是解决大众传播网络内部不同传播网络弱连接性的较好的路径。

（三）媒体传播网络与政务系统传播网络和自媒体传播网络的博弈将加剧

从历史发展的角度来看，宁夏这一地方空间内不仅存在着行政力量主导的专业性新闻传播网络，还一直存在着其他类别和属性的信息传播网络，或者被称为非专业性新闻传播网络。这些非专业性新闻传播网络以自组织系统的特点也在发挥着信息传播的作用。进入新媒体时代后，宁夏以政府机构、政府部门为主体的政务微博、政务微信传播网络，以及自媒体信息传播网络都开始了蓬勃的发展，都收获了大批的用户群体，都已经具有一定的影响力。其中，政府政务微博、政务微信信息传播网络有可能成为提升国家治理水平、实现国家治理体系现代化与治理水平现代化的一种优化路径。而自媒体传播网络由于具有非组织性、随意性、自主性和个性化等特征也深受普通民众的喜爱。从这个意义上讲，宁夏由专业媒体主导的大众传播网络，与由政府政务机构和政府部门主导的政务信息传播网络，以及由广大普通民众组成的非专业性的甚至微型的自媒体传播网络之间的竞争将加剧。

三、展望

本书认为，除却行政力量、制度安排以及基础设施和技术的发展创新是

---

① 鲍海波. 媒介融合的媒介变革逻辑及其他［J］. 长安大学学报（社会科学版），2016，（2）：95.

推动和促进宁夏大众传播网络生成与演进的主要的三种因素外，经济的发展、普通民众的成长同样也对宁夏大众传播网络的构建与生成起到了促进和支撑作用。但限于篇幅，书中并没有对经济发展和民众成长展开集中性论述，仅是简略地加以概括和提炼。实则经济的发展、资本的注入以及普通民众的发展变化都在不同程度上推动和促进着宁夏大众传播网络的演进，这在1979年以后更为明显。因此，后续的研究者可以深入地探讨：在新媒体时代，在地方大众传播网络空间内，行政力量、经济资本和普通民众是如何进行互动、竞争和整合的？行政力量要想一直保持在大众传播网络中的主导地位，又该采取什么样的策略来应对来自市场、资本的挑战，如何面对技术赋权下普通民众的成长变化？相信对这一课题的深入研究能更好地推进和促进本研究向纵深层面拓展。

本书为聚焦研究对象，探讨从特殊性到一般性的规律和机制，仅把宁夏大众传播网络的生成与演进作为一个研究个案加以研判，并没有将它置于未来更宏大的社会发展场景中加以更具前瞻性的分析。显然宁夏大众传播网络从来都不是人类社会中孤立、封闭的存在。它不能独自覆盖世界，也不能给社会生活设置某种秩序。因此，后续的研究者可以考虑的议题是：在未来的网络化社会中，宁夏大众传播网络将如何生存与发展？显然在未来的网络化社会中，宁夏大众传播网络将是作为网络化社会的一个网络节点存在。但是各节点在网络中的重要性如何并不取决于节点自身的属性，而是取决于网络中的其他节点是否认它的能力。从这个意义上讲，在并不久远的未来，当介入节点的能力要比实际拥有的所有权更重要的时候，宁夏大众传播网络应该具备什么样的能力和优势才能获得其他网络节点的认可，才能够被接入网络化社会中来，这显然会是一个十分具有前瞻性的课题。

本书指出，大众传播网络生成与演进的过程是不同媒介形态发展演化的过程，也是各媒介形态共存的过程。然而限于篇幅，本书并没有就不同媒介的性质和形式本身展开集中性论述。因此，本书后续的拓展性研究还可以聚焦以下议题：印刷媒介、电子媒介、数字媒介是怎样给地方空间和国家空间带来了新的行动和互动的形式？这些媒介又是如何开启了地方空间和国家空间权力运作的新模式？它们又是如何穿越时空，使人们能够远距离地看见、听见乃至一起行动？最后，不同的媒介形态如何建构不同的传播关系、传播场景，并带来怎样的信息方式？又将如何界定文化，改变认知，生成地方空间和国家空间内新的意识形态和新的话语模式？这些都将是富有挑战性又深具现实性的议题。

参考文献

一、中文著作

［1］马克思恩格斯全集（第四十六卷）［M］．北京：人民出版社，2003.

［2］马克思恩格斯全集（第四十七卷）［M］．北京：人民出版社，2004.

［3］中共中央宣传部理论局．指导新时期宣传思想文化工作的纲领性文献——学习习近平总书记在全国宣传思想工作会议上的重要讲话文章选［M］．北京：学习出版社，2013.

［4］中共中央关于全面深化改革若干重大问题的决定［M］．北京：人民出版社，2013.

［5］习近平．习近平谈治国理政［M］．北京：外文出版社，2014.

［6］中共中央宣传部新闻局．习近平总书记党的新闻舆论工作座谈会重要讲话精神学习辅助材料［M］．北京：学习出版社，2016.

［7］中共中央宣传部．习近平总书记系列重要讲话读本［M］．北京：学习出版社，2016.

［8］习近平．习近平谈治国理政（第二卷）［M］．北京：外文出版社，2017.

［9］中共中央文献研究室．习近平关于社会主义文化建设论述摘编［M］．北京：中央文献出版社，2017.

［10］新华通讯社课题组．习近平新闻舆论思想要论［M］．北京：新华出版社，2017.

［11］中共中央宣传部．习近平新闻思想讲义［M］．北京：人民出版社，

学习出版社，2018.

［12］童兵. 马克思主义新闻思想史稿［M］. 北京：中国人民大学出版社，1989.

［13］童兵. 主体与喉舌——共和国新闻传播轨迹审视［M］. 郑州：河南人民出版社，1994.

［14］方汉奇. 中国新闻事业通史（第三卷）［M］. 北京：中国人民大学出版社，1999.

［15］方汉奇. 中国新闻事业编年史（中）［M］. 福州：福建人民出版社，2000.

［16］方汉奇. 中国新闻事业编年史（下）［M］. 福州：福建人民出版社，2000.

［17］林青. 中国少数民族广播电视发展史［M］. 北京：北京广播学院出版社，2000.

［18］益西拉姆. 中国西北地区少数民族大众传播与民族文化［M］. 兰州：兰州大学出版社，2002.

［19］陈卫平. 中外广播电视简史［M］. 上海：上海外语教育出版社，2006.

［20］方汉奇，李矗. 中国新闻学之最［M］. 北京：新华出版社，2005.

［21］陈力丹. 马克思主义新闻观思想体系［M］. 北京：中国人民大学出版社，2006.

［22］白润生. 中国少数民族新闻传播通史［M］. 北京：中央民族大学出版社，2008.

［23］郭镇之. 中外广播电视史［M］. 第二版. 上海：复旦大学出版社，2008.

［24］白润生. 中国少数民族新闻传播史［M］. 北京：中央民族大学出版社，2009.

［25］陈昌凤. 中国新闻传播史：传媒社会学的视角［M］. 北京：清华大学出版社，2009.

［26］陈彤旭. 比较传媒史［M］. 北京：中国出版集团，2014.

［27］谢鼎新.中国广播电视研究的演变［M］.合肥：合肥工业大学出版社，2014.

［28］陈力丹.精神交往论——马克思恩格斯的传播观［M］.北京：中国人民大学出版社，2016.

［29］张昆.中外新闻传播史［M］.北京：高等教育出版社，2017.

［30］叶祖灏.宁夏纪要［M］.南京：正论出版社，1947.

［31］胡平生.民国时期的宁夏省（1929—1949）［M］.台北：台湾学生书局，1988.

［32］宁夏通史编委会.宁夏通史（古代卷）［M］.银川：宁夏人民出版社，1993.

［33］宁夏通史编委会.宁夏通史（近现代卷）［M］.银川：宁夏人民出版社，1993.

［34］陈育宁.宁夏通史［M］.银川：宁夏人民出版社，2008.

［35］宁夏通志编纂委员会.宁夏通志（十九文化卷下）［M］.北京：方志出版社，2009.

［36］宁夏国史编审委员会，宁夏国史学会编.当代宁夏史通鉴［M］.北京：当代中国出版社，2004.

［37］当代宁夏纪事编写组.当代宁夏纪事（1949—1988）［M］.银川：宁夏人民出版社，1990.

［38］宁夏回族自治区银川市委员会文史资料研究委员会.银川文史资料（第一辑）［M］.银川：宁夏人民出版社，1983.

［39］宁夏区政协文史资料研究委员会，原兰州军区党史资料征集办公室，宁夏军区政治部编.解放宁夏回忆录 宁夏文史资料（第十六辑）［M］.银川：宁夏人民出版社，1986.

［40］宁夏区政协文史资料研究委员会编.宁夏文史资料（第十七辑）［M］.银川：宁夏人民出版社，1987.

［41］宁夏区政协文史资料研究委员会编.宁夏文史资料（合订本 第二册）［M］.银川：宁夏人民出版社，1988.

［42］政协宁夏回族自治区委员会，文史和学习委员会编.宁夏文史资料

（第二十六辑）［M］.银川：宁夏人民出版社，2002.

［43］政协银川市委员会，文史和学习委员会编.银川文史资料（第十二辑）［M］.银川：宁夏人民出版社，2003.

［44］政协文史和学习委员会.宁夏文史资料（第28辑）［M］.银川：宁夏人民出版社，2011.

［45］高树榆.昔日宁夏漫谈［M］.银川：宁夏人民出版社，1979.

［46］顾页.《当代中国的新闻事业》宁夏报业资料汇编［M］.银川：宁夏日报印刷厂，1989.

［47］郭晓明，刘天明.宁夏之最［M］.银川：宁夏人民出版社，1991.

［48］马文明.银川文史集萃［M］.银川：宁夏人民出版社，1998.

［49］薛正昌.黄河文明的绿洲：宁夏历史文化地理［M］.银川：宁夏人民出版社，2007.

［50］李文华.印象宁夏［M］.银川：宁夏人民出版社，2008.

［51］余小龙，唐志军.百年银川（1908—2008）［M］.银川：宁夏人民出版社，2008.

［52］朱昌平.宁夏新闻出版史存［M］.银川：宁夏人民出版社，2008.

［53］银川市地方志编纂委员会办公室，银川移民史研究课题组编.银川移民史研究［M］.银川：宁夏人民出版社，2015.

［54］刘天明，鲁忠慧.2016宁夏文化蓝皮书［M］.银川：宁夏人民出版社，2015.

［55］孙旭培.新闻学新论［M］.北京：当代中国出版社，1994.

［56］陈卫星.传播的观念［M］.北京：人民出版社，2008.

［57］鲍海波.媒介文化的阐释与批判［M］.北京：中国社会科学出版社，2009.

［58］鲍海波，王敏芝.新时期党报核心竞争力的散点透视［M］.西安：世界图书出版公司，2013.

［59］南长森.西北地区少数民族新闻传播与国家认同研究［M］.西安：陕西师范大学出版总社有限公司，2014.

［60］中广协会史研会，云南广播电视台编.广播电视历史研究文存

[M]. 北京：中国国际广播出版社，2015.

　　[61] 潘知常. 大众传媒与大众文化 [M]. 上海：上海人民出版社，2002.

　　[62] 孙玮. 现代中国的大众版书写——都市报的生成、发展与转折 [M]. 上海：复旦大学出版社，2006.

　　[63] 吕尚彬. 中国大陆报纸转型 [M]. 上海：上海交通大学出版社，2009.

　　[64] 顾潜. 中西方新闻传播：冲突·交融·共存 [M]. 上海：复旦大学出版社，2003.

　　[65] 孙江. "空间生产"——从马克思到当代 [M]. 北京：人民出版社，2008.

　　[66] 潘祥辉. 媒介演化论：历史制度主义视野下的中国媒介制度变迁研究 [M]. 北京：中国传媒大学出版社，2009.

　　[67] 王斌. 传媒业空间形态演化研究 [M]. 北京：中国人民大学出版社，2010.

　　[68] 邵培仁，杨丽萍. 媒介地理学：媒介作为文化场景的研究 [M]. 北京：中国传媒大学出版社，2010.

　　[69] 崔波. 清末民初媒介空间演化论 [M]. 北京：北京大学出版社，2012.

　　[70] 李军. 传媒文化史——一部大众话语表达的变奏曲 [M]. 北京：北京大学出版社，2012.

　　[71] 宋亮. 当代都市报研究 [M]. 北京：中国书籍出版社，2013.

　　[72] 黄旦主编. 城市传播：基于中国城市的历史与现实 [M]. 上海：上海交通大学出版社，2015.

　　[73] 李彬，曹书乐. 欧洲传播思想史 [M]. 上海：复旦大学出版社，2016.

　　[74] 董万鹏. 宁夏出版报纸史话 [M] // 宁夏区政协文史资料研究委员会. 宁夏文史资料（合订本第二册）. 银川：宁夏人民出版社，1988.

　　[75] 张平瀛. 宁夏民国日报梗概 [M] // 宁夏回族自治区银川市委员会

文史资料研究委员会. 银川文史资料（第一辑）. 银川：宁夏人民出版社，1983.

［76］白润生，郑旭南. 少数民族新闻传播六十年［C］//"传播与中国·复旦论坛"（2009）——1949—2009：共和国的媒介、媒介中的共和国论文集，2009.

［77］谢明辉，顾广欣，王斌，等. 宁夏回族自治区新闻传播发展报告（1958—2010）［C］//新闻学论集编辑部编. 新闻学论集第27辑. 北京：光明日报出版社，2011（12）.

［78］顾广欣. 民族地区党报如何吸引大学生读者群——《宁夏日报》大学生阅读率调查引发的思考［C］//中国少数民族地区信息传播与社会发展论坛组委会编. 中国少数民族地区信息传播与社会发展论丛. 北京：光明日报出版社，2011.

二、译著

［1］［法］马特拉著. 全球传播的起源［M］. 朱振明，译. 北京：清华大学出版社，2015.

［2］［法］德布雷. 普通媒介学教程［M］. 陈卫星，王杨，译. 北京：清华大学出版社，2014.

［3］［法］德布雷著. 媒介学引论［M］. 刘文玲，译. 北京：中国传媒大学出版社，2014.

［4］［加］麦克卢汉. 理解媒介：论人的延伸［M］. 何道宽，译. 南京：译林出版社，2015.

［5］［美］莱文森. 新新媒介［M］. 何道宽，译. 上海：复旦大学出版社，2016.

［6］［加］伊尼斯. 传播的偏向［M］. 何道宽，译. 北京：中国传媒大学出版社，2015.

［7］［加］伊尼斯. 何帝国与传播［M］. 道宽，译. 北京：中国人民大学出版社，2003.

［8］［美］梅罗维茨. 消失的地域：电子媒介对社会行为的影响［M］.

肖志军，译. 北京：清华大学出版社，2002.

　　［9］［美］林文刚. 媒介环境学：思想沿革与多维视野［M］. 何道宽，译. 北京：北京大学出版社，2007.

　　［10］［美］波斯特. 第二媒介时代［M］. 范静晔，译. 南京：南京大学出版社，2009.

　　［11］芒戈，康特拉克特. 传播网络理论［M］. 陈禹，刘颖，等译. 北京：中国人民大学出版社，2009.

　　［12］［英］汤普森. 意识形态与现代文化［M］. 高铦，等译. 南京：译林出版社，2012.

　　［13］WEBER M，A SHILE E，A FINCH H. The Methodology of the Social Sciences［M］. New York：Free Press，1949.

　　［14］包亚明. 文化资本与社会炼金术——布尔迪厄访谈录［M］. 上海：上海人民出版社，1997.

　　［15］［法］布尔迪厄. 艺术的法则：文学场的生成与结构［M］. 刘晖，译. 北京：中央编译出版社，2011.

　　［16］［法］布尔迪厄. 关于电视［M］. 许钧，译. 南京：南京大学出版社，2009.

　　［17］［英］威廉斯. 关键词：文化与社会的词汇［M］. 刘建基，译. 北京：三联书店，2005.

　　［18］［美］彼得斯. 交流的无奈——传播思想史［M］. 何道宽，译. 北京：华夏出版社，2003.

　　［19］［美］米尔斯. 社会学的想象力［M］. 陈强，张永强，译. 北京：生活·读书·新知三联书店，2016.

　　［20］包亚明. 后现代性与地理学的政治［M］. 上海：上海教育出版社，2001.

　　［21］包亚明. 现代性与空间的生产［M］. 上海：上海教育出版社，2003.

　　［22］萨克. 社会思想中的空间观：一种地理学的视角［M］. 黄春芳，译. 北京：北京师范大学出版集团，2010.

［23］［美］哈维著 后现代的状况—对文化变迁之缘起的研究［M］. 阎嘉，译. 北京：商务印书馆，2013.

［24］［美］苏贾著. 后现代地理学——重申批判社会理论中的空间［M］. 王文斌，译. 北京：商务印书馆，2004.

［25］［英］鲍曼. 流动的现代性［M］. 欧阳景根，译. 上海：上海三联书店，2002.

［26］［澳］罗·霍尔顿. 全球化与民族国家［M］. 倪峰，译. 北京：世界知识出版社，2006.

［27］［美］菲德勒. 媒介形态变化：认识新媒介［M］. 明安香，译. 北京：华夏出版社，2000.

［28］［美］罗杰斯. 创新的扩散［M］. 辛欣，译. 北京：中央编译出版社，2002.

［29］［美］阿什德. 传播生态学：文化的控制范式［M］. 邵志择，译. 北京：华夏出版社，2004.

［30］［美］卡斯特. 网络社会的崛起［M］. 夏铸九，王志弘，等译. 北京：社会科学文献出版社，2006.

［31］［美］卡斯特. 千年终结［M］. 夏铸九，黄慧琦，等译. 北京：社会科学文献出版社，2006.

［32］［法］斯费兹. 传播［M］. 朱振明，译. 北京：中国传媒大学出版社，2007.

［33］［美］凯瑞. 作为文化的传播［M］. 丁未，译. 北京：华夏出版社，2005.

［34］［英］卡伦. 媒体与权力［M］. 史安斌，董关鹏，译. 北京：清华大学出版社，2006.

［35］［法］米耶热. 传播思想［M］. 陈蕴敏，译. 南京：江苏人民出版社，2008.

［36］［新西兰］费希尔. 阅读的历史［M］. 北京：商务印书馆，2009.

［37］［法］麦格雷. 传播理论史［M］. 刘芳，译. 北京：中国传媒大学出版社，2009.

［38］［英］莫利 . 传媒、现代性和科技——"新"的地理学 ［M］. 郭大为，等译 . 北京：中国传媒大学出版社，2010.

［39］［加］莫斯可 . 数字化崇拜：迷思、权力与赛博空间 ［M］. 黄典林，译 . 北京：北京大学出版社，2010.

［40］［美］哈林，［意］曼奇尼 . 比较媒介体制：媒介与政治的三种模式 ［M］. 陈娟，展江，等译 . 北京：中国人民大学出版社，2012.

［41］［英］史蒂文森 . 认识媒介文化：社会理论与大众传播 ［M］. 王文斌，译 . 北京：商务印书馆，2013.

［42］［美］波兹曼 . 娱乐至死 ［M］. 章艳，译 . 北京：中信出版社，2015.

［43］［英］斯丹迪奇 . 从莎草纸到互联网 ［M］. 林华，译 . 北京；中信出版社，2016.

［44］［美］本森，［法］内维尔 . 布尔迪厄与新闻场 ［M］. 张斌，译 . 杭州：浙江大学出版社，2017.

三、期刊

［1］刘奔 . 时间是人类发展的空间——社会时空特性初探 ［J］. 哲学研究，1991（10）.

［2］俞吾金 . 马克思时空观新论 ［J］. 哲学研究，1996（3）.

［3］刘怀玉 .《空间的生产》的空间历史唯物主义 ［J］. 武汉大学学报（人文科学版），2015（1）.

［4］蔡凯如 . 现代传播：用时间消灭空间 ［J］. 现代传播，2000（6）.

［5］袁艳 . 传播学的空间想象力 ［J］. 新闻与传播研究，2006（1）.

［6］梅琼林，袁光峰 . 用时间消灭空间：电子媒介时代的速度文化 ［J］. 现代传播，2007（3）.

［7］刘洁 . 马克思"用时间去消灭空间"：溯源及新闻传播学扩散 ［J］. 国际新闻界，2010（9）.

［8］王斌 . 从技术逻辑到实践逻辑：媒介演化的空间历程与媒介研究的空间转向 ［J］. 新闻与传播研究，2011（3）.

[9] 陈长松. 时间消灭空间？——论传播技术演化的空间维度 [J]. 新闻界, 2016 (12).

[10] 殷晓蓉. 呈现与缺失：传播学研究中的"空间及其关系" [J]. 苏州大学学报（哲学社会科学版）, 2014 (4).

[11] 蒋晓丽, 赵唯阳. 后互联网时代传媒时空观的嬗变与融合 [J]. 社会科学战线, 2016 (11).

[12] 程多闻. 比较政治学和区域研究在中国的发展：互鉴与融合 [J]. 国际关系研究, 2017 (2).

[13] 路遥. 宁夏历史地理参考文献概述（先秦时期与秦汉时期）[J]. 宁夏图书馆通讯, 1983 (3).

[14] 王野坪. 宁夏解放前的图书馆事业 [J]. 图书馆理论与实践, 1988 (3).

[15] 程旭兰. 《宁夏民国日报》创刊时间考 [J]. 宁夏大学学报（社会科学版）, 1994 (4).

[16] 李萌, 程旭兰, 宋师孔. 建国前的宁夏报业 [J]. 新闻大学, 1995 (2).

[17] 程旭兰. 西北新闻事业史述评 [J]. 新闻大学, 1999. (2)

[18] 王树禾, 时茂清. 把握好民族地区的宣传报道 [J]. 中国记者, 1993 (9).

[19] 金玉琴: 聚焦民族地区民族报道的有益尝试——论《宁夏日报》"民族团结"专版的特色 [J]. 宁夏社会科学, 1998 (5).

[20] 李世举. 西部传媒业发展的瓶颈——从宁夏传媒业的现状谈起 [J]. 当代传播, 2003 (1).

[21] 李世举. 宁夏传媒业发展面临的挑战与对策 [J]. 宁夏大学学报（人文社会科学版）, 2003 (2).

[22] 杨学农. 宁夏新闻宣传工作应用互联网的现状 [J]. 共产党人, 2003.

[23] 蔡雯, 李勤. 少数民族地区党报新闻资源开发现状与对策——对五家民族自治地区党报的抽样分析 [J]. 当代传播, 2004 (2).

[24] 吴定勇, 王钰. 城市化及其在中国的百年进程 [J]. 西南民族大学

学报（人文社会科学版），2004（10）.

[25] 宫京成，苗福生. 当前宁夏电视观众的收视特征与传媒对策 [J]. 宁夏大学学报（人文社会科学版），2005（2）.

[26] 郑自军. 论民族新闻网的形象传播策略 [J]. 新闻界，2008（5）.

[27] 李良荣，戴苏苏. 新闻改革30年：三次学术讨论引发三次思想解放 [J]. 新闻大学，2008（4）.

[28] 任晓. 本土知识的全球意义——论地区研究与21世纪中国社会科学的追求 [J]. 北京大学学报（哲学社会科学版），2008（5）.

[29] 肖赞军. 媒介融合背景下中国传媒经营体制改革研究 [J]. 湖南商学院学报，2008（6）.

[30] 刘俭云. 西北少数民族地区的频道特色定位 [J]. 中国广播电视学刊，2009（3）.

[31] 李克. 西北少数民族地区新闻媒体发展调查分析——发展现状及对策研究 [J]. 中国报业，2009（1）.

[32] 李喆.1958年宁夏回族自治区成立纪实 [J]. 党史博览，2009（2）.

[33] 冯蛟. 电视传媒资源的开发与利用策略研究—以宁夏广播电视总台为例 [J]. 宁夏大学学报（人文社会科学版），2009（9）.

[34] 李良荣. 艰难的转身：宣传本位到新闻本位——共和国60年新闻媒体 [J]. 国际新闻界，2009（9）.

[35] 杨娟，严三九. 资本·创新·全球化—媒介融合的现状与未来——2008中国首届媒体融合高峰论坛综述 [J]. 新闻记者，2009（3）.

[36] 匡文波，王湘宁. 我国手机报发展的趋势和制约因素 [J]. 对外传播，2009（2）.

[37] 吴晓红. 民国宁夏各项文化事业发展述略 [J]. 宁夏师范学院学报，2010（5）.

[38] 朱伦. 关于民族自治的历史考察与理论思考——为促进现代国家和公民社会条件下的民族政治理性化而作 [J] 民族研究，2009（6）.

[39] 白润生，荆琰清. 中国共产党成立以来的少数民族报业 [J]. 中国报业，2011（6）.

［40］倪延年．论民国新闻史研究的意义、体系和实施［J］．安徽大学学报（哲学社会科学版），2011（1）．

［41］李世举．跨区域合作与西部民族地区传媒的发展对策［J］．当代传播，2011（4）．

［42］王玉琴．民国时期宁夏科技发展述略［J］．西夏研究，2011（1）．

［43］谢明辉．党报要着力营造主流媒体舆论场——以《宁夏日报》为例［J］．东南传播，2010（11）．

［44］谢明辉．新版宁夏卫视收视效果本土效果［J］．传媒，2011（6）．

［45］张学霞．宁夏电视台发展现状研究［J］．新闻爱好者，2011（16）．

［46］季涓．数字化进程中宁夏广电传媒发展路径探析［J］．东南传播，2012（1）．

［47］李青林．少数民族自治区域贫困县新闻报道反思——以宁夏回族自治区同心县为例［J］．当代传播，2012（5）．

［48］王金建，戎炜．日报晚报化 新闻本土化——西部地区党报的发展实践［J］．中国记者，2012（3）．

［49］张晓芳．从单兵作战到抱团出击——宁夏日报报业集团媒介融合的探索［J］．新闻战线，2012（2）．

［50］张玉梅．民国时期宁夏地区文献概述［J］．图书馆理论与实践，2013（8）．

［51］张橦．微博问政：政府治理新模式——银川市政务微博的个案研究［J］．新媒体与社会（第四辑），2013（3）．

［52］倪延年．论民国新闻史研究的视角、难点及原则诸问题［J］．现代传播，2013（6）．

［53］沙新．群众路线是党报改革发展的第一引擎［J］．中国记者，2014（3）．

［54］崔幼玲．论民国时期宁夏报业发展滞后的原因［J］．和田师范专科学校学报，2015（4）．

［55］张学霞．政务微博功能属性研究与应用分析—以"@问政银川"为例［J］．北方民族大学学报（哲学社会科学版），2016（4）．

[56] 孟川瑾，卢靖．基于新公共服务的政务微博运行机制——"@问政银川"案例研究 [J]．电子政务，2016（4）．

[57] 吴国彬．论20世纪40年代边区分区的新闻文化建设——以陕甘宁边区的《关中报》《三边报》为中心 [J]．渭南师范学院学报，2016（4）．

[58] 季红．"互联网+"背景下银川日报社媒体融合发展之路 [J]．中国地市报人，2016（5）．

[59] 宋月红．当代中国民族区域自治的建设和发展 [J]．前线，2017（8）．

[60] 刘建华，张靖，何亚男．如何打造一等奖版面？——宁夏日报获奖团队谈获奖版面创新 [J]．中国记者，2017（11）．

[61] 吴飞．社会网络分析——传播学研究的新进路 [J]．中国人民大学学报，2007（4）．

[62] 邱运华．区域研究的学术史与新建构 [J]．求索，2014（2）．

[63] 赵星耀．认知媒介融合的既有理念和实践 [J]．国际新闻界，2011（3）．

[64] 喻国明．中国媒体官方微博运营现状的定量分析 [J]．新闻与写作，2013（1）．

[65] 南长森，石义彬．媒介融合的中国释义及其本土化致思与评鹭 [J]．陕西师范大学学报（哲学社会科学版），2012（3）．

[66] 鲍海波．媒介融合的媒介变革逻辑及其他 [J]．长安大学学报（社会科学版），2016（2）．

[67] 李金铨．在地经验，全球视野：国际传播研究的重要性 [J]．开放时代，2014（2）．

[68] 李金铨．传播研究的典范与认同 [J]．书城，2014（2）．

[69] 彭兰．从网络媒体到网络社会——中国互联网20年的渐进与扩张 [J]．新闻记者，2014（4）．

[70] 苏涛，彭兰．技术载动社会：中国互联网接入二十年 [J]．南京邮电大学学报（社会科学版），2014（9）．

[71] 刘海龙．中国语境下"传播"概念的演变及意义 [J]．新闻与传播研究，2014（8）．

［72］李彬．重思中国传播学［J］．当代传播，2015（4）．

［73］喻国明．互联网是一种高维媒介［J］．南方论坛，2015（1）．

［74］秦汉．媒介体制：一个亟待梳理的研究领域——专访加利福尼亚大学圣地亚哥分校传播学院教授丹尼尔·C·哈林［J］．国际新闻界，2016（2）．

［75］黄敏．政治的再媒介化：政务微博的跨媒体传播初探［J］．电子政务，2017（9）．

［76］彭兰．连接与反连接：互联网法则的摇摆［J］．国际新闻界，2019（2）．

［77］黄旦．媒介再思：报刊史研究的新路向［J］．新闻记者，2018（12）．

［78］黄旦．作为媒介的史料［J］．安徽大学学报（哲学社会科学版），2019（1）．

［79］黄旦．试说"融媒体"：历史的视角［J］．新闻记者，2019（3）．

四、报纸

［1］宋爱会．《三边报》小报纸大文章［N］．中国社会科学报，2012-05-21（6）．

［2］吴丹．《人民日报》宁夏发行量稳中有升［N］．中国邮政报，2012-12-27（1）．

［3］刘梦琦．《宁夏日报》："三招"打好传统媒体翻身仗［N］．中国新闻出版广电报，2016-04-05（6）．

五、其他文献

（一）硕士、博士论文

［1］李琳．民族地区晚报发展研究［D］．北京：中央民族大学，2007．

［2］陈玲．自治区党报的民族文化报道——以宁夏日报为例［D］．西安：陕西师范大学，2010．

［3］陈娟．中国农村类报纸市场化转型研究［D］．广州：暨南大学，

2012.

　　[4] 冯丽媛. 银川平原城镇区域人口时空涨落与环境变迁的拟合研究 [D]. 西安：西北大学，2013.

　　[5] 张涛. 银川晚报和新消息报比较 [D]. 西安：陕西师范大学，2014.

　　[6] 任岚. 新媒体挑战下宁报集团的营销环境及策略研究 [D]. 银川：宁夏大学，2014.

　　[7] 辛姣依. 延安时期通讯员队伍建设的历史语境与现实研究 [D]. 西安：陕西师范大学，2015.

　　[8] 高敏. 公共领域理论视角下政务微信的发展研究 [D]. 长春：吉林财经大学，2017.

（二）电子资源

　　[1] 第 41 次中国互联网络发展状况统计报告 [R/OL]. 中国网信网，2018-01-31.

　　[2] 第 43 次中国互联网络发展状况统计报告 [R/OL]. 中国网信网，2019-02-28.

　　[3] 中央深改小组第四次会议关注媒体融合 [EB/OL]. 人民网. http：//media. people. com. cn/GB/22114/387950/，2014-08-18.

　　[4] 习近平. 举旗帜聚民心育新人兴文化展形象 更好完成新形势下宣传思想工作使命 [EB/OL]. 人民网，2018-08-22.

　　[5] 习近平. 推动媒体融合向纵深发展 巩固全党全国人民共同思想基础 [EB/OL]. 新华网，2019-01-25.

后 记

又是一年春暖花开，桃红柳绿，2022 年也如约而至。向窗外望去，只见贺兰山巍峨耸立，银川的天空一片晴朗。推开窗，混合着花香带着暖意的空气扑面而来。

呈现在读者们面前的这本书凝聚着我博士期间的很多心血和艰辛。2015年 9 月，我顺利考入陕西师范大学新闻与传播学院，攻读一级学科"马克思主义理论"下的"媒介与社会变迁"专业，有幸成为鲍海波教授的博士生。这一年，我也荣幸地获批了国家社科基金青年项目。还获得了全国大学生广告艺术大赛优秀指导教师称号，指导的学生作品获得了甘肃赛区二等奖。可以说，喜从天降，好事连连。满心带着对未来的憧憬，我脱产入住陕西师范大学博士生公寓，开始了我的博士生涯和科研探索之旅。

博士生活开始时春风得意，惬意轻松。在陕西师范大学，有缘结识了一批良师益友。在他们的指导和陪伴下，我顺利地完成了我的学业。感谢我的导师鲍海波教授，感谢陕西师范大学的李震教授、张积玉教授、南长森教授、许加彪教授、刘蒙之教授、王敏芝副教授。感谢我的博士同学和朋友们：薛龙、李颖、马希凤、努尔比亚、李文学、王翎、王翔、张聪、李铁、王红梅、崔丽萍、朱蔚、龙丽波、蒲丽霞、祁小平、王娟……我们在一起度过了那么多宝贵而难忘的美好时光。

博士论文写作的过程中充满了艰辛与困苦。我原本计划将国家社科项目的课题拿来做博士论文的选题。但是导师给我的建议是，可以把博士论文作为国家社科项目中的部分内容来做，这样更容易聚焦和深入，还可以以小见大。我欣然接受了导师的建议，选择了"宁夏大众传播网络构建研究

（1926—2018）"这个命题。对于这个选题，我原本有一定的研究基础。读博前，就已经在研主持1项关于宁夏大众传媒的区级社科项目。之前也有相关的论文发表。

另外，我选择做这个选题还源于中央民族大学白润生教授的嘱托。我是在中央民族大学完成硕士研究生学业的。临毕业前，当时的导师组组长、授课恩师白润生教授就郑重地嘱托我，今后可以考虑把宁夏新媒体的大众传播活动当作个人的研究方向。并一再嘱咐我，做学问最好要瞄准一个研究方向，做专做深，要致力于成为某一个研究方向的专家，而不是什么都研究的杂家。我身负白老师的嘱托，回到自己的学校后，就开始从事有关宁夏大众传媒的相关研究了。这里要特别感谢白润生老师。白老师在我们上课期间尽显大家风范，教给我们为学为人之道，对所有的学生都一视同仁，关爱有加。在各种学术会议和培训指导过程中，也不忘提携后辈，关爱青年学者。我毕业后每每进京，都一定会去拜望白老师。每次拜望以后，都会收获满满的为师、为学、为研之道。这次出书，白老师已耄耋之年，且又刚做好心脏支架手术，仍然不顾年老多病为拙作写序，感激之情难以言表。

然而，纵然有这样的一点基础和一些良好的愿望，做这个选题还是困难重重。因为时间跨度太大，文献资料查找核实着实不易。我除了跑到陕西师范大学图书馆、国家图书馆、北方民族大学图书馆、宁夏图书馆等查阅各种资料外，还利用寒暑假到宁夏日报报业集团、宁夏广播电视台进行双师锻炼、挂职锻炼的机会，大量查阅报社、广播电视台里的相关资料，并拜托在宁夏媒体单位工作的大学同学、师兄妹们提供各种公开的相关资料。除此之外，还在各种购书平台购买了一些相关的书籍。这才为我的博士论文写作打下了一定的基础。

我读博期间的体重也在随着写作进程而不断发生着变化。一开始是为伊写得人憔悴，衣带渐宽终不悔。在没有写到八万字之前，我殚精竭虑，寝食难安，在四个月的时间内体重骤减，人人都夸我苗条、清秀，我也不免戚戚然。写完八万字，得到了鲍老师的赞誉后，我又开始得意忘形，用体重生动地演绎了心宽体胖的硬道理，个人体形又变得珠圆玉润起来，心中也不免戚戚然。幸好在经历了四轮春夏秋冬之后，在论文经历了五轮精心修改后，终于迎来了毕业的时刻。衷心感谢出席我博士论文答辩时的教授们：王俊栓教授、刘力波教授、杨立川教授、周德仓教授、许加彪教授。特别感谢周德仓教授，他欣然答应于百忙之中为本书作序，在此一并致谢。周老师大笑赞誉是奖励也是激励，我当不懈努力！

感谢光明日报出版社。感谢他们在本书出版过程中给予的各种支持和帮助。我在2021年决定出版本书时，恰逢国家社科基金项目圆满结项。可以说，这本书为我的国家社科基金项目"民族自治地区大众传播网络构建及参与式传播模式研究"奠定了很好的研究基础。也可以视为国家社科基金项目的阶段性成果。

感谢北方民族大学文学与新闻传播学院的经费资助。更令人兴奋的是在拙作交付出版社出版之际，传来了本人入选2021年度双千计划的消息，这令人鼓舞，也令人惭愧！我将以此为动力，做好教学与科研工作，立德树人！

感谢我的爱人。他在我读博期间以及日常生活、工作中的各种支持和帮助都难以一一列举。没有爱人的鼎力支持和全身心付出，就没有我工作上的各种成果，也没有我幸福圆满的家庭。

博士毕业已近三年，一切成长还在路上。愿所有相识和未相识的人最终都收获幸福美满。

张学霞

2022年4月9日于宁夏银川